安徽省全椒县六镇镇

六镇村志

《六镇村志》编纂委员会 编

方志出版社
Publishing House of Local Records

图书在版编目（CIP）数据

六镇村志 /《六镇村志》编纂委员会编. —北京：方志出版社，2021.9

ISBN 978-7-5144-4831-3

Ⅰ. ①六… Ⅱ. ①六… Ⅲ. ①村史－全椒县 Ⅳ. ①K295.45

中国版本图书馆CIP数据核字（2022）第024411号

六镇村志

编　　者：《六镇村志》编纂委员会
责任编辑：张　健

出 版 者：方志出版社
地址　北京市朝阳区潘家园东里9号（国家方志馆4层）
邮编　100021
网址　http://www.fzph.org
发　　行：方志出版社图书经销中心
电话（010）67110500
经　　销：各地新华书店
印　　刷：安徽江汽印刷有限公司

开　　本：890mm×1194mm　　1/16
印　　张：18.75
字　　数：320千字
版　　次：2022年2月第1版　　2022年2月第1次印刷
印　　数：0001-1000册

ISBN　978-7-5144-4831-3　　定价：138.00元

《六镇村志》编审机构及人员名录

《六镇村志》编纂委员会

主　　任：周　军
副 主 任：任　权
编　　委：罗玉军　吴邦学　张　艳　江昌俊
　　　　　盛　栋　邱玉传　王　琴　盛型全
顾　　问：许　斌

《六镇村志》编纂人员

主　　编：盛型全
编写人员：王留余　刘季光　杨振和　范茂礼
　　　　　桓　树　秦德著
内页题词：刘子善
内页摄影：高　升

《六镇村志》审定单位

中共滁州市委党史和地方志研究室
中共全椒县委党史和地方志研究室
中共全椒县六镇镇党委、六镇镇人民政府

《六镇村志》主要资料员

（按姓氏笔画为顺序）

尹能静	刘建山	刘明星	孙聚全	李冷雨
杜　娟	吴化文	杨保国	杨庆年	杨庆贺
杨官裕	杨官杰	杨官武	杨振和	陈玉如
胡广和	罗世国	罗明清	张维志	姚玉柱

《六镇村志》审稿人员

许恒贵	沈明秀	杨忠虎	代一星
许　斌	柴发华	秦德著	代冬冬

序　一

千年古村六镇村，在历史发展过程中，衍生出众多具有六镇特色的人文景观，其历史文化内涵极其丰厚，在全椒乃至皖东都有着重要的地位。

六镇村历史悠久、物华天宝、人杰地灵。它位于全椒县中部，六镇镇的西南部，距县城约20千米。宁西高速铁路和312国道附道从境内穿过，交通十分便捷。

该村是安徽书法泰斗、著名书法家刘子善的故里，境内有唐朝初期建立的古街。六镇的古迹、遗址很多，有凤凰墩、人登古驿道、琼花庵、龙门庙、东岳行宫、明清时期的全椒储粮西大仓、商代时建立的烟墩子（烽火台）、全椒名桥凤凰桥、凤凰池、古代皇家养马岗、七十二口古井等。皖东名刹三塔寺，始建于隋大业年间（605—618），北宋徽宗大观元年（1107），在寺前建造塔3座，故名“三塔寺”。寺内有千年的黄杨和百年牡丹，殿宇崇宏，廊房回曲，香火旺盛，庙会、牡丹诗会历史悠久，该寺是皖东的佛教圣地，闻名于大江南北。

《六镇村志》如实记述了六镇古往今来的人和事，反映了六镇从古代到现代的沧桑变化以及对未来的期盼、展望，可从中窥见中国千千万万个村镇的历史变迁。该村经过千年的历史变革，政治、经济、历史、文化等方面都随之改变，六镇村人民的勤劳、勇敢、淳朴和智慧在这过程中得以展现。这是一部珍贵的地方史书，记录了宝贵的经验和教训，是无价的精神食粮。

中共党的十九大报告指出：“文化是一个国家、一个民族的灵魂。文化兴国运兴，文化强民族强。”还指出要“加强文物保护利用和文化遗产保护传承”。

《六镇村志》凝聚着编纂者的辛勤劳动，是他们呕心沥血的成果，在全椒县内是首例。在此，谨向志书的撰写和编辑者表示衷心的感谢！

六镇村的辉煌已载入史册，今后的新篇章还要继续。我们要不忘初心，牢记使命，继往开来，在习近平新时代中国特色社会主义思想指引下，共同努力奋斗，把千年的古村六镇建设得更加美好。

全椒县六镇镇党委书记　周　军

2020年6月11日

序　二

六镇村古老而沧桑，历史悠久，物华天宝，人文荟萃。

该村不仅遗址、古迹多，它所处的地理位置也十分重要。古代是兵家必争之地，曾在这里发生过多次战争，元代末朱元璋率义军屯兵六丈攻打集庆（南京）；清代清军阻击太平军的六镇之战；民国时期六镇人民痛歼日寇的战斗，战火不断，古镇遭到破坏。

这里还有很多有趣的故事和美丽的传说。这些故事和传说，至今还在民间流传。

《六镇村志》如实记述了六镇人民在历史变革各个阶段的政治、经济、文化、社会状况，再现了六镇村人民的勤劳、勇敢、智慧，是一本具有较强思想性、科学性、史料性、实用性的地方史书，在我县村级志书编纂方面尚属首例。我们也可以从中吸取经验和教训，开创未来，为推动当代的社会发展提供帮助。

编史修志是我们中华民族的优良传统，也是精神文明建设的丰硕成果，它是系统地记述社会经济与历史状况的资料文献，是传承中华文明的纽带，是展示当代中国风范的载体。源远流长的地方志堪称中华民族独特的“文化瑰宝”，它与国史、家谱一起，共同传承着中华民族丰富而宝贵的历史文化财富。

全椒县六镇镇镇长　任　权

2020年6月11日

凡　例

一、本志以马克思列宁主义、毛泽东思想、邓小平理论、“三个代表”重要思想、科学发展观、习近平新时代中国特色社会主义思想为指导，坚持辩证唯物主义和历史唯物主义的立场、观点和方法，遵循实事求是的原则，全面真实地记载六镇村的历史和经济建设以及社会发展的进程。

二、本书断代年限，上至有资料可查的隋代，下至2019年。本书记述的区域范围不包括2008年6月份并村之前的袁岗村。

三、本志采用述、记、志、传、图、表、录等体裁，横排门类，纵述史实。

四、总体结构统一采用纲目体，设类目、分目、条目三个层次。横排纵写，记述六镇村历史上有重大影响的人、事、物。

五、入传人物均系六镇村有较大影响的人物，如知名人士和学者，以“人物传略”“乡贤简介”和“人物风彩”形式略记生平事迹等。

六、本志行文规范执行《安徽省第二届志书编纂行文规范》，采用规范的语体文记述，一律使用规范的简化字。

七、时间表述。中华人民共和国成立后采用公元纪年，用阿拉伯数字书写；民国时期采用民国纪年，括注公元纪年；清代及清代以前采用朝代年号纪年，括注公元纪年；农历月日用汉字书写。

八、卷首设图片专栏。其他图、表随文穿插，图下设文字说明，图文并茂，互为补充。

九、本志文字标点、数字数据、计量单位，均按国家规定的规范要求书写。有关统计数据主要以县、镇、村提供的资料为主，少数采用各有关部门提供的统计数字。

十、本志资料来源主要为县、镇档案室，也有调查访谈所得，同时引用县志中的相关资料，个别资料系上级部门提供。所有入志资料包括采访的口碑材料，均经考评核实选用，不再注明出处。

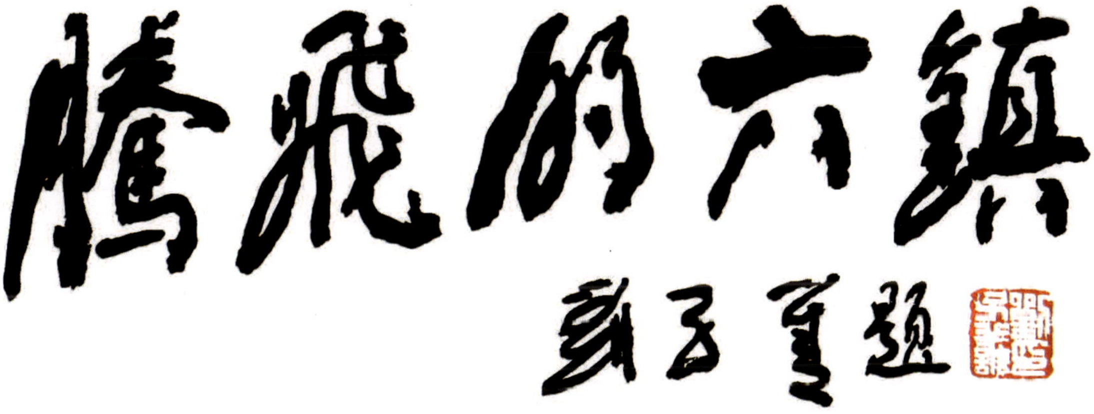
騰飛的六鎮

三塔寺全景

大悲楼

千年黄杨　百年牡丹

圆通大殿

居士集会

千手观音塑像

游客系平安带

庙会群众焚香

住持曾惟慈浇花

古驿道遗址

修复后的六镇古驿道

人登古道石刻

古琼花庵（杨庆年绘）

琼花池遗址　　盛型全 摄

琼花　　金 飚摄

六镇凤凰墩　　　　金　明　摄

六镇古井坛　　　　盛型全　摄

天风楼

刘子善与老伴白侠在他们捐建的天风楼前

六镇小学大门

新华社空军分社社长蔡善武（前排右三）回母校看望

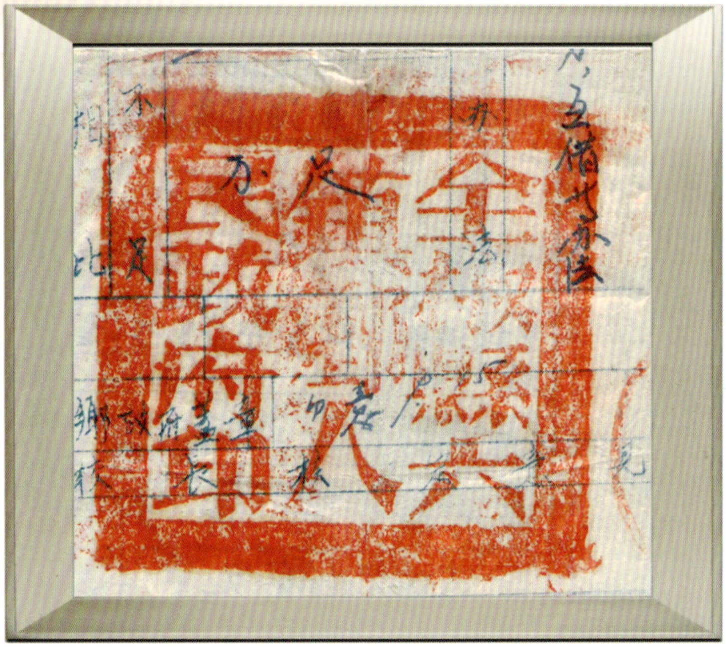

原六镇乡人民政府印

六镇乡第一届义务兵特种兵合影

村干部与“四清运动”工作队员合影

六镇人民奋战在驷马山引江灌溉工程工地

红兵大队（六镇）毛泽东思想宣传队　　秦正明 摄

袁岗队粮食大丰收

1969年上海知青插队落户六镇村　　邵珠珠 摄

袁岗村群众观看揭批江青反革命集团罪行展览

全国政协常委王郁昭（右一）回袁岗村看望干、群

上海知青回村看望群众

上海知青插队50周年留念

六镇村东街一角

包产到户后，曙光组村民潘有玉建起了全村第一座二层小楼　　　盛型全 摄

改革开放后，企业家罗世余建成了村内第一楼

盛型全 摄

六镇粮站　　盛型全 摄

金润园林核桃基地　　　　盛型全 摄

农仁街仓储烘干项目测试基地　　盛型全 摄

全椒县金润园林被评为常务理事单位

全椒县金凤凰禽业养殖专业合作社被评为国家级示范社

全椒县金润园林被评为滁州市现代林业示范区

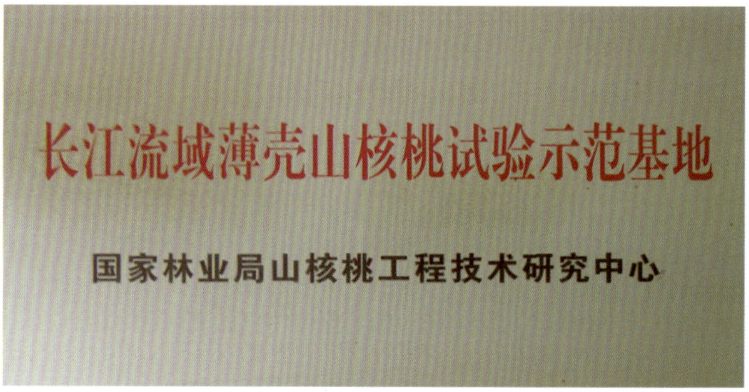

全椒县金润园林为长江流域薄壳山核桃试验示范基地

安徽金润园林绿化有限公司被华夏园林联盟商会授予五星级会员

证 书

全椒县金凤凰禽业养殖专业合作社：

经农业农村部、国家发展和改革委员会、财政部、水利部、国家税务总局、国家市场监督管理总局、中国银行保险监督管理委员会、国家林业和草原局、中华全国供销合作总社联合监测审定，你社为国家农民合作社示范社。

特发此证

（有效期至2021年11月）

农业农村部
2020年11月

全椒县凤凰禽业养殖专业合作社为国家农民合作社示范社的证书

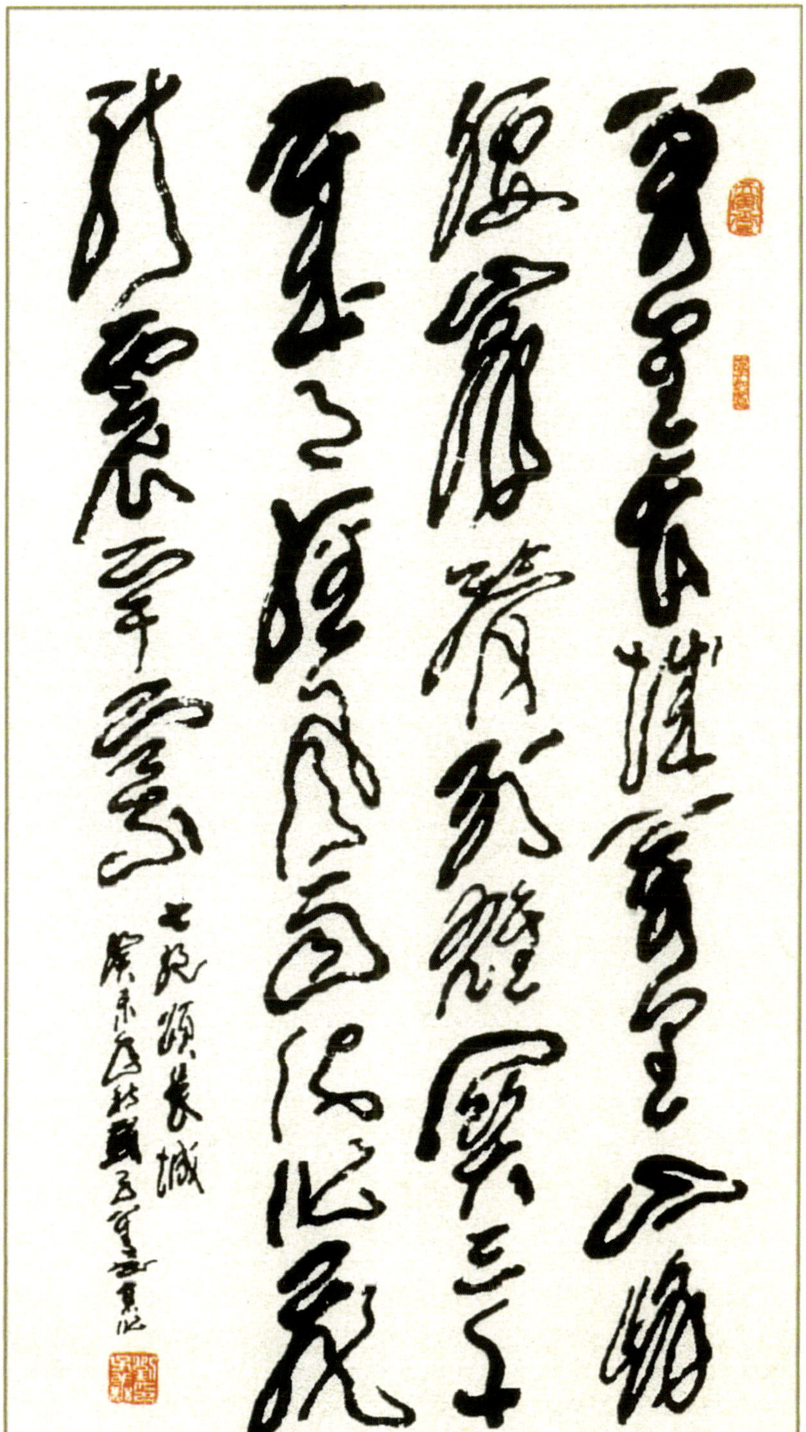

刘子善书法作品

刘子善书法作品

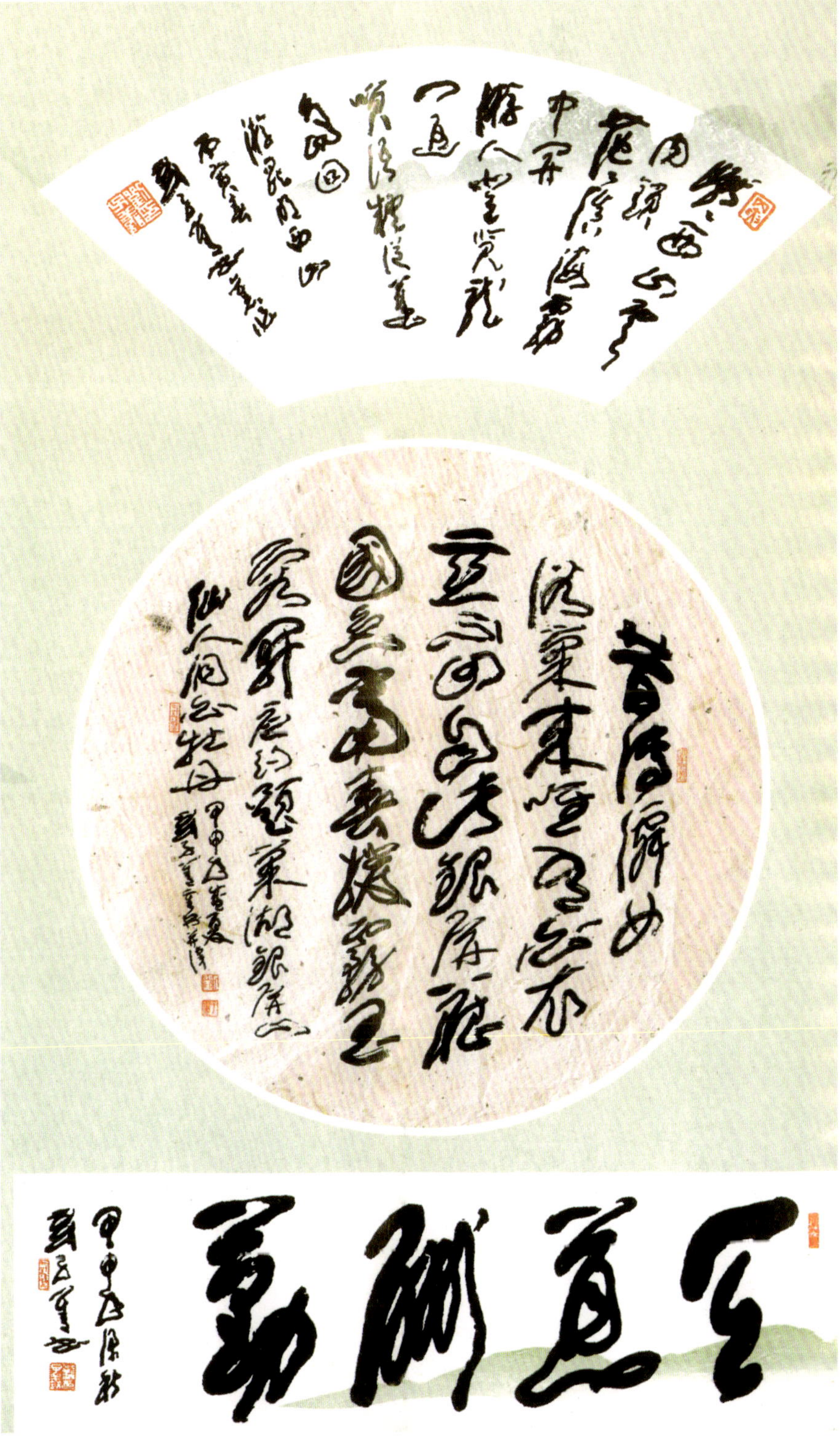

刘子善书法作品

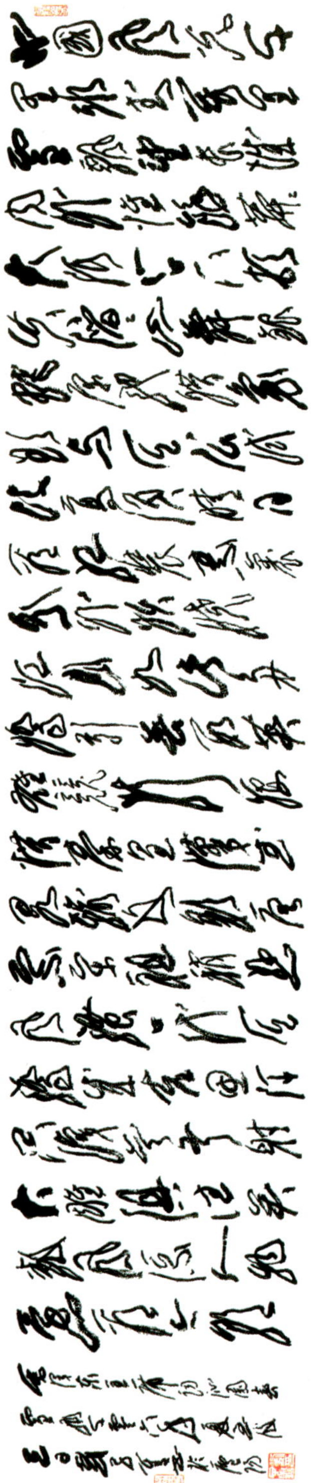

手书毛泽东《沁园春·雪》

刘子善书法作品

書藝永寶
釋文：書藝永寶

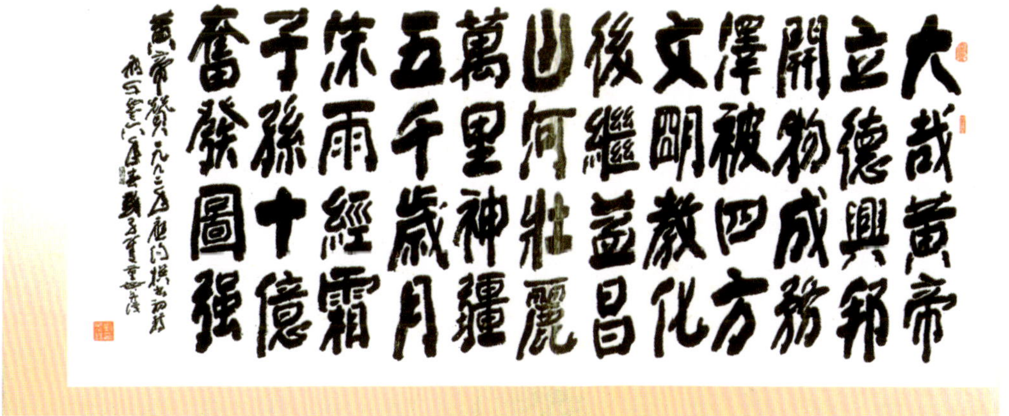
大哉黃帝
立德興邦
開物成務
澤被四方
文明教化
後繼益昌
山河壯麗
萬里神疆
五千歲月
沐雨經霜
子孫十億
奮發圖強

刘子善书法作品

归真

刘子善书法作品

目 录

概　述

一

千年古村六镇，古名“六丈”，别名“古扬州”，是著名书法家刘子善的故乡。

六镇村地处大别山东部余脉的龙、虎二山脚下，北纬32°00′，东经118°04′，位于安徽省合肥至江苏省南京的中段，属滁州市全椒县六镇镇管辖，距滁州市38千米，距全椒县城20千米。六镇西接马厂镇，南与二郎口镇相邻，东与小集村接壤，北至龙虎二山脚下。总面积约14平方千米，辖30个自然村落，38个村民组，1023户，4448人（第六次人口普查数据）。全村耕地面积8646亩，可渔水面1580亩，林地苗木3000亩，是国家商品粮基地、优质棉生产基地。

六镇地势北高南低，属典型的丘陵地貌。村内的水系是由北向南，进入滁河再流入长江，基本是长江流域水系。气候是北亚热带季风气候，具有向温带过渡性质，特点是气候温和，雨量适中，阳光充足，四季分明。

现在的六镇，虽是一个普通的乡村，在全国、全省的地图上难以找到，但它历史悠久，是历史上有名的千年古镇，也是皖东的重镇。唐代在此建了驿站，名叫六丈驿。北宋年间（960—1127）和清嘉庆二十五年（1820）的全国地图上，安徽省全椒县境内只标注了“六丈镇”（六镇）。六镇历史悠久，古老沧桑。宋代称六丈镇，元代称六丈驿，明代称六丈街市，清代称六驿、六丈市。古有兵马官商驿道，东通南京，西通合肥、安庆。六镇是安庆到南京的第六个驿站，故清朝晚期，六镇又称为六站。民国时期称六站市坊，中华人民共和国成立后称六镇乡。1958年成立人民公社时，乡被撤销，建制为村，六镇村沿用至今。

二

六镇是皖东全椒的“鱼米之乡”，农业经济较为发达，长期以来形成了以农业为主兼有林、牧、副、渔的产业结构。在种植方面，主要以水稻、小麦等粮食作物为大宗，棉花、油菜、豆类等经济油料作物次之，原先长期为辅助产业的果木、蔬菜种植和养殖业等，近年来得到蓬勃发展。

中华人民共和国成立前，六镇农业生产水平很低，亩均产量低下。中华人民共和国成立后，经过土地改革和农业合作化，农民的生产积极性空前提高。20世纪50年代后期，由于浮夸风影响，农业生产遭受了严重挫折，1961年粮食产量下降到1949年水平。1961年后国民经济调整，农业生产逐渐恢复到50年代水平。1972年，全椒推行缩小小麦、中稻种植面积，扩大早稻、双季晚稻、油菜、绿肥（红花草，又名紫云英）种植面积的生产措施，农业年年丰收，1974年，粮食亩产超过了400公斤，皮棉亩产超过40公斤，达到了国家农业发展纲要的指标。但由于长期片面地强调“以粮为纲”，种植业结构单一，水稻以外的其他作物种植面积大大减少，经济效益不高。中共十一届三中全会以来，尤其是实行联产承包责任制以后，原来单一性的农业生产结构得到了改变,多种种植经济全面发展,1984年至今,粮食产量和皮棉、油料总产稳步增长。

六镇林业，属北亚热带落叶与常绿阔叶混交林带的江淮丘陵植被区，地带性植被类型以落叶阔叶林为主。中华人民共和国成立前六镇村内的山地基本荒芜，房前屋后路旁的树木属于私人所有。中华人民共和国成立后，根据《土地改革法》规定，地主占有的山林分给农民，寺庙林木和无主荒山归国家所有。凡公路两旁植树，采取“路跟田走”原则，土地属谁，便由谁栽、谁管、谁得益。1955年合作化后，山林权归集体所有。1973年实行了“国栽国有、社栽社有、队栽队有，社员在自己宅旁植树自种自有。林树归谁所有，其产品收入归谁支配”的林业政策。公路、渠道、城镇街道的绿化分别由国家有关部门或社员负责，谁栽、谁管、谁受益。1973—1979年，原六镇大队在村东北部，沈山、洪庄、黄店、前进、团结5队间，筹划了近200亩地，办了一个小林场，主要栽种水杉和国外松，还有其他一些树种，长势非常好。一些树木已成材，但由于管理不到位，于1998年卖给了私人。1979年后，农村推行各种形式的生产责任制，生产关系变革了，部分路旁的良田改成造林为主，国家定期给予农民造林补贴，同时，结合农田基本建设，进行沟、渠、路、林配套，做到“沟成、渠成、路成、林成”。

中华人民共和国成立前，六镇水利条件较差，历代官府为了多收粮，时而也倡导农民兴修水利。只是限于当时生产关系的状况和生产力水平，一般只能兴建小型塘坝、涵洞和堤埂，费用主要靠私人捐助。20世纪五六十年代，遵照毛主席“水利是农业的命脉”的指示，按照“以蓄为主，蓄泄兼施”的治水方针，对之前的一些塘坝进行了整修。70年代初，在农业学大寨的感召下，全椒县内提出了“扩大面积攻总产”的号召，一些队的塘坝被废改田种上了水稻。1958年以前，因县内无较大的灌溉工程，农田灌溉依赖于小型塘坝。1958年后，六镇村内修建了丰产水库、小石水库、小张水库、沈山水库。同时，黄栗树水库西干渠和马厂水库东干渠从村内通过，在村内还修建了丰产水库排洪灌溉沟渠、小石水库排洪灌溉沟渠，以及潘家大坝排洪灌溉沟渠，这三道排洪灌溉沟渠对全村的农业生产起到了很大作用。中共十一届三中全会后，国家重视“三农”，村内由国家投资兴建了一些较大的塘坝，同时增建了十多个排灌机电站，配套工程逐年完善，灌溉面积和效益不断扩大，对农业生产的发展起到了决定性作用。

六镇的交通十分便捷，宁西高速铁路和312国道附道从境内穿过；赤（镇）复（兴）公路、全（椒）马（厂）公路在村设有站点；全村各村民组均通水泥路。六镇在古代位于交通要道，唐代时皇家就在这里设了驿站，全椒的这条驿道，东从界首（今属十字镇）出发，接乌衣、浦口到达金陵（南京）；西边从章辉出发，接栏杆集到庐州（合肥）、安庆。这条驿道是全椒最大的一条横贯东西的大驿道，六镇为必经之路。从定远到和州这条贯通南北的民间大道，能推独轮车，也要经过六镇，所以六镇过去交通十分便捷，也是一个人的驿站，皇家在这里养有马匹，街道靠北有龙门，皇家的马匹进出从这个门通过，所以叫龙门。六镇街北有个山叫养马岗，曾是皇家放马的地方。直到现在洪庄村民组有的田块名称仍是马到口田、马扎子、马到山等。当年皇家为什么要在这里养马呢？因为古代送信主要依靠马匹，加急文书每天要跑500里以上，必须要换马换人，六镇这个地方就是换马换人的地方，所以皇家要在这里养马建驿站。在任何年代，对一个地方来说，交通的便捷都是经济发展、人民生活最重要的条件之一。六镇的重要，便由它的地理位置和交通便捷而决定。

三

六镇位置独特，地势险要，地处庐陵古道必经之地，古为吴楚之要冲，今为皖东之要塞，历来是兵家必争之地，历史上曾狼烟四起，战火纷飞。在六镇发生的比较有名的战斗有3次：南宋赵密的六丈河之战，清军阻击太平军的六镇之战，抗日战争时期六镇人民自发抗击日寇的战斗。

民国时期六镇相继组建了六镇团练、红枪会、六镇自卫队，主要功能是看家护院，剿灭土匪，不列入军队，协助军警维护社会秩序，征收租税，讨收债息，保卫地方农民财产不受侵害，帮助地方征收苛捐杂税。六镇自卫队在抗战期间，一举歼灭日寇一个班，保家卫国，在全椒县的抗战历史上留下了光辉一页。

1949年元月，六镇解放，在成立农会妇女会的同时，也开始组建民兵组织。那些思想好、品德好、历史和社会关系清楚的16~25岁青年都参加了基干民兵，25~40岁的青壮年都参加了民兵。基干民兵都要进行短期集训，通过集训，他们的政治思想觉悟有了进一步提高，在工作上是尖兵，在生产上是能手，对安定社会秩序、保卫胜利果实，起到了决定性的作用。旧社会的夜间抢劫、偷盗，白天拦路、搜腰等行为绝迹了，社会秩序好转。1950年元月，县、区成立了武装部，加快了民兵建设步伐。

1958年毛主席先后发出“全民皆兵”和“大办民兵师”的指示，地方适龄的男女青年都参加了民兵，公社建团，生产大队（村）建营，生产队（组）建排，冬春进行民兵集训。从1981年起复退军人全部编入民兵组织中。为了加强国防后备力量，节省国防开支，全椒县建立了预备役团，六镇村内有基干民兵参加，如有战事，一声令下，可奔赴指定地点。

四

六镇历史悠久，人文荟萃，物华天宝，人杰地灵。封建王朝时期出过进士、主考官、员外郎和白衣道人。中华人民共和国成立以后，六镇有省部级官员柏青（女），著名书法家刘子善，其他知名教授、记者和艺术家也如雨后春笋，不断涌现。

六镇是皖东的千年古镇。六镇境内还有很多遗址古迹，如商周时期的烽火台、琼花庵、凤凰墩、龙门庙、东岳行宫、清代全椒储粮西大仓、全椒名桥凤凰桥、凤凰池、古代皇家养马岗、七十二口古井等。

六镇街道古老，青石铺地，东西两头出口处原有关隘（人称关闸），分别石刻“人登古道”和“以固吾圉”8个大字。六镇西头约500米处有个墩子，民间通称为“烟墩子”，据说是商周时期设置的烽火台，主要是用以报警和传达军事情报。东头约1000米处有古老而雄伟的三塔寺，始建于隋大业年间（605—618），北宋徽宗大观元年（1107），在寺前造塔3座，故名“三塔寺”，该寺曾有“江北第一寺”和“皖东佛教圣地”之称。历代文人墨客于春秋佳日多游宴其间。清代的吴国龙、薛时雨、吴山尊，民国时期的王宗沂、汪文溺、鲁颂尧、张汝舟等在该寺留有诗词、碑刻。

六镇传统文化底蕴深厚，文艺作品丰硕，教育历史悠久。中华人民共和国成立前，有六镇小学、三塔初级农业职业中学。新中国成立后，教育事业蓬勃发展，蒸蒸日上。除原有的六镇小学外，还先后办起了六镇农业中学（后迁址丰产水库旁）、三塔小学、湖心小学、大何小学。刘子善家族被滁州市中小学教育奖励基金会和滁州市教育委员会、全椒县人民政府授予“教育世家”“教师世家”称号。

六镇民间文人荟萃，民间文艺活动百花齐放，文化事业繁荣昌盛，在全椒县内被称为“文化之乡”。古村传统的灯会、舞龙、花船、庐剧、说书活动为群众喜闻乐见；民间传说、歌谣、诗词、碑刻、书画闻名遐迩。

六镇的卫生事业发展较快，新型的农村合作医疗让村民小病不出镇，大病不出县，2017年六镇村新型农村合作医疗的参保人数达到4045人，卫生事业取得了长足的发展。

五

中华人民共和国成立70年来,六镇发生了翻天覆地的变化,各项事业取得了辉煌的成就。

经济发展突飞猛进，人民生活水平明显提高。近几年来，六镇人均年收入大幅度上升：2016年为12800元，2017年为13400元，2018年为13800元，2019年为15130元，是20世纪90年代前的15倍。2019年，六镇村手机使用普及率100%，医保和社保覆盖率100%，电脑使用率40%，高档电器进入寻常百姓家，全村拥有私家车508辆，六镇人民正大步前进在奔小康的路上。

村容村貌干净整洁，焕然一新。改革开放后，人民手中有了钱，除了改善物质生活外，还在不断地改善居住环境。六镇原来低矮、破烂的草房，历经战争被破坏的六镇老街已不能适应发展需要。地方政府决定在老街东建立新大街，沿赤复公路两侧兴建建筑，形成新的十字大街。短短几年，一条新的大街便展现在人们的面前：村部、学校、粮站、卫生院、家电、机电维修、饭店等建筑拔地而起，居民楼房如雨后春笋，展现出改革开放的丰硕成果。

新大街不再是砂石路，改铺柏油，改变了过去“晴天一身灰、雨天一身泥”的境况。全村38个村民组，全部通水泥路，改变了过去交通不便的状况。

新街和老街均安装了路灯，既美化了街容，又解决了夜间人车行走的安全问题。

国家投资640多万元对全村电网进行整改，增设台区，确保居民生活和农业灌溉用电。

广大居民装了有线电视，丰富了文化生活。

居民普遍用上了自来水，群众生活用水得到极大便利，而且既卫生又安全。

在新街两旁修建了下水道，在老街新建了排水沟，有效地解决了街道排水和排污问题。

村成立了垃圾清扫队伍，配备专用垃圾桶和垃圾车，定期清扫运送，改变了人居环境。

国家投资为全村建了14个电灌站，确保农业旱涝丰收。

兴建了村委办公大楼，改善了办公条件。

近几年来，六镇村一方面加强对古迹的保护力度，一方面着手实施古迹恢复工程。特别是2013年，六镇村着力实施老街恢复工程，市政府拨款30万元为老街重新铺了青石板路，既解决了群众的实际困难，又恢复了古驿道的原来面貌。老街西头的琼花庵也已重建。同时还借着当家塘项目，对凤凰墩进行了修缮和保护。如今，这些古迹的修复，使六镇成为全椒县重点旅游村镇之一。很多从六镇出去的文化名人回到村里后，都赞赏不已。

史册载沧桑，数典展宏图。六镇人民会以史为鉴，不忘初心，牢记使命，继往开来，在习近平新时代中国特色社会主义思想指引下，上下一心，攻坚克难，锐意进取，开拓创新，努力建设美好家园，用勤劳和智慧谱写出更加绚丽夺目的新篇章！

大事记

隋

三塔寺，位于县城西18公里的六镇东北侧，隋大业年间（605—618）创建。

琼花庵，位于六镇老街西北，民间相传为隋朝所建。

“琼花池，在县西四十里，以文石甃之。嘉靖年间（1522—1566），尚有石数片，存居民家。池延袤数十武，昔人取水灌花者也。相传花为王母侍女许飞琼所植，（口）得名天下独一株。隋大业（605—618）初，炀帝迁江都，闻之花大，令人取去，舁植扬州后土祠中。春时盛开，与萧后及诸妃嫔聚赏之。”（明泰昌版《全椒县志》）

唐

明泰昌版《全椒县志》和《中国古今地名大辞典》记载：琼花生处六丈镇在全椒县城西四十里，唐时已置六丈驿，为通庐孔道，宋置监官，掌火禁兼酒税事。《元符图经》称，设镇将一人，有六丈驿，久废。

六丈东岳行宫：（又称东岳庙）在六镇老街东头。泰昌版《全椒县志》称：唐时所建。县西六丈街。

宋

徽宗大观元年（1107）在三塔寺前建塔三座，故名“三塔寺”（原名无考）。

南宋高宗建炎三年（1129），金将粘没喝兵焚全椒城。

绍兴十一年（1141）春正月，宋太尉刘锜和金兀术隔石梁河（滁河上游城西九十里）布阵。两军隔河对峙。兀术分兵犯滁、濠，宋统制赵密引军出击。同时命部下张守忠五百骑伏于六镇竹林之中。金兵察觉，乘夜逃走。赵密见势，再引兵出六丈河断其归路，大败金兵。（1986年版《全椒县志》）

明

县西北有凤凰桥，明初建，凤凰（又名六丈，今六镇附近）。（民国9年《全椒县志》）

洪武年间（1368—1398），因谒泗、凤两陵径取县内的三塔寺塔砖甃毛坦桥，塔被毁。（据1986版《全椒县志》）

明正统年间（1436—1449）西仓（六丈街，今六镇）知县留衢所建。（据康熙《全椒县志·卷五》记载）

清

顺治二年（1645），置江南行省，治所在江宁府（今江苏南京），全椒和六镇属江南行省。

康熙六年（1667），始置安徽省（治所在安庆），辖全椒县，后置安庐滁和道，全椒和六镇属之。

道光九年（1829），六镇首事杨开太、陶如泉、杨工永、郜声成在六镇古驿道街东和街西各造一关隘（关闸），东头关隘石刻四字“人登古道”，西头关隘石刻四字“以固吾圉”。

咸丰八年（1858）三月，太平军攻入全椒城，清军顽抗，大批建筑毁于兵火。六镇老街西起程桥，东至姚桥，街长三里，被烧毁街市三分之二。

宣统二年（1910）十一月初一，设立县邮政局，原驿站邮传业务统归该局经营。

中华民国

民国初，县辖7区41坊，西区辖赵主庙（又名赵住庙）、华严庵、封家岭、六站市（今六镇）、高塘5坊。

民国6年（1917），清末秀才刘凤鸣，字瑞岐，于六站坊六站市街创办学校，为全椒西区第三国民学校。（据民国9年版《全椒县志》）

民国9年（1920），由杨济川接办西区第三国民学校。

民国19年（1930），刘兆璋任第四区区立第三初小学校（六镇小学）校长，教师2人，学生33人，当年经费300元，校址琼花庵。

民国25年（1936），在杨警木倡导下，六镇成立了人民自卫队，有步枪14枝，先后由潘振铎、杨继贵任自卫队队长。主要任务是看家护院，防匪，维护六镇地方安全。

民国27年（1938）1月30日，入侵县城日军500人，在飞机配合下到小集（今六镇）、大马厂一带扫荡。日军沿途烧毁民房300间，残杀群众30人，将财物抢劫一空。次日，日军从大马厂回全椒，又将小集烧成一片焦土。

民国27年（1938）2月26日，一支50人的日军队伍，由全椒六镇、黄庵北村开赴马厂，在那一带抢劫一批电线。次日凌晨，由9名日军押着2只毛驴从黄庵到达六镇，企图返回全椒。被六镇自卫队团团围住，日军当场被击毙6人。次日黎明又被打死一个，另一个在姚村附近被人打死，剩下一个逃往程家市也被当地人打死。

3月1日，从全椒县城开出四五百名日伪军（其中日军100人），向六镇人民报复，日军在街上大肆放火，六镇街上燃起了漫天大火，半条街120间瓦房、170间草房被化为灰烬，家具损失无以估计。3月13日，日军又从马厂开来队伍，由镇南大罗村（距六镇2里）窑上一带乡村纵火烧掠，所遭受之损失无法统计。（《中国共产党全椒县地方史》第一辑）

民国28年（1939），全椒县设六站乡（六镇）。

民国32年（1943），对有关镇、区、乡进行更名，六站乡和小集乡合并，更名为小集乡。

民国37年（1948）8月，全椒县初级农业职业中学创办于三塔寺。校长江金惠，1949年元月，全椒解放停办。

民国38年（1949）元月，六镇解放。原国民党保长范仲谋继续担任六镇行政村第一任村长。3月12日，解放军华东野战军二十五和二十六军进驻全椒，准备渡江，六镇也驻扎解放军有半月余，六镇人民热烈支援解放军解放江南，组织了担架队、民工队、运输伤员以及粮食弹药。参加担架队的有朱焕才、杨继升、武传荣、许德先、朱占荣（四川人）、潘振礼、汪治浩。

中华人民共和国

1949年

1949年11月，六镇村杨继升、昂发根2人参加了中国共产党，这是六镇最早发展的党员。

解放初期的征收粮食以户保管，到1949年底，将粮食集中于古庙祠堂储存，三塔寺是全县容量大的储粮点。

1950年1月，三塔寺改做粮站。

1950年

1950年3月，全县划为6区39个乡、228个行政村、1750个行政组，太平区辖六镇、太平、中心、张罗、赵店、新兴、三圣、曹埠、赤石、沙石、小集11乡。

1950年10月，土地改革开始，没收并分配地主五大财产（土地、房屋、耕牛、农具、粮食），实行耕者有其田，到1952年元月基本结束。六镇当年26个自然村，评出贫农219户，下中农142户，上中农17户，地主9户，富农17户，小土地出租1户。

1950年冬，六镇村余其发打入特务内部，在村内小乐组，一举消灭国民党“豫皖边区人民反共救国第一路军”特务组织，并将首恶分子处以极刑。

1951年

1951年底，地方成立临时互助组，一般是3~5家自愿合作，六镇街东以杨继升为首，街西以杨德善为首，成立两个临时合作互助组。

1951年春，全县展开轰轰烈烈的镇压反革命运动，逮捕反革命分子894人，处极刑的195人（其中匪特52人，惯匪30人，恶霸地主76人，汉奸和反动党团骨干37人），小集乡有吴春海、杨警木，另有惯匪苏仕别。

1952年

春，六镇街成立4个较大的互助组，镇东有杨继升、杨福如互助组，镇西有杨德善、张家治互助组。

春，六镇街成立商会，杨德盛当选商会会长。

1952年4月，经民主建政，全县划90个乡，太平区辖18个乡，其中有六镇乡。

1953年

1953年冬，根据国务院颁布的“关于实行粮食的计划收购和计划供应”的命令，六镇街13家私人粮行一律停业，粮食市场由国家统一管理。

1953年冬，反动“会道门”制造“水鬼毛人”的谣言，从外地传入六镇，与县内的反动“会道门”分子相呼应。一时群众难辨真伪，恐惧不安，严重地干扰了当地社会秩序。公安部门派人下乡辟谣，并立案侦查，依法逮捕了假装“水鬼毛人”的罪犯许祖华，1954年8月，许祖华被判处死刑，此举逐步稳定了民心和社会秩序。

1954年

2月进行基层普选工作，选举人大代表成立乡人民委员会。当时将行政村改为选区。六镇街成立镇东代表选区和镇西代表选区，东代表区主任为杨继升，西代表区主任为杨德善。

9月15日，县内棉布全面实行凭票供应。

冬，六镇街成立庐剧团，演出的庐剧有《三打薛平贵》《狸猫换太子》《昭君和番》等。

1955年

1955年3月1日，开始发行新版人民币，同时收兑旧币。

1955年春，试行义务兵役制，广大适龄青年积极要求入伍，许多父母替儿子报名，妻子替丈夫报名，兄弟争报名。冬，国家开始征兵，补充部队兵源。在六镇乡政府所在地（姚香店）召开大会，宣布应征名单，盛型仁、刘明星、刘文新、胡德明、杨庆喜、王家和、姚维才、李茂文、罗世武、罗志明、黄其升、许远高、许祖维、范圣祥、许绍甫、罗世兴、许永元等24人光荣入伍，成为中华人民共和国第一届义务兵。

1955年12月，全县设4区37乡，六镇和小集合并，成立小集乡，六镇乡撤销。

1955年冬，在杨继升的筹备下，把六镇周围9个初级社合并，成立了丰产人民高级社，赵世发任管委会主任，杨继升任监察委员会主任，赵大发任副业委员会主任。

本年冬，六镇第一次放有声电影，放映地点在六镇小学操场（琼花庵）。20多基干民兵持枪在操场外围站岗放哨，以防坏人破坏。放映片名叫《钢铁战士》，这部影片在六镇老人中留下了深刻印象。

1956年

当年，大罗自然村失火，从罗金明家起火，风大，火势猛，无法抢救，有近10户人家全部被烧光。

1956年秋至1957年春，六镇街驻扎解放军一个营，有很多马匹和大炮，营部设在胡德友家大瓦屋，历时8个月。团部设在六镇乡政府所在地姚香店。

当年六镇街的4个互助组随后升为4个初级社，冬，又改为4个生产队，张家治初级社为曙光生产队，杨德善初级社为前进生产队，杨继升初级社为团结生产队，杨福如初级社为和平生产队。这4个生产队的名称是书法家刘子善的哥哥刘季乾起的。

1957年

全椒县内自建的第一条支线公路赤复（赤镇至复兴）公路开始修建，总指挥部设在六镇杨庆炳家老敞厅。

1958年

1958年，小集乡和三圣乡合并，成立太平人民公社，后称红旗人民公社（简称红旗社）。

全民大炼钢铁时，红旗社组织钢铁远征团，由张国府任团长奔赴肥东、乌衣等地参加战斗；组织津浦铁路复线远征团，由朱启文率领奔赴张八岭、石门山一带。六镇是杨继升带队。

1958年秋，全县人民公社实行伙食供给制，按人口定量配给口粮，以生产队、街道为单位办起了大食堂，所有社员都集中吃饭，六镇街4个队（曙光、前进、和平、团结）加上黄店、后庄在一个食堂吃饭。

1959年

黄栗树水库和丰产水库开始动工修建。

冬，因建丰产水库，六镇千年古街人登古道被毁，石板被运去砌水库涵闸，剩下的运到小集铺街道。

1960年

春，潘阳组社员许三郎（别名）在家烧水，夜里失火，当天起东风，风大火猛，无法抢救，从村东烧到村西，一连串烧了十几家。

1960年，由于国民经济困难，粮食紧缺，农村出现村民忍饥挨饿现象。

1961年

1961年春，一些小村庄因人少开始合并了。原贺小村并给曙光队，朱小村并给团结队，大塘庄并给大罗队，陈家洼并给沈山队，小李村、董庄并给洪庄队，下桥、小李村并给五一队，湖心洲、小潘并给潘阳队，小周并到小石队，小店子并给小宋队，小乐、小李村并给坝刘队。

1961年，实行责任田到户，1962年秋，根据中央指示，全县收回责任田。

1963年

1962年冬和1963年春，在银行工作的杨庆炳自动退职回乡，组织六镇街上4个生产队和部分人员，将六镇重新开集，资本由4个队筹集。并从县里请来庐剧团唱三天三夜小戏，接着又放一个星期电影，受到当时公社书记刘绍州的阻挠，一年后自动垮台。

1964年

当年10月至次年10月，中共华东局陆续派遣8356人组成社会主义教育工作队到全椒县分批分期地进行“社会主义教育运动”，有近70人到六镇大队。

1966年

6月，全椒的“文化大革命”开始，全县各中学掀起了“红卫兵”运动，开始时在本校“闹革命”，后来走向社会破“四旧”（旧思想、旧文化、旧风俗、旧习惯），要在全社会立“四新”（即新思想、新文化、新风俗、新习惯）。一批有价值的文件、书画被“红卫兵”焚毁。

11月3日，滁县地区选派“红卫兵”到北京接受毛泽东主席检阅，当年在滁州师范读书的盛型全被选为赴京代表受到毛主席第六次检阅。

11月19日，全椒县委和县人委决定更换34个区、社名称。小集公社更名为“丰产公社”，六镇大队更名为“红兵大队”。1969年12月宣布恢复原名称。

1969年

12月24日，县知识青年办公室同劳动局共同办理到农村的城镇知青安置工作。六镇大队首批安置20名上海知青，小刘队有马育明、韩海萍、程雅明、原向明、曾芳林；洼刘队有沈晓文、朱光中、许文灏；洪庄队有倪尼亚、徐布军、徐明德、余芬、张小兰、陈佩康；小宋队有罗小明、徐熊、马育智、程济明；曙光队有邵珠珠、邵增珠姐妹二人。

1973年

秋，六镇小学由街西古庙迁址街东，建24间带走廊的教室，占地15亩。

同年秋，六镇大队在养马岗办起了小林场，林场用地近200亩，位于沈山、洪庄、黄店、前进、团结等5个队之间。首任场长刘明德，重点栽的是水杉和国外松等树种。

1974年

滁河疏浚工程动工，该工程分三期施工，至1978年元月竣工，全椒县共投入7万余人。当年六镇村农闲时近千人参战，早上四点起床，晚上八点收工，在工地上吃两餐，人们称“早四晚八送两餐”。

1975年

1975年，六镇村荣范组退伍军人范茂华被推荐上全椒县“五七大学”，实行“社来社去”分配原则。

4月5日，全椒县小集公社六镇大队中刘生产队夜间发生火灾，因无人发觉，生产队4间公房被烧光，7条耕牛全部被烧死，屋内粮食、种子和农具全部被烧坏，总经济损失近万元。火灾发生后，县委立即前往调查处理，并通报全县。

同年秋，六镇架通了高压电，居民首次用上了电灯。

1976年

9月9日，六镇小学首次从南京买了一台九英寸的黑白电视机，六镇人知道了什么是电视。

冬,全椒火葬场建成,六镇被火化的第一人是六镇街姚明仁家茶馆的姚老奶奶。

1979年

1979年六镇所有的地富分子等“四类分子”全部摘掉帽子，一律改为社员成分。

1980年

撤销革委会，恢复六镇生产大队。

1981年

全县普遍实行家庭联产承包责任制，分田到户。

1984年

4月全椒县撤销人民公社，小集公社更名为小集乡人民政府。同年12月，全县农村生产大队改为行政村，设立村民委员会，六镇生产大队更名为六镇行政村，生产队为村民小组。

同年，全椒至小集段公路改造完工，县支线公路接养，县公路营运部门正式通车营运，极大地方便了六镇居民的出行。

之前的1981年，县政府公布三塔寺为重点文物保护单位。1986年该寺又被列为省级寺观。此期间粮站迁出。县粮食局在六镇新街东头，新建了六镇粮站，占地35亩，在全县属于比较大的粮站。

1987年

当年，六镇街上曙光生产队居民潘有玉家盖起了一座二层小楼，这是六镇的第一座楼。

1988年

当年秋，全县城乡居民开始发放居民身份证。

1991年

6月8日，小集乡丰产水库垮坝，缺口22米，坝下还未收割的小麦，已栽下的水稻、即将成熟的西瓜等农作物全部被冲淹，老百姓损失严重。

6月8—14日，全县普降暴雨，县城雨量326.9毫米，赤镇、赵店、马厂等地分别为808毫米、527毫米、435毫米。全县大、中型水库和小塘坝全部超蓄洪。襄河闸水位14.5米，比历史最高水位13.37米（1987年）高1.13米，形成百年不遇的洪涝灾害。全县近12万人被洪水围困，县城四分之三面积约6平方千米一片汪洋。合（肥）浦（口）公路全椒段10处交通中断。县监狱被淹，县银行金库浸泡在水中。

6月15—17日，驻滁部队和南京军区舟桥部队460名指战员先后到全椒营救受灾群众。

1992年

1月9日，全椒县商品流通实行“四放开”（经营、价格、用工、分配放开）。

3月4日，全椒县调整行政区划，撤区并乡，撤并后设置7个镇10个乡，小集和东王合并为小集乡。

7月19日，全椒县实行奖励“农转非”户口，每缴纳6000~10000元建设基金，奖励“农转非”户口一名。

1996年

同年，在1995—1996年县乡公路改建柏油路的工程中，白酒—小集（7.78公里）、小集—黄庵（7.1公里），黄庵—马厂（7.1公里）的公路路面皆由砂子路改为柏油路面，路宽为7米。普通小面包车的车程，六镇至全椒只需20分钟。

秋，在滁州市委工作队王盛吾、张改生的倡导下，时任校长盛型全负责筹划建一座教学楼。小集乡政府拨款10万元，著名书法家刘子善及其夫人白侠10月8日在全椒“碧云轩”举办书法义卖，所得经费20万元全部捐出建六镇小学

“天风”教学楼。在书法作品义卖和建“天风”过程中，县委原副书记夏美庆、政协主席周广文、人大常委会副主任余建洲、县教委主任杨庆年和社会各单位、各界朋友以及在母校学习过、工作过的诸位先生、女士和在外地工作过的六镇家乡父老，都伸出了友谊之手，为“天风”的建设添砖加瓦，经过一年的努力，一座700平方米的“天风”教学楼落成了，1997年春正式投入使用。

1999年

9月3日，县公安局破获全椒历史上罕见的凶杀大案，凶手杀害小集乡（原住六镇村）唐发珍一家三代四口人，犯罪嫌疑人在案发后48小时内被抓获。

10月1日，中华人民共和国五十周年大庆仪仗队的左护旗手杨辉是六镇村和平村民组人。

2000年

5月30日，安徽省政府批准：撤销小集乡，设立六镇镇。

同年，火葬场从县南屏山迁址斩龙岗。

2003年

4月25日，县政府发出《关于加强对传染性非典型性肺炎防治的通知》，提出八条防控措施，并成立全椒县防治“非典”总指挥部。

县教育局明确要求，学校严格实行封闭管理，外人及家长不得进入校园，学生凭证进入，谢绝外地学校参观、考察，原定到外地交流教育教学活动的计划一律取消，学校暂不放假，目的是使学生和外界接触面降到最低限度；学校每日做好早查、午查、晚查报告工作，学校每天都要向乡中心小学报送信息，做到准确及时。每天对学生家长在外地打工人员及回归情况进行登记上报，凡是学生接触到“疫区”返乡的家长，这个学生就要隔离3~5天。同时要求学校安排学生给在外地打工的家长写一封信或打电话，告诉他们为了家庭的幸福，为了学生的平安学习，请家长保重身体，不要回家，防止把“疫区”的病毒带回家庭。

当时学校对防“非典”非常重视，每天对教室消毒两次，教育学生勤洗手、洗脸，搞好个人卫生，注意室内通风，做好预防工作。

2004年

12月28日，宁西铁路合宁段工程开工，铁路全长166千米，其中全椒境内54.6千米。在此之前，铁路建筑部门在六镇村北面小林场附近的路线上，先期进行试验段施工，指挥部及有关实验室设在六镇粮站和部分私人住房内，近一年时间，为整条铁路的铺设提供了技术资料及相关数据的依据。

2005年

2005年元月，根据统一布置取消农业税，农户不再缴“皇粮国税”。

2007年

5月，县委、县政府决定对全县乡镇行政区划进行调整，保留襄河镇、古河镇和武岗镇3个镇，新设十字镇、六镇镇、二郎口镇、大墅镇、马厂镇、西王镇、石沛镇7个镇。全县划分为10个镇。这样原曹庵乡并到了六镇镇。

2008年

6月，六镇村和袁岗村合并为一个村，六镇村民委员会设在六镇街东。

2009年

4月21日，召开了全县土地流转中心建设工作会议，成立了土地流转服务中心，也就是从这时起，六镇村的农民土地开始流转他人耕种。

2010年

5月，黄庵人用马厂河之水建了自来水厂（后期并给了马厂自来水厂），埋设管道，将纯净的水输送到六镇，由六镇街的居民安装入户使用。从此六镇居民用上了自来水。

2011年

9月，全椒县启动实施城乡居民社会养老保险，农村凡60周岁及以上的按月发给养老保险费70元，同时随着年龄增长也增加一定比例的养老费。

2012年

4月2日，农历三月十二，六镇老街的杨姓颁发家谱，六镇镇和六镇村也派人参加典礼，致辞祝贺。为了庆贺这一乡间大事，除众人自愿筹款外，当地在外的几位老总出资，请了庐剧戏班来六镇唱了十多天小戏，日场（下午）、夜场皆有。六镇街上不少人家相邀周边亲戚家的老人前来瞧戏，增进情感交流。

2013年

在滁州市政府电子政务办公室副主任张伟（干部下基层，挂职村第一书记）的领导下，六镇村想方设法筹措资金进行民生建设。在各级政府都强调建设美好乡村的形势下，六镇老街旧貌换新颜：

10月份，从巢县采石山购得切割打磨好的石条石块，将老街道的地面全部装饰一新。据统计，铺设的长石条（长80厘米，宽40厘米，厚5厘米）402块，方块石条（长、宽皆40厘米，厚5厘米）1608块（另有老住户贡献出珍藏的老街原石条若干块，集中在琼花庵前铺设约10米长）。在施工中共投入40多万元，将老街地面两边淤塞的水沟疏通，用砖石水泥砌好。

电路改造。在改造过程中，一是将原高压线的铝线全部换成护套线；二是更换变压器（原来只有一台260千瓦，现在换成两台，每台400千瓦），投入资金400余万元。

在原六镇老街（古驿道）安装了12盏路灯，投入3万余元。

重建了团结村民组的水电站（养马岗电站），投资20万元。

当年冬修工程中，和平村民组将滚灯塘（凤凰墩大塘）推土扩大，推土30100立方米，将塘面积由34亩扩大了18亩，投资20余万元。

迁建了行政村办公楼（二层小楼），投入120万元。在老街的街后新建了两个公厕，大大方便了群众。将老街道西北边的一段约680米长的马厂水库东干渠渠道硬化（裁弯育直、水泥板块铺底护坡）。对村庄、道路进行绿化。

2014年

春天，六镇老街建了4条水泥路，其中3条都是南北向，将老街与南街后的全椒马厂公路相接。第一条建在原东关闸外的老路基上。第二条建在老街中段的龙门巷南段的路基上。第三条建在公路西段下坡处与老街相连的地面上

（即琼花庵前），属新建路基。第四条水泥路是东西向，即从老西关闸头（现在为马厂水库渠道桥头），将老街的水泥街面延长到与公路衔接。这4条水泥路段，路面宽3.5米，路面厚0.2米，总长约350米，造价近8万元。这4条水泥路的建成，结束了雨雪天行人踩烂泥巴出行之苦。

秋，罗世余在原六镇东岳庙处建村内第一楼，楼高4层，建筑面积500平方米，总投资120万元。

2015年

3月，六镇村农村土地承包经营权确权登记颁证。

6月，全村干部群众进一步统一思想，提高认识，齐心协力，以更大的力度、更实的举措，有效地保护环境卫生，改善空气污染。干部每天都深入基层，大力宣传、动员，严禁秸秆焚烧。违者实施严厉惩罚。

2016年

“三边三线”得到长效治理。村投资数万元，购置垃圾储存运输设备，加强全村垃圾收集清运；建立长效机制，加大资金投入，成立了专门的“三边三线”清洁队伍，定期清理全村主要干道及“三边三线”的垃圾卫生，做到人员配备到位，资金保障到位，监督检查到位。姚玉柱全面负责。六镇的卫生面貌得到大的改变。

6月份，中国移动六镇村光交线路（移动网络）正式安装完毕。

2017年

8月10日上午，县委副书记、县长王珏在马厂镇、六镇镇调研。王珏一行先后来到皖东工委遗址、六镇老街等地，仔细察看老街保护、开发及利用等现状，详细了解老街的历史文化、发展规划、项目建设等情况。针对六镇老街下一步的保护开发利用工作，王珏要求，一是规划好，抓住特色，准确定位，建设具有文化特色的历史古镇；二是管理好，积极倡导古镇文明之风，广泛听取民意、汇集民智，让老街居民广泛参与到老街的保护与开发中来，着力提升古镇整体形象。三是相关部门要围绕古镇旅游发展，多方争取各级各类项目资金，协同努力，培育打造古镇旅游新品牌。

冬，六镇村铁路以北沈山、黄店等组进行农田水利基本建设改造。

12月27日上午，安徽省地方志办公室正厅级巡视员刘成典和省志办处长胡卫星，与全椒县档案局局长陈耕、副局长许斌以及六镇镇长周军和村书记吴瑶，在六镇村办公室座谈六镇村志编写情况。盛型全如实汇报了编写情况。会后一行实地观看了人登古道、古井、琼花庵等地方。

2018年

7月27日，盛栋当选新的一届六镇村党总支书记，付世刚、詹正国当选副书记。

9月7日，盛栋当选新的一届六镇村村民委员会主任，付世刚、宛礼友当选副主任。

在合肥市公安局刑警大队工作的六镇人张雪松，10月23日18时30分左右在抓获盗窃犯时，与罪犯搏斗，被罪犯用水果刀刺入左后背大动脉，经抢救无效于10月24日凌晨壮烈牺牲。

2019年

当年是上海市首批知识青年插队六镇50周年，邵珠珠等12名上海知青于2019年5月4日回到第二故乡六镇村，看望当年的干群，受到六镇村干部、群众的热烈欢迎，并举行了座谈会。

第一章

基本村情

六镇村地处大别山的余脉龙、虎二山脚下，属典型的丘陵地带，气候湿润，光照充足，春、夏、秋、冬四季分明。

六镇村位于全椒县的西部，六镇镇的西南部，距全椒县城约20千米。西与马厂镇的方岗村接壤，南与二郎口镇的项集村毗邻，东与六镇镇的小集村相依，北到龙、虎二山脚下。土地面积约为14平方千米，其中耕地面积8646亩，是国家商品粮基地、优质棉生产基地。

六镇村历史悠久，是皖东有名的古老村镇，在唐代就有六镇街，在长期的历史朝代中，曾称过六丈镇、六丈驿、六丈市、六驿、六站，解放后称六镇村。

全村2018年有一个街道、30个自然村落、38个村民组，户籍人口4448人（第六次全国人口普查数据）。村内有粮站、学校、卫生服务室、三塔寺旅游点、超市、农资供应站、菜市场、温氏集团、金凤凰养殖合作社和粮食烘干中心，宁西高速铁路（南京—西安）、312高速公路辅道横穿全村，交通十分便利。

第一节 区　　位

六镇村位于安徽省全椒县西部，距县城约20千米，处于六镇镇的西南，地理坐标为北纬32°00′，东经118°04′。六镇村周围相邻的村东有小集村、南有项集村、西有方岗村、北有柴岗村。村北1千米为312国道，宁西高速铁路（南京—西安）和312高速公路辅道从村内通过，交通十分便捷。全村东西长3.5千米，南北宽4千米，总面积约14平方千米。

第二节 历史沿革

建置沿革

六镇有上千年历史，春秋时为楚国采邑，汉置全椒县，一直隶属之，先后有里、屯、村、坊等建置，具体失考。

隋开皇九年（589），滁州建置正式设立，改北谯县为滁水县，隶属于滁州。

隋大业（605—618）初，废滁州，置全椒县，隶属于江都郡（治所在今江苏省扬州市），六镇属之。

唐武德三年（620），复置滁州，全椒县六镇属之。

唐太宗贞观元年（627）后，滁州划归淮南道（治所在江苏省扬州市），全椒县六镇属之。

唐玄宗天宝元年（742），改滁州为永阳郡，领全椒县，六镇属之。

唐肃宗乾元元年（758），废永阳郡，复置滁州，全椒县六镇属之。

唐昭宗天复二年（902），淮南节度使杨行密被唐昭宗李晔封为吴王。杨行密次子杨隆演建国称帝，全椒县属吴国。

南唐升元元年（937），杨行密养子李昪继任王位，改国号为南唐，全椒县六镇属之。

后周广顺元年（951），后汉邺郡留守郭威，弑后汉隐帝刘承祐称帝，改国号为周，史称后周。全椒县隶属于后周。

北宋建隆元年（960），赵匡胤灭后周，建立宋朝。置淮南路（治所在江苏扬州市）辖滁州，全椒县六镇属之。

宋神宗熙宁年间（1068—1077），分淮南路为淮南东路、淮南西路。淮南东路仍置扬州辖滁州，领全椒县，六镇属之。

元至元十六年（1279）元朝灭宋后，初置滁州路，领全椒县，六镇属之。后在全国置行省11个。滁州辖全椒县，六镇属之，隶属于河南行省扬州路。

明洪武元年（1368）明朝建立后，废全椒县，并入滁州。

明洪武七年（1374），改中立府为凤阳府（治凤阳），辖滁州，六镇属之。

明洪武十四年（1381），全椒县复置县，隶属凤阳府滁州。

明洪武十九年（1386），滁州升为直隶州，仍领全椒县，六镇属之。

清顺治二年（1645），置江南行省，治所在江宁府（今江苏省南京市），全椒县属江南行省。初沿明制，后近城设两埠，四十一坊，有六丈市（六镇）。

清康熙六年（1667），始置安徽省（治所在安庆），辖全椒县，六镇属之。后置安徽省安庐滁和道，全椒县的六镇属之。

1912年（民国元年）4月，全椒县直属安徽省。全椒设7区41坊，有六站市坊（六镇）。

民国17年（1928）全椒县直属安徽省。全县设5区，区公所分设县城，赤镇、周家岗、古河镇、大马厂。民国23年区公所改为区署，有六站乡（六镇）。

民国21年（1932），置安徽省第五专员公署，领全椒县，六站乡属之。

民国28年（1939），全椒县辖凤凰镇、仙鹤镇，3区（赤镇、周岗、古河）26乡。六站乡（六镇）属赤镇区。

民国32年（1943），全椒县所辖镇、区、乡进行了更名，六站乡（六镇）改为小集乡，乡政府迁移至小集（六镇属小集乡）。

民国35年（1946），撤销陈浅、周岗、古河三区区署，由县直辖乡镇，在大马厂设立马厂区署，与共产党领导的根据地对峙。这时，六镇由小集乡管辖。

民国37年（1948），全县并28个乡镇为18个乡镇，太平乡并入小集乡，六镇仍由小集乡管辖。

1949年1月25日，全椒从国民党统治下解放。改建区、乡政权，全县设5区30个乡，同时，将原乡辖保、甲分别改名为行政村和行政组。

1949年4月21日，置皖北行署（治合肥）滁县专区，辖全椒县。

1950年3月，全县划分为6区38个乡，设228个行政村、1750个行政组，5月撤销小集区，设5区60个乡（镇）；又恢复六镇乡，太平区辖六镇乡。

1952年4月12日，皖北皖南行署合并，成立安徽省，辖滁县地区全椒县。经民主建政，全县划6区90个乡，有六镇乡。

1955年12月全县设4区37个乡（镇），六镇乡和小集乡合并为小集乡。六镇乡撤销。

1956年1月12日，滁县、宿县两地区合并，成立蚌埠专区，领全椒县。当年12月，全县所辖范围又进行了调整，六镇乡与小集乡已合并，成立小集乡，乡政府迁至小集。

1958年秋，撤区划乡建社，全县建立16个人民公社、105个大队、2284个小队，实行政社合一体制。三圣乡与小集乡合并，成立太平人民公社，后改为红旗人民公社，辖9个生产大队（太平、先进、照跃、项集、方岗、六镇、小集、创造、张罗）。六镇属太平人民公社管辖。

1960年初，全县调整为一个镇（襄河镇）13个公社：古河、新兴、太平、赤镇、广平、十字、大山、南屏、陈浅、东王、管坝、周岗、马厂。六镇当时属太平。

1961年4月13日，蚌埠专区划分为滁县、宿县两专区，全椒仍属滁县专区。

1962年又设区划社，全县设1镇4区29个公社、174个大队、2660个小队，六镇属小集公社。

1965年，县辖1镇（襄河镇）5区、36个公社，“文化大革命”期间，多数区、社更换名称，太平区更为红卫区，小集更为丰产人民公社，六镇更为红兵大队，直到1981年才恢复原名称。

1971年3月29日，滁县专区更名为滁县地区，全椒县隶属未变。

1983年4月，恢复乡村政权，实行政社分开，小集公社改为小集乡，六镇大队改为六镇行政村。

1992年2月，为了加强农村基层政权建设，促进区域经济发展，减轻农民负担，实行撤区并乡，全县建立7镇10乡，东王乡和小集乡合并，成立小集乡，六镇村仍属小集乡。

2000年5月30日，经安徽省政府批准，撤销小集乡设立六镇镇（仍治小集），六镇村属六镇镇管辖。

2007年5月，全县乡镇行政区重新调整，全县划分为10个镇，六镇镇和草庵乡合并设立六镇镇，六镇村仍属六镇镇。

2008年6月，六镇村与袁岗村合并设立六镇村，成立六镇村民委员会，村部设在六镇东街外。

区域变更

1992年后，行政机构改革开始启动，实行撤区并乡。2008年6月，村级规模调整后，六镇村与袁岗村合并设立六镇村，成立六镇村民委员会，村部设在六镇东街外，全村辖38个村民组。

村民组概况

2018年，全村有30个自然村落，38个村民组，全村总户数1044户，总人口4448人（第六次全国人口普查时数据），总耕地面积8646亩。

六镇村各村民组概况一览表

表 1-1

组名（生产队）	耕地面积（亩）	人口数（人）	农户数（户）	组长	北纬	东经
曙光	272	144	36	武仕海	32°00′	118°04′
前进	218	159	36	杨庆才	32°00′	118°04′
和平	262	165	35	程昌俊	32°00′	118°04′
团结	256	186	45	杨官武	32°00′	118°04′
黄店	113	48	11	洪茂余	32°01′	118°04′
罗东	257	114	22	罗世华	32°06′	118°04′
罗西	257	104	28	罗玉忙	32°06′	118°04′
荣范	186	112	25	范茂文	32°00′	118°04′
后庄	73	47	10	潘长凤	32°00′	118°04′
小刘	80	53	9	桓永木	32°00′	118°04′
中刘	142	83	22	朱明军	32°00′	118°04′
洼刘	186	120	21	何章木	32°00′	118°04′
大何	179	94	23	姚守全	32°00′	118°05′
小何	223	133	28	何文海	31°59′	118°05′
坝刘	169	109	22	王道金	32°00′	118°05′
三塔	192	73	13	姚继和	32°01′	118°04′
寺姚	193	99	18	姚继东	32°01′	118°04′
小周	194	107	20	姚克彬	32°01′	118°04′
小石	189	120	19	王昌洪	32°01′	118°04′
小宋	189	110	27	彭　强	32°01′	118°05′
小英	242	114	28	付友海	32°01′	118°05′
潘阳	349	193	41	吴道法	32°01′	118°04′
五一	314	148	28	陈国宏	32°01′	118°04′
沈山	212	151	33	胡继怀	32°01′	118°03′
洪庄	297	149	30	蒋永发	32°01′	118°04′
街道	0	180	34	盛　栋	32°00′	118°04′
姚庙	356	126	30	钱纯和	31°59′	118°05′

续表1-1

组名（生产队）	耕地面积（亩）	人口数（人）	农户数（户）	组长	北纬	东经
孙前	269	104	23	赵德仁	31°59′	118°06′
孙后	277	135	35	付世信	31°59′	118°06′
小代	215	66	17	代祥虎	31°59′	118°05′
大代	265	135	36	代元林	31°59′	118°05′
元岗	172	79	24	金怀坤	32°00′	118°05′
上代	183	53	15	孙友发	32°00′	118°05′
大乐	283	113	29	王孝成	32°00′	118°05′
钟庄	228	115	30	刘志华	32°01′	118°05′
童庄	262	100	30	杜学海	32°00′	118°05′
何庄	154	74	18	付庆海	32°00′	118°06′
胡陈	380	145	38	代成发	32°00′	118°06′
武孙	238	88	25	陈本余	32°00′	118°06′
农科队	25	0	0	—	32°00′	118°06′
合计	8646	4448	1023	—	—	—

第三节　地　　理

六镇村地域丘陵起伏，高低不平，黄栗树西干渠和马厂水库东干渠横跨东西。六镇属北亚热带季风气候区，寒暑较明显，易受旱涝等自然灾害袭击。

地貌地形

六镇位于大别山余脉龙、虎二山的东部脚下，全椒的地貌特征为北高南低，从山川地理环境看，北为山地，中为丘陵，南为圩区。六镇村位于中间地带，属典型的丘陵地貌。

北部的龙山、虎山山脉是大别山向东延伸的余脉，山脉的北部地区为淮河流域水系，山脉南部地区为长江流域水系。六镇村内的水系流向是由北向南，进入滁河后再流入长江，所以村内水系基本属长江流域水系。

村内的大地经过上万年的水土流失，随水系走向，构成了一道道长形高垄子，相间着一块块低洼的冲田，高垄地时而合拢又时而分开，使得水冲田的面积不断改变，形成了丘陵地形。村内的凡桥冲、姚桥冲和程桥冲三条沟的水系都是由北向南流水。小集至黄庵不过7千米，就形成了八道大小不等的高垄，也相应有宽窄不一的六条冲田，六镇就横卧在第五道的高垄上。

高垄的两侧塝田和水冲田均可种植水稻、小麦，旱地可种植棉花、花生等经济作物。

气候特征

六镇属北亚热带季风气候，具有向温暖带过渡性质。其特点是气候温和，雨量适中，阳光充足，四季分明。四季的特点是，春季温和多变，夏季炎热多雨，秋季天高气爽，冬季寒冷干燥。常年风向多为东北风，冬季多偏北风，夏季多偏南风。夏季雨量最多，主要降雨量在6至8月份，7月雨量最多，冬季降雨最少。

农历冬至前后至农历正月进入霜雪期，雪期雪量不等，比较平衡，极少年份出现异常。如2018年1月3日和1月24日两场大雪都厚达30厘米，而1986年和2002年仅2厘米。

春秋两季经常多雾。

自然资源

六镇村属典型丘陵地貌，气候湿润，适宜野生动物繁衍生息，野生植物亦生长茂盛。

野生动物　兽类：狼、兔、黄鼠狼、鼠、獐、獭、狗獾、鹿、野猫、野猪、虎（现极少）。

禽类：雁、燕、凫（野鸭）、雉（野鸡）、鹌鹑、鸽、雀（有山麻雀和麻雀）、斑鸠、大杜鹃（又称布谷）、鸲鹆（俗称八哥）、画眉、白头翁、鹭、鸬鹚（俗称鱼鹰）、翠鸟、啄木鸟、黄鹂、鹊鸲、鹰、乌鸦、喜鹊等。

鱼类：鲫鱼、鲤、鲢、鳊、鲇、鳝、白鱼、乌鱼、鳗鲡、鳅、鲲。

节肢、两栖、爬行、软体、动物：蛙、蟾蜍、龟、鳖、虾、蟹、蛇、蜥蜴、壁虎、蜈蚣、螺、河蚌、蜗牛等。

昆虫类：蚕、蜂、蝉、蝼蛄、蟋蟀、牛虻、蚊、蝇、螳螂、蜘蛛、蚂蚱、灶马、蚁、萤火虫、蝴蝶、蜻蜓、金龟子、天牛、蟑螂、金铃子等。

野生植物 树木：马尾松、国外松、黑松、杉、水杉、泡桐、黄杨、枫杨、青桐、侧柏、桧柏、白杨、榆、槐、樟、乌桕、栎、棕榈、皂荚、檀、刺槐、银杏、椿、楝、梓、枣树、柿树等。

家畜家禽品种 牛（包括水牛、黄牛和奶牛）、骡、马、驴、猪、羊、兔、鸡、鹅、鸭、猫、狗等。

自然灾害

六镇村历代水旱等灾害简表

表1-2

时间	六镇村	灾情简述
熙宁六至八年(1073—1075)	干旱	百姓捕食蝗虫
嘉靖二年(1523)	大旱	饥荒、瘟疫同时发生，死者无数
嘉靖十六年夏(1537)	大水	全县圩田淹没，灾民淹死甚多
崇祯十三年(1640)	大旱	飞蝗蔽天而下，秋季饥荒，百姓食草木和观音土，病死甚多
康熙七年六月十七日(1668)	地震	全椒大地震，后数日小震，城墙倒塌
乾隆五十年(1785)	大旱灾	春季没有栽秧，一些贫苦的人家抛儿弃女，流离失所
乾隆五十一年(1786)	雪灾	大小麦季有穗，油菜结荚时下大雪，午季没有收，冻坏秧苗
嘉庆十九年(1814)	大旱灾	春季麦未收，夏季秧未栽，全年没有一点收成，出现人吃人现象
道光二十九年(1849)	大水灾	秋季没有收成，60%人家少吃缺穿
咸丰六年(1856)	大旱灾	次年春饿死人，县内出现人吃人现象
同治四年(1865)	大水灾	洪水大漫，秋季不收
同治八年(1869)	大水灾	饿死人成堆，一般富户也倾家荡产
光绪二年(1876)	大旱灾	秋季不收，次年午季歉收
光绪十四年(1888)	大旱灾	秋季不收，次年午季歉收
光绪十八年(1892)	大旱灾	全年不收，饿死20%以上的人口

续表1-2

时间	六镇村	灾情简述
光绪二十五年(1899)	旱灾	午秋两季只有半收
光绪二十六年(1900)	旱灾	午秋两季只有半收
光绪二十七年(1901)	先干后淹后又干	连年旱灾,全年不收,次年饿死人
光绪二十八年(1902)	蝗灾	全年收获三分之一,很多人家背井离乡
光绪三十年(1904)	旱灾	两季歉收,高利贷户多
光绪三十二年(1906)	大水灾	山田歉收,圩田不收,次年饿死人
宣统元年(1909)	大水灾	山田歉收,圩田不收,次年饿死人
宣统三年(1911)	大水灾	山田歉收,圩田不收,次年饿死人
民国3年(1914)	大旱灾	山圩都不收,兵荒马乱百姓人家妻离子散
民国6年(1917)	旱灾	小半收
民国18年(1929)	旱灾	小半收
民国20年(1931)	大水灾	山上小半收,圩田全不收,被冲走家财房产无数
民国23年(1934)	旱灾	小半收
民国24年(1935)	旱灾	小半收
民国29年(1940)	大旱灾	未栽秧,次年土匪盗贼多
1951年5月3日	风雹	发生大风冰雹灾害,下午5时许,先降雨雹,随后风雹交加,雹粒大似核桃,持续一刻多钟。严重受灾的有六镇
1953年7月31日	大水	普降大雨,17日雨量为80~100毫米,21日夜,特大暴雨,平均雨量为140毫米,22日凌晨5点左右,山洪暴发,大面积的农田、塘坝被冲毁
1954年	特大水灾	山收圩不收,政府救济贷款,没有逃荒者
1956年	瘟灾	小麦秆锈病大流行,小麦全部发病,严重成灾
1959年	特大旱灾	7—8月大旱,100多天未下雨,受旱面积占耕地总面积的3/4
1962年	大水灾	农田淹没,房屋倒塌

续表1-2

时间	六镇村	灾情简述
1964年	大旱灾	本年大旱，塘坝干涸，滁河断流，旱粮大部分枯死，水稻减产
1966年	大旱灾	夏秋大旱，水库、塘坝干涸，滁河、襄河断流，粮食减产
1967年	大旱灾	夏，大旱，无水泡种、插秧，庄稼歉收
1968年	大旱灾	本年大旱，提长江水倒灌滁河抗旱
1969年	水灾	夏秋大水，庄稼歉收
1970年	水灾	8月24日至9月29日，37天中降雨34天，为历史上罕见的秋季连阴雨，给农业生产造成严重损失，中、晚稻芽烂，棉花落花烂桃，减产5成，花生损失更大
1971年	冰雹灾	遭遇历史罕见的冰雹和9~11级大风袭击，毁坏小麦，油菜，刮倒房屋，县发救灾粮、款，解决了灾民生产、生活及住房等方面困难
1976年	唐山大地震	县成立防震抗震指挥部，区、社、队成立测报点，全县大规模防震，城乡居民搬进防震棚居住一年之久
1978年	特大干旱	农田受灾减产，部分地方人畜饮水发生困难，提长江水倒灌滁河抗旱
1986年	旱灾	旱情严重，当年降水只有704毫米，比正常往年少200多毫米
1987年	水灾	7月上旬连降暴雨，干群投入抗洪抢险
1988年	干旱	7月，持续干旱高温，早稻“花而不实”，严重减产
1990年	干旱	7月下旬，干旱严重，连续20多天无雨，庄稼歉收

续表1-2

时间	六镇村	灾情简述
1991年	特大水灾 雪灾	6月8日，丰产水库垮坝，缺口22米，坝下农作物被冲 6月8—14日，全县普降暴雨，全县大中型水库和塘坝，全部超蓄洪，形成百年不遇洪涝灾害 6月14日国务院总理李鹏在省委书记卢荣景、省长傅锡寿陪同下，到全椒襄河大闸检查灾情 6月30日—7月13日，全县再次普降大雨再次暴发山洪 8月3—7日再一次普降暴雨 12月25—27日，全县普降大雪，雪深21.8厘米，最低气温零下12.7℃
1992年	大干旱	7月中旬，持续干旱、高温，塘坝小水库大多干涸。稻田干裂，旱作物倒蔫和干枯，人畜饮水发生困难
1994年	旱灾	出现历史上少见的“空梅”现象，全年降水量仅589.6毫米，低于历史上新中国成立以来历次大旱年的降水量。农作物减产或绝收
1997年	风灾	8月10日，11号强台风挟稻飞虱袭击，水稻受灾，减产
1998年	寒流灾	3月19日，强寒流袭击，气温由22.2℃降到1.4℃，造成盛花期的油菜减产5~8成，拔节期的小麦减产1~2成
2000年	水灾	6月2日遭受暴雨袭击，15小时降雨量336.5毫米，造成严重洪涝灾害，庄稼歉收
2003年	水灾	7月6日，普降暴雨，农田受灾
2005年	水灾	9月2—4日，受13号台风“泰利”的外围影响，普降暴雨，造成经济损失
2008年	大水灾	7月31日晚9时至8月2日上午10时，37小时内连降暴雨，特大洪水造成严重受灾，倒塌房屋，经济损失严重
2009年	风灾	6月5日晚8时许，全椒县自东向西方向遭受强劲的暴风雨和冰雹袭击，瞬时风力达到9级以上，持续近1个小时，全椒县遭受暴风雨袭击损失较重

续表1–2

时间	六镇村	灾情简述
2011年	旱灾	5月，出现了历史上罕见的旱情，2010年10月以来，7个多月仅降雨150毫米，比历年同期偏少7成。2011年140多天，仅降雨90毫米，偏少8成。出现少有的冬春连旱天气
2013年	旱灾	7月中旬以来，持续高温天气，最高温度达40.5℃，罕见的高温造成大片农作物受灾，部分地区人畜饮水出现困难
2016年	水灾	6月下旬，连降大雨，庄稼歉收
2018年	雪灾	1月3日和1月24日，两场大雪，每场雪厚达30厘米以上，温度降到零下10℃，有50%以上大棚倒塌，养殖户不同程度受损严重

第四节　人　　口

人口数量与分布

1953年6月—1954年4月，第一次全国人口普查，原六镇村总户417户，总人口1884人，其中男963人，女921人。1971年，第二次全国人口普查，原六镇村总户560户，总人口2576人，其中男1328人，女1248人，人口增长率是36%。1982年第三次全国人口普查，原六镇村总户577户，总人口2702人，其中男1405人，女1297人，人口增长率是49%。1990年第四次全国人口普查，原六镇村总户580户，总人口2760人，其中男1398人，女1362人，人口自然增长率仅2%。2000年第五次全国人口普查，六镇村总人口4363人(包括袁岗村)，其中男2239人，女2124人。2010年第六次全国人口普查，六镇村总户1044户，总人口4448人，其中男2279人，女2169人，自然增长率仅2%。

2018年六镇村38个村民组，平均每村民组人口为117人。人口最多的村民组是潘阳村民组193人，人口最少的村民组是后庄村民组47人。六镇村总人口4448人，2018年六镇村人口密度为每平方千米318人。

民族　新中国成立前，六镇村居民皆为汉族，1992年后，由于农民进城务工经商，与全国各地广泛接触，通过婚姻、经商、工作等关系，渐有少数民族人口到六镇落户，其中有回、满、土家等少数民族，截至2018年12月底，全村总人口中，少数民族人口41人。

姓氏　全村计165姓，姓氏（不分先后），有潘、杨、刘、罗、范、王、张、胡、赵、朱、盛、陈、金、吴、江、姚、贾、单、沈、黄、戴、韩、李、周、孙、高、连、马、缪、蒋、陶、徐、钟、何、柏、田、童、武、窦、万、苏、冯、杜、吕、安、庄、牟、袁、郭、廖、聂、季、许、齐、宋、董、章、洪、汪、谭、夏、乐、项、付、殷、卓、向、方、尚、桑、邓、程、些、禹、严、贺、唐、梅、隋、韦、怀、闫、余、晋、史、熊、蔡、谢、瞿、肖、谷、梁、雷、叶、钱、乔、顾、于、宛、涂、关、薛、凌、费、桓、郤、倪、郝、司、丁、冉、豆、左、支、秦、邵、郑、鲁、陆、毕、伯、阮、施、葛、詹、崔、房、岳、尹、邱、毛、侯、饶、白、完颜、储、胥、林、祝、应、左、路、昂、管、池、娄、阚、迟、汤、姜、孟、邹、纪、横、甘、干、谭、宣、石、彭、魏、佘、古、曹、傅。

人口统计

六镇村人口一览表

表1-3　　　　单位：户、人

组别	1953.6—1954.4第一次全国人口普查				1971年第二次全国人口普查				1982年第三次全国人口普查				1990年第四次全国人口普查				2000年第五次全国人口普查				2010年第六次全国人口普查			
	总户	合计	男	女	总户	合计	男	女	总户	合计	男	女	总户	合计	男	女	总户	合计	男	女	总户	合计	男	女
曙光	31	158	80	78	35	135	70	65	33	148	78	70	34	148	70	78	35	147	76	71	36	144	74	70
前进	29	155	78	77	30	153	80	73	32	143	73	70	31	151	73	78	34	154	86	68	36	159	89	70
和平	24	184	92	92	39	173	87	86	39	181	86	95	38	182	89	93	37	236	119	117	35	165	85	80
团结	42	111	60	51	34	169	84	85	39	179	87	92	40	166	80	86	41	204	110	94	45	186	96	90
黄店	9	42	26	16	12	48	26	22	9	44	26	18	9	47	26	21	10	43	21	22	11	48	23	25
罗东	24	125	65	60	42	184	104	80	18	83	49	34	17	85	44	41	18	88	49	39	22	114	58	56
罗西	—	—	—	—	—	—	—	—	20	98	51	47	21	99	53	46	20	127	68	59	28	104	57	47
荣范	23	88	45	43	20	97	47	50	19	93	45	48	20	106	58	48	19	121	63	58	25	112	60	52
后庄	8	38	20	18	22	77	37	40	21	94	49	45	13	46	25	21	12	70	33	37	10	47	24	23
小刘	6	28	16	12	—	—	—	—	—	—	—	—	12	44	20	24	11	60	27	33	9	53	25	28
中刘	12	63	32	31	20	101	51	50	23	97	50	47	24	89	45	44	21	75	39	36	22	83	42	41
洼刘	12	44	21	23	18	85	42	43	27	112	58	54	25	107	57	50	26	112	60	52	21	120	65	55
大何	11	49	25	24	20	96	50	46	23	97	56	41	24	118	60	58	23	98	49	49	23	94	47	47

续表1-3

组别	1953.6—1954.4第一次全国人口普查				1971年第二次全国人口普查				1982年第三次全国人口普查				1990年第四次全国人口普查				2000年第五次全国人口普查				2010年第六次全国人口普查			
	总户	合计	男	女	总户	合计	男	女	总户	合计	男	女	总户	合计	男	女	总户	合计	男	女	总户	合计	男	女
小何	13	53	27	26	27	101	55	46	28	115	61	54	27	131	67	64	25	126	56	70	28	133	67	66
坝刘	12	51	26	25	20	105	55	50	18	98	49	49	17	103	50	53	18	96	52	44	22	109	53	56
三塔	26	109	55	54	35	174	83	91	17	79	40	39	16	82	44	38	15	58	34	24	13	73	38	35
寺姚	—	—	—	—	—	—	—	—	20	82	39	44	21	92	45	47	19	67	28	39	18	99	48	51
小周	7	29	15	14	37	185	89	96	17	96	45	51	18	91	46	45	19	96	50	46	20	107	50	57
小石	19	92	47	45	—	—	—	—	20	98	54	44	19	107	50	57	18	128	59	69	19	120	57	63
小宋	16	59	30	29	26	91	48	43	22	92	47	45	21	101	50	51	20	103	55	48	27	110	54	56
小英	12	58	27	31	20	98	48	50	21	99	51	48	22	100	48	52	21	102	53	49	28	114	55	59
潘阳	21	89	45	44	28	143	80	63	35	159	80	79	36	168	86	82	35	192	103	89	41	193	102	91
五一	20	89	45	44	23	109	60	49	25	117	68	49	26	118	67	51	25	106	58	48	28	148	71	77
沈山	21	92	48	44	28	146	76	70	26	141	73	68	25	151	80	71	24	149	75	74	33	151	80	71
洪庄	19	78	38	40	21	106	56	50	25	132	75	57	24	128	65	63	23	158	75	83	30	149	82	67
街道	—	—	—	—	—	—	—	—	—	—	—	—	—	—	—	—	—	—	—	—	34	180	98	82
姚庙	—	—	—	—	—	—	—	—	—	—	—	—	—	—	—	—	—	102	49	53	30	126	60	66
孙前	—	—	—	—	—	—	—	—	—	—	—	—	—	—	—	—	—	127	63	64	23	104	51	53
孙后	—	—	—	—	—	—	—	—	—	—	—	—	—	—	—	—	—	135	73	62	35	135	72	63

续表1-3

组别	1953.6—1954.4第一次全国人口普查				1971年第二次全国人口普查				1982年第三次全国人口普查				1990年第四次全国人口普查				2000年第五次全国人口普查				2010年第六次全国人口普查			
	总户	合计	男	女	总户	合计	男	女	总户	合计	男	女	总户	合计	男	女	总户	合计	男	女	总户	合计	男	女
小代	—	—	—	—	—	—	—	—	—	—	—	—	—	—	—	—	—	52	25	27	17	66	38	28
大代	—	—	—	—	—	—	—	—	—	—	—	—	—	—	—	—	—	208	108	100	36	135	70	65
元岗	—	—	—	—	—	—	—	—	—	—	—	—	—	—	—	—	—	84	36	48	24	79	42	37
上代	—	—	—	—	—	—	—	—	—	—	—	—	—	—	—	—	—	54	29	25	15	53	29	24
大乐	—	—	—	—	—	—	—	—	—	—	—	—	—	—	—	—	—	123	63	60	29	113	63	50
钟庄	—	—	—	—	—	—	—	—	—	—	—	—	—	—	—	—	—	142	76	66	30	115	55	60
童庄	—	—	—	—	—	—	—	—	—	—	—	—	—	—	—	—	—	100	51	49	30	100	47	53
何庄	—	—	—	—	—	—	—	—	—	—	—	—	—	—	—	—	—	54	28	26	18	74	38	36
胡陈	—	—	—	—	—	—	—	—	—	—	—	—	—	—	—	—	—	163	80	83	38	145	72	73
武孙	—	—	—	—	—	—	—	—	—	—	—	—	—	—	—	—	—	103	60	43	25	88	42	46
	—	—	—	—	—	—	—	—	—	—	—	—	—	—	—	—	—	—	—	—	—	—	—	—
	—	—	—	—	—	—	—	—	—	—	—	—	—	—	—	—	—	—	—	—	—	—	—	—
	—	—	—	—	—	—	—	—	—	—	—	—	—	—	—	—	—	—	—	—	—	—	—	—
合计	417	1884	963	921	560	2576	1328	1248	577	2702	1405	1297	580	2760	1398	1362	569	4363	2239	2124	1044	4448	2279	2169

说明：①第1至4次人口普查数是根据县档案馆有关数据；②第5次人口普查数是六镇派出所提供；③第六次人口普查数是村合并后的人数；④本表中空白栏是2008年并村后的袁岗村，凡例第二条已说明清楚。

人口构成

2018年六镇村人口年龄及性别状况表

表1-4

性别/年龄	人口数			
	合计	男	女	占总人口(%)
0~4岁	199	108	91	4.40
5~9岁	123	78	45	2.72
10~14岁	119	65	54	2.63
15~19岁	174	98	76	3.84
20~24岁	306	174	132	6.76
25~29岁	532	303	229	11.75
30~34岁	250	128	122	5.52
35~39岁	177	90	87	3.91
40~44岁	211	114	97	4.66
45~49岁	484	240	244	10.69
50~54岁	551	268	283	12.17
55~59岁	237	113	124	5.24
60~64岁	230	127	103	5.08
65~69岁	273	136	137	6.03
70~74岁	205	107	98	4.53
75~79岁	150	76	74	3.31
80~84岁	142	70	72	3.14
85~89岁	107	52	55	2.36
90~94岁	40	11	29	0.88
95~99岁	17	6	11	0.38
100~104岁	1	1	0	0.04
合计	4528	2365	2163	

说明：表中数据由六镇村办公室提供。

人口控制

“四清运动”初期，用图片、座谈会、广播、家庭访问等形式宣传计划生育。为了普及避孕知识、控制人口增长，县有关单位设立避孕指导室。20世纪70年代，计划生育又被重视，人口控制主要措施有：

晚婚、晚育 男25周岁、女23周岁以后结婚均为晚婚，凡晚婚者给予奖励。

控制人口出生 凡有生育条件的妇女，响应号召只生一胎，并采取有效措施不再生育者，发给计划生育光荣证，独生子女凭证优先入幼儿园，有病优先治疗住院。此外，小孩从出生到14周岁，父母所在单位按月支付儿童保健费，男孩每月5元，女孩每月6元。

老年人口

随着社会不断进步，人民生活水平显著提高，人口逐渐趋向老龄化。据2000年第五次全国人口普查统计，六镇村70~79岁人口有355人，其中男183人，女172人，占总人口的7.84%；80~89岁人口有149人，其中男122人，女127人，占总人口的5.5%；90~99岁人口有57人，其中男17人，女40人，占总人口的1.26%；100岁以上的1人。高寿的人大多从小务农，从事体力劳动历尽艰辛。

高寿老人大多精神好，耳聪目明，思维清晰，讲话声音洪亮，行动自如。多数人和儿孙在一起，四世同堂，家庭和睦，早睡早起，生活有规律，爱清洁，讲卫生，性情温和，性格开朗，爱劳动。

第五节　基础设施与公用事业

水利工程

新中国成立以前，历代官府为了多收粮，偶尔也倡导农民兴修水利。限于当时生产关系的状况和生产力水平，只能兴建小型塘坝、涵洞和圩堤。

民国以后，由于外籍人口不断流入当地，六镇村大片荒地被开发利用，塘坝数量随之增多。

新中国成立后的20世纪五六十年代,遵照毛主席"水利是农业的命脉"的指示,按照"以蓄为主,蓄泄兼施"的治水方针,对之前的一些塘坝进行了整修。

70年代初，在农业学大寨的感召下，县内一些生产队的塘坝被废改田种上了水稻。

1958年以前，农田灌溉依赖于小型塘坝。1958年后，村内修建了丰产水库、小石水库、小张水库、沈山水库。同时，还有黄栗树水库西干渠、马厂水库东干渠，丰产水库排洪灌溉沟渠，小石水库排洪灌溉沟渠和潘家大坝排洪灌溉沟渠的作用也很大，中共十一届三中全会后，国家投资在村内兴建了一些较大的塘坝，增建了十多个排灌机电站，对农业生产的发展起到了决定性的作用。

小型塘坝

村内塘池列表

表1-5

序号	名称	坐落地点	备注
1	琼花池	曙光组公路南	现只存遗址,废
2	门口大塘	曙光组公路南	原土基塘、杨塘、犁铧塘三塘合并
3	大浦塘	曙光组西北	—
4	苏池	曙光组公路南	—
5	双塘	曙光组南	—
6	大庙塘	前进组西	—
7	新塘	前进组北	潘家新塘、团塘合并
8	乌龟塘	前进组北刘记傍	—
9	长塘	前进组北	—
10	干鱼塘	和平组南	—
11	凤凰墩大塘	和平组公路南	原名滚灯塘、谷堆塘
12	王大塘	和平组刘山坂	—
13	粮站东大塘	和平组公路东北	—
14	黑鱼塘	和平组凤凰墩下	—
15	大新塘	团结组东	—
16	小新塘	团结组北	铁路小新塘

续表1-5

序号	名称	坐落地点	备注
17	中坑	团结组北	—
18	凤凰池	团结组	曾用名薛王池
19	四面(名)塘	大罗组北	—
20	上塘	大罗组南	—
21	藕塘	大罗组西	—
22	柳湖塘	大罗组东	—
23	大塘庄大塘	大罗组西	曾用名洪大塘
24	湾塘	荣范组	—
25	丰收塘	荣范组	—
26	门口大塘	荣范组	—
27	小池子	荣范组	—
28	望塘	荣范组	—
29	大路新塘	荣范组	—
30	张记大塘	后庄组北	—
31	庙塘	后庄组南	—
32	大草塘	小刘组南	—
33	蜻蜓塘	小刘组西	—
34	腰塘	小刘组西	—
35	门前大塘	中刘组南	—
36	秧窝大塘	中刘组南	—
37	新塘	中刘组西	—
38	高记大塘	中刘组北	—
39	望塘	中刘组西	—
40	孙塘	洼刘组西	—
41	大代塘	洼刘组西	—
42	小代塘	洼刘组南	—
43	门口大塘	洼刘组北	—
44	深塘	沈山组	—

续表1-5

序号	名称	坐落地点	备注
45	陈家洼大塘	沈山组南	—
46	湖塘	沈山组南	—
47	破塘	沈山组北	—
48	长塘	大何组西南	—
49	大池子	三塔村东	—
50	金大塘	三塔村东	—
51	柳塘	三塔村东	—
52	八斗种塘	三塔村东	—
53	一担种塘	三塔村北	—
54	洪大塘	洪庄组西	—
55	董庄大塘	洪庄组东	—
56	陈洼大塘	洪庄组北	—
57	秧塘	洪庄组北	—
58	小林场大塘	林场东	—
59	上塘	小殷组东	—
60	关塘	小殷组东南	—
61	门前大塘	潘阳组南	—
62	庙塘	潘阳组南	—
63	关塘	潘阳组北	—
64	江大塘	五一组南	—
65	新塘	五一组东	—
66	湾塘	五一组西	—
67	门口大塘	五一组南	—
68	九连塘	小何组东	—
69	陈大塘	小何组北	—
70	南麦塘	小石组西	—
71	小周塘	小石组西	—
72	双塘	小周组北	—

续表1-5

序号	名称	坐落地点	备注
73	大杨塘	大代村北	—
74	大柳塘	大代村东北	—
75	漏塘	胡陈组北	—
76	新塘	胡陈组北	—
77	周塘	胡陈组西	—
78	墩塘	大孙组北	—
79	湖塘	大孙组北	—
80	九连塘	大孙组中	—
81	大藕塘	大孙组东	—
82	丰庄大塘	钟庄组北	—
83	新塘	钟庄组西	—
84	门口大塘	钟庄组西	—
85	童大塘	童庄组南	—
86	深塘	童庄组北	—
87	上乐大塘	大乐组西	—
88	下乐大塘	大乐组西	—
89	狗屎塘	袁岗组东	—
90	大锅塘	袁岗组东	—
91	代大塘	上代西	—
92	童大塘	何庄	—
93	庙前大塘	小宋组西	—
94	公路南大塘	小宋组南	—
95	公路北大塘	小宋组南	—
96	村东大塘	坝刘组东	—
97	张塘	黄店组北	—
98	乌龟塘	黄店组北	—
99	庙塘	黄店组南	—
100	菱角塘	后庄组东北	—

村内塘坝列表

表 1-6

序号	名称	坐落地点	备注
1	潘家大坝	前进组	—
2	拦冲坝	大罗村	—
3	大何坝	大何组	—
4	白水坝	胡陈组	原名盛家大坝
5	蓄水大坝	大罗村拦冲坝下	1958年建，原名大罗水库
6	上坝	前进组	2005年建宁西铁路废后又建了此坝
7	姚桥坝	三塔组	—
8	团坝	小何组	—

水库

丰产水库　丰产水库位于六镇村东北部，1958年开始施工，1961年完成，那时六镇村名丰产社（丰产大队），由此而得名丰产水库。

丰产水库　　高　升/摄

丰产水库是全椒县小（一）型水库，积水面积15.3平方千米，总库容量400万立方米，兴利库容244万立方米，淹没面积1170亩，最大坝长472米，最大坝高10.5米，有效灌溉面积4000亩，小集、六镇两村受益。

沈山水库　沈山水库位于六镇村北部，所在地属六镇村沈山村民组，因而得名沈山水库。

沈山水库　　高　升/摄

沈山水库1977年动工修建，1978年完成，属全椒县小（二）型水库，积水面积2.85平方千米，总库容量92万立方米，兴利库容55.2万立方米，淹没面积350亩，最大坝长380米，最大坝高8.0米，有效灌溉面积2000亩，六镇村受益。

小石水库　小石水库位于六镇村东北部，所在地为小石村民组，因而得名小石水库。原名三塔水库。

小石水库建于1959年，积水面积2.1平方公里，总库容量23万立方米，兴利库容10万立方米，淹没面积180亩，最大坝长400米，最大坝高5.0米，有效灌溉面积1000亩，六镇村内受益。

1964年，因积水与邻队发生矛盾，后水库改为良田，停用。

小张水库　小张水库位于六镇村的北部，小张组和宋庄组之间，1959—1962年属六镇村管辖。后划归湾杨村，原名山沿水库。

小张水库建于1959年，积水面积2.8万平方公里，总库容27万立方米，兴利库容9万立方米，淹没面积180亩，最大坝长400米，最大坝高5.3米，有效灌溉面积1000亩，湾杨村受益。

电站

六镇电站　六镇电站位于六镇村和平村民组的刘山坂，1974年动工修建，1975年建成。1977年干旱，引滁河、长江水抗旱灌溉，从新河电站—轮输电站—黄栗树水库西干渠—六镇电站（刘山坂电站），提取了从乌江大闸经滁河而上的长江水，这是六镇有史以来首次用到了江水灌溉庄稼。1978年特大干旱，六镇电站第二次提引了长江水抗旱。引江水抗旱，水电费及开支很高，收支之比划不来，土地农户承包后，就再也没有引过长江水了。六镇电站停用。

六镇电站　　高　升/摄

黄店（养马岗）电站　养马岗电站建于1965年，由国家投资修建，发电使用的是一台58.8千瓦柴油机。

团结组机站　团结组机站建于2013年5月，政府从2012年度全椒县大中型水库移民后期结余资金项目中拿出20万元，新建机房21平方米，购买泵、电设备各一套，30千瓦变压器1台，直径25厘米高压PE管350米，硬化进、出水池共22平方米。2013年春正式投入使用。

黄店(养马岗)电站　　高　升/摄

团结组机站　　高　升/摄

五一组机站　五一组机站建于2014年8月，政府从2014年度全椒县大中型水库移民后期扶持结余资金项目中拿出25.29万元，新建机房19平方米，购置安装22千瓦卧式离心泵阀设备1台套，铺设直径20厘米PE高压管60米；架设入站供电线1000米，扩建清淤大塘2口，清淤渠道2500米。机站2018年夏投入使用。

五一组机站　　高　升/摄

小何组机站　　高　升/摄

小何组机站建于2015年12月20日，政府从2015年度全椒县大中型水库移民后期扶持项目资金中拿出20万元新建机房20平方米，购置安装22千瓦卧式离心泵阀等设备1台套，铺设直径20厘米高压PE管200米，架设入站输电线路400米。2016年春正式投入使用。

铁路、公路建设

铁路 浦信铁路，东起江苏浦口（含南京市浦口区），西至河南信阳。

民国3年（1914）勘定路线，由县东界首入境，经许店、县城、白酒岗、小集、六镇、黄家庵、大墅街、章辉集出境。当时还确定在县城北极阁和小集、大墅街三地建立火车站。后因军阀混战，一直未能动工。20世纪30年代曾准备施工，县城界首、小集、章辉集等地都先后建立料库，存放了木料、水泥、砂石；界首、许店等段还筑好了路基。后因抗日战争爆发，迫使停工。

宁西铁路（南京至西安）是国家“四纵四横”快速客运网的重要组成部分，为Ⅰ级双线铁路。旅客列车设计最高时速为250千米，正常运行时速为200千米，牵引动力为电气化。合宁段全长166千米，全线投资43亿元。全椒段于2003年11月至2004年5月修建，铁道部工程管理局在设计线位上的六镇镇六镇村小林场（DK1143+600—DK1144+700）结合永久工程，选取有代表性的1公里范围内的路基进行了膨胀路基试验。指挥部设在六镇东街粮站大院。2004年12月28日正式动工，2007年底竣工，2008年4月18日开通合肥直达南京特快列车4对；六镇村的老百姓第一次看到火车从村域经过。5月1日零点起全椒站正式办理旅客业务。

宁西铁路全椒段全长54.6千米，途经章辉、大墅、马厂、六镇、草庵、襄河、陈浅等7个乡镇，67个村民组，途经六镇村的有前进、黄店、团结、洪庄、潘扬、小英等6个村民组。村内建有林场、小英过道铁路桥梁和丰产水库大桥。

公路 赤复公路（和312国道附属公路）从村内穿过，途经小宋、小石、三塔，使得六镇交通十分便捷。1957年开始动工修建赤复公路，总指挥部设在六镇街杨庆炳家老敞厅。1958年1月1日建成通车。从赤镇—二郎口—小集—六镇—黄庵—马厂—复兴，全长37公里。石子路，有时雨天不能行车，1975年11月10日，县组织人员重铺设，当年底完工，晴雨天都能通车。1996年，公路路面由沙子路改为柏油路面，路宽为7米。

村级公路四通八达，全村38个村民组，全部修通了水泥路。

环境整治

村容美化 2006年，县政协主席柏桂泉带领县有关单位负责人，在六镇搞新村建设试点，首先将村内街道公路铺设柏油路面，宽9米，公路两旁建绿化带，栽种风景树，围绕村容村貌、村庄建设、人居环境进行综合治理。清理草堆110个，垃圾200多车，居民房墙刷白1.5万平方米，公路两旁建立了下水道，长1000多米，使村内街道居民的污水排入得到整治。

2013年，六镇老街得到了整治，市政府投资40多万元从巢湖采石山购来切割打磨好的石条1608块，将六镇老街地面装饰一新，老街两旁淤塞的水沟被疏通，并用砖石水泥砌好，还建了四条水泥路段，总长约350米，造价8万元，结束了雨雪天行人出行踩烂泥巴的辛苦。又在老街对居民用电设备进行了改造，一是将原高压线的铝线全部换成护套线，二是政府投入资金400多万元更换变压器。还投资3万多元在老街安装12盏路灯，解决了老街群众夜晚出行的困难。

2016年，村里“三边三线”得到长效治理，村里投资数万元，购置垃圾储存运输设备，加强全村垃圾收集清运；建立长效机制，加大资金投入，成立了专门的“三边三线”清洁队伍，定期清理全村主要干道及“三边三线”的清洁卫生，做到人员配备到位，资金保障到位，监督检查到位，卫生面貌得到大的改变。为此，全椒县采用农村垃圾处理PPP模式，按照收集、运输、处理一体化方式进行运作，对全县范围内所辖国道、省道、县道、乡道，开展村村通道路、乡村街道、进村村口、沟渠、水面等处的生活垃圾处理及转运服务，开展路肩除草服务、路边树枝修剪服务及绿化带保洁等服务，将生活垃圾进行无害化处理，全面实现了农村生活垃圾处理覆盖，有效破解了垃圾围村难题，改善了农村的人居环境。

2017年村里又在老街西头建立农民游园，种花草、植树、铺青石小路，在园内设立多种健身器材，供游人健身休憩。

供电、供水

供电　2012年，六镇供电所协同县供电部门对六镇全村电网进行改造。将全村及街道各路段的高压线的铝线全部更换成护套线，线路总长34.5千米，新增台区6个，更换水泥杆670根，架设1条10千伏7.15千米长的专用供电线路。国家总投资640万元，实施电气化改造工程，确保六镇村的农业灌溉和居民用电。

供水　2010年5月，黄庵人用马厂河之水建立了自来水厂（后期并给马厂自来水厂），埋设管道，将纯净的水输送到六镇村和街道，由六镇街的居民安装入户使用，从此六镇村居民用上了自来水，马厂自来水厂确保全村自来水供应，解决了居民用水。

邮政、电信

春秋战国时期，全椒一度属吴，三度属楚，战争频繁，那时设有许多墩堡一类的烽火建筑（民间称烟墩子），自秦入汉，战争渐平，烽火台沿线道路便改为驿道，唐、宋、元、明、清时期，皇家在六镇设立了驿站，来传递皇家书信和军事情报，宣统二年（1910），全椒县成立了邮电局，驿道裁撤。

新中国成立后，六镇村成立了邮政代办所，赵锡芳任邮政代办所主任，主要业务范围是书信、函件、包件、报刊发行。

1986年，周万发个人投资，架通了从乡邮电所到六镇的手摇电话。

1996年秋，六镇架通了有线电话，单位和居民住户随后逐渐用上了程控电话。

随着市场经济的发展、人民生活水平显著提高，手机在六镇村得到了广泛应用。

为了进一步扩大移动通信信号接收区域，全椒县移动公司先后在六镇村内建了移动通信基站6处。

2016年6月，中国移动光交线路（移动网络）在六镇村安装完毕，六镇村开始使用电脑网络，六镇村进入宽带时代。

人民生活

1949年以前，六镇村农民长期处于封闭式的小农经济社会，忍受苛捐杂税及高额的地租剥削，加上兵燹、匪患、自然灾害，多数人衣不蔽体、食不果腹，村民逃荒乞讨，卖儿卖女。那时的农民，全靠“从土里扒碗饭吃”，整天面朝黄土背朝天，披星戴月地辛苦耕种田地，每年向地主缴纳沉重的租子。几千年来的封建土地制度压得农民喘不过气来，农民过着半饥半饱的日子，吃的是粗粮，住的是土墙草房，生活十分艰苦，整天在死亡线上挣扎。

旧时，农民穿的是自种（棉花）、自纺（棉纱）、自织的土布（家织布）衣，只有地主富农才穿绫罗绸缎，农民把家织布染成青色或黑色，请裁缝用手工做成衣服，解决了穿衣问题。破了补，补丁加补丁，子女多的人家是“新老大，旧老二，缝缝补补是老三，拣拣叠叠是老四”。夏天无蚊帐，靠烧青稞草烟熏蚊虫，有的人家连一把扇子都买不起。冬天多数人穿单裤，老人依靠火钵、火盆燃干牛粪或砻糠取暖。那时的青年农民结婚时能做一套府绸小褂裤就算阔气，很多穷人外出做客，时常向他人借衣服穿。

人均收入 中共十一届三中全会后，各项改革政策逐渐得到了落实，全国经济形势有了根本好转。农村实行“大包干”，分田到户后，生产关系的改革，促进了生产力的发展，农民的生产积极性普遍高涨，田野里到处充满了活力和朝气，政策归心，人心安定，政府鼓励农民带头致富，极大地调动了农民的生产积极性，打破了长期徘徊不前的局面，农民连续多年取得了大丰收，粮食大幅度增产。农村为之一新，呈现出太平盛世的欢乐景象。实践证明，包产到户是中国农民奔小康的致富道路。

20世纪90年代后，中共中央颁布了一系列惠农政策，免除农业税，下拨良种补贴、农资补贴、购机补贴等。各级政府加大了产业结构调整力度，实行科学种田，农业生产飞跃发展，粮食产量逐年增加，农民的纯收入也逐年提高。90年代前全村人均年纯收入在千元以上，近年来，人均年纯收入大幅度上升，2016年为12800元，2017年为13400元，2018年为13800元，2019年为15130元。

居住条件 20世纪80年代，农民住的房屋是土墙草顶，少数有砖墙瓦顶，楼房就更稀少。90年代后，土墙草顶已经绝迹，80%以上的农户住砖瓦结构的房子，20%的农户住上了楼房，“楼上楼下，电灯电话”已变成了现实。

改革开放后，六镇村居民自建新房，进入21世纪后，六镇村的农户90%以上都购置了商品房，环境设施现代化，居住条件明显改善。六镇村民人均居住面积在30平方米以上，道路宽敞明亮，卫生干净、环境美化、设施齐全。

消费水平 随着经济的飞跃发展，人们的消费水平也在不断向高标准攀升。20世纪80年代前，人们能穿上“的确良”“咔叽布”已属不易，戴手表的人十分少见。姑娘出嫁也只陪嫁“三转一响”，即手表、自行车、缝纫机、收音机。90年代后，人们四季穿着各不相同，款式时髦，皮夹克、毛料衣并不稀奇，且讲究时尚品牌，佩戴珠宝首饰更加普遍。进入21世纪，彩色电视机、电话、摩托车、空调、电冰箱、DVD机陆续进入百姓家，手机普及率达100%，30%的农户还拥有电脑。娶媳妇、嫁姑娘时讲究有房子、高级电器、小轿车、金银首饰。家庭消费产品升级换代节奏加快，移动电话、电脑和私家车成为家庭消费的新宠。

饮食方面也向高质量发展，人们由吃大鱼大肉，到注重清淡、营养，由原来的“吃得饱”转向“吃得好”，真正做到饮食讲营养，生活求健康。

居民请客做菜由20世纪90年代的“八大碗”转向现代的“十八大盘”。请客、办事酒席流行在宾馆、饭店举行，大年三十在酒店吃年夜饭屡见不鲜，讲阔气图时尚的表现一度司空见惯。

90年代，摩托车、电瓶车普及到千家万户，2018年底，全村私家车近500辆，六镇人出行随时可乘现代化公交车，交通十分便捷。

社会保障 进入21世纪后，政府狠抓民生工程建设，逐步完善居民养老保险和医疗保险制度，2018年全村参加养老保险2868人，参保率100%。政府对农村孤寡老人、“五保户”、病残人员每年定期发放救济款，让他们有最低生活保障，“五保”老人每月可享受政府500元的生活补贴，“低保户”“贫困户”每月都有一定的生活补贴。2018年全村居民合作医疗保险参保率达100%，人们的生命健康得到保障，基本做到小病不出镇，大病不出县。

文明风气 20世纪50年代六镇村涌现出许多热爱集体、助人为乐、舍己为人、无私奉献的新人新事。60年代初，村内广泛开展“学雷锋”活动，拾金不昧、团结互助、尊老爱幼、邻里和睦的社会风尚成为主流。中共十一届三中全会实现伟大历史转折后，六镇人民的思想进入新的状态。1982年后，全村普遍开展“五讲”“四美”活动，即“讲文明、讲礼貌、讲卫生、讲秩序、讲道德”和追求“心灵美、环境美、行为美、语言美”。村内干部、群众自觉遵守乡规民约，以实际行动构建和谐社会。

第二章

政治组织机构与社会团体

新中国成立以来，在中国共产党的领导下，地方政权组织机构建立健全。21世纪以来，六镇村党总支、村民委员会认真贯彻执行党的方针政策和国家法律法规，发挥领导核心的职能和战斗堡垒作用，为六镇村的建设发展、人民生活的改善提高和社会秩序的稳定，做出了应有的贡献。

第一节 中共六镇村党总支部

1949年春，六镇解放，不久建立了六镇乡人民政府并设立党支部。那时书记称指导员，罗国品、朱之荣、许绍银、周立才、许德山、黄其发历任指导员（支部书记）。1956年六镇乡和小集乡合并，成立小集乡人民政府，随之乡政府迁址小集。六镇成立丰产高级农业社，也就是从这时开始村正式设立了党支部，由胡克和任首届党支部书记，杨继升任副书记。1958年撤乡并社，成立太平人民公社，六镇丰产高级社改为丰产生产大队，随之又改为六镇生产大队，1959年由党支部升为党总支部，王庆培任党总支书记，下设6个党支部：三塔党支部，书记王继传；潘阳党支部，书记傅茂明；荣范党支部，书记姚克荣；山沿党支部，书记杨继升（1963年划归湾扬大队）；六镇镇东党支部，书记潘振洪；镇西党支部，书记张来山。2008年并村后，又设立了党总支部，先后由杨福玉、周万发、罗世余、吴瑶、盛栋任党总支书记。现有党员187人，下设5个支部、10个党小组。

街道支部：书记姚玉柱，委员盛栋、徐佐富；辖2个党小组：沈山、街道。

南片支部：书记罗明清，委员何章木、罗玉忙；辖2个党小组：大罗、大何。

三塔支部：书记詹正国，委员傅有海、江顶发；辖2个党小组：三塔、潘阳。

袁岗支部：书记傅世刚，委员王孝成、王清玉；辖2个党小组：袁岗、钟庄。

姚庙支部：书记宛礼友，委员戴元林、刘永根；辖2个党小组：孙后、大戴。

六镇村党支部、党总支负责人更迭情况一览表

表2-1

时间	党支部、党总支书记	（副）党支部、党总支书记	委员
1956.10—1958.9	胡克和	杨继升	—
1958.10—1959.2	袁敏球	杨继升	—
1959.3—1959.10	谢广江	杨继升	—
1959.11—1961.10	成达传	—	—
1959.10—1961.12	刘国金（第一书记）	—	—
1961.11—1963.8	王庆培	范德银	—
1963.9—1965.4	何文泉	杨继升	—
1965.4.20—1966.3	刘明新	罗世武	何文泉　刘文新 阮志英（女）　范德金
1966.4—1972.3	范德金	余其发	姚克荣　罗世武　蒋永发 杨继升　侯其发　何文泉 傅茂明　张秀英（女）
1972.4—1975.5	范德金	周业华	姚克荣　刘文新　傅茂明 侯其发　蒋永发
1975.6—1978.8	姚克荣	蒋永发	周业华　刘兴隆　周万发 傅茂明　侯其发　程雅明 童乃富
1978.9—1982.8	周业华	蒋永发	黄明炎　周万发　姚玉柱
1982.9—1983.6	周业华	蒋永发 黄明炎	周万发　姚玉柱　傅茂明 范茂明
1983.7—1986.12	周万发	姚玉柱	黄明炎　范茂明 刘志珍（女）
1987.1—1988.1	周万发	蔡善贵	徐佐富　杨庆贺
1988.2—1990.2	徐佐富	杨庆贺	黄明炎　彭　祥
1990.3—1992.2	徐佐富	姚玉柱　杨庆贺	盛型全

续表2-1

时间	党支部、党总支书记	（副）党支部、党总支书记	委员
1992.3—1996.9	姚玉柱	杨正玉	秦正科　王学茹(女) 杨庆贺　盛型全
1995.8—1997.8	王圣吾(第一书记)	—	—
1996.10—1997.7	刘志军	罗明清　秦正科	童乃富
1997.8—2004.8	杨庆贺	黄明炎　周业华	刘中孝　杨福玉 王　琴(女)
2007.10—2009.10	魏守斌(第一书记)	—	—
2004.9—2011.8	杨福玉	单永金	王　琴(女)　罗明清 宛礼友
2012.5—2014.10	张　伟(第一书记)	—	—
2011.9—2014.8	周万发	罗明清	付世刚　詹正国　宛礼友
2014.8.8—2014.11	罗世余	付世刚	罗明清　詹正国　宛礼友
2014.11　2018.7	吴　瑶	付世刚　罗明清	詹正国　宛礼友
2018.7.27至今	盛　栋	付世刚　詹正国	宛礼友　尹能静(女)

第二节　六镇村民委员会

明清时期，六镇由全椒县令、知县和县衙派官员治理乡政，民国28年（1939）年设立六站乡（六镇）公所。新中国成立后，六镇成立乡政府，有童建民、朱之荣、童兴和、詹长义、周立才、张国富、李耀全、高本和、郑华祥、何如贵任过乡长和副乡长。1958年成立人民公社后，六镇政权机构为生产大队管委会、革命委员会、村民委员会。1992年恢复乡人民政府后，六镇正式成立了村民委员会，在六镇村党总支部的领导下，执行镇人大常委会的决议，实行村长负责制，领导各村民组和办事机构具体实施政务。开展依法行政、为民服务、提高服务质量和办事效率，创建人民满意的村委会。

六镇村民委员会负责人更迭情况一览表

表2-2

时间	主任、大队长、村长	(副)主任、大队长、村长	委　员
1949.2—1949.5	范仲谋(村长)	—	—
1949.6—1949.10	杨道淮(村长)	杨庆淮	—
1949.11—1954.1	潘振洪(村长)	潘振武(副村长)	—
1952.1—1954.1	朱焕才(农会主任)	—	—
1952.1—1954.1	杨德盛(商会会长)	—	—
1954.2—1954.11	杨继升(东代表区主任)	—	—
1954.2—1954.11	杨德善(西代表区主任)	—	—
1954.12—1955.9	张军民(村长)	—	—
1955.10—1956.11	杨继升(初级社主任)	—	—
1956.12—1957.1	杨继升(高级社主任)	—	—
1957.1—1958.12	赵世发(大队管委主任)	—	—
1957.1—1958.12	杨继升(大队监委主任)	—	—
1957.1—1958.12	赵大发(大队副业委主任)	—	—
1959.1—1962.12	范德银(大队长)	—	—
1963.1—1965.4	范德金(大队长)	—	—
1965.4.20—1966.3	何文泉(大队长)	杨庆炳(副大队长)	王家和　胡明友　范德和　胡德才　侯其发　刘兴降　姚克荣
1966.4—1973.3	姚克荣(大队长)	杨继升　侯其发(副大队长)	杨庆贺　阮志英(女)　刘兴隆　胡明友　陈玉和　付茂明　张秀英(女)

续表2-2

时间	主任、大队长、村长	(副)主任、大队长、村长	委　员
1973.4—1975.5	姚克荣 (革委会主任)	周家有 (革委副主任)	徐秀英(女)　刘兴隆 赵大才　杨庆贺　秦正发
1975.6—1978.8	蒋永发 (革委会主任)	付有礼 周家有 (革委副主任)	黄明炎　秦正发　赵大才 姚玉柱　刘志珍(女) 杨庆贺　刘明德
1978.9—1982.8	蒋永发(大队长)	黄明炎 (副大队长)	姚玉柱　侯其发　刘明德 刘志珍　周万发
1982.9—1983.6	蒋永发(大队长)	姚玉柱 (副大队长)	周万发　付茂明　范茂明 梅荣翠　黄子田
1983.7—1986.12	姚玉柱(村长)	黄子田 (副村长)	黄明炎　范茂明 刘志珍(女)
1987.1—1988.1	蔡善贵(村长)	徐佐富 杨庆贺 (副村长)	张来福　王学茹(女) 王玉辉
1988.2—1990.2	黄子田(村长)	黄明炎 (副村长主持工作)	彭　祥　罗明清 王学茹(女)
1990.3—1992.2	姚玉柱(村长)	秦正科 (副村长)	周炳阳　罗明清 王学茹(女)
1992.3—1995.7	杨振玉(村长)	秦正科	王学茹(女)　王玉辉 罗明清　杨庆贺　周炳阳
1995.8—1996.9	刘志军(村长)	罗明清	付文海　杨福玉 王　琴(女)
1996.10—1997.7	罗明清(村长)	童乃富	付文海　杨福玉 王　琴(女)
1997.8—2004.8	黄明炎(村长)	杨福玉	詹正国　王　琴(女) 付文海
2004.9—2008.5	杨福玉		詹正国　王　琴(女) 付文海
2008.6—2010.12	单永金(村民主任)	傅世清	詹正国　王　琴(女)
2011.1—2011.8	傅世清(村民主任)	詹正国	王　琴(女)

续表2-2

时间	主任、大队长、村长	（副）主任、大队长、村长	委　员
2011.9—2014.8	—	宛礼友（副主任主持）	宛礼友　应祚文　盛　栋　尹能静（女）
2014.9.5—2018.6	付世刚（村民主任）	詹正国	宛礼友　盛　栋　尹能静（女）
2018.9.7至今	盛　栋（村民主任）	付世刚　宛礼友	王　萍（女）　江　婷（女）

第三节　社会团体

农民团体

1949年2月，六镇解放时就成立了农会。1965年4月8日六镇大队贫下中农协会成立。随后各生产队成立了“贫协小组”。1968年成立了“贫代会”，1980年恢复了农民协会。1982年农民协会撤销。

商业团体

1952年4月，六镇成立商会，杨德盛当选首届六镇商会会长。

妇女团体

1949年2月，六镇成立妇联会和妇代会。中共十六大召开以后，“妇联会”深入开展“五好家庭”“十星文明户”创建活动，维护妇女儿童的合法权益，配合计生部门，为努力争创“文明村”发挥积极作用。

中国共产主义青年团

1949年2月，六镇建立了共青团组织，村成立团支部，队成立团小组，配备专职团书记，积极培养青年中先进分子加入中国共产主义青年团，在农村各项事业中发挥了巨大作用。

第三章

经济发展

第一节　村经济发展综述

中华人民共和国成立前农村经济状况

在旧社会里，广大农民完全依靠农业收入来维持生活。封建时代的本地区，是自给自足的自然经济，农民全靠“从土里扒碗饭吃”，整天面朝黄土背朝天，辛辛苦苦耕种田地。大部分农民都是租种地主的地，每年都要向地主缴纳沉重的租子，每到秋收时，地主叫来家丁登埂踩看，农民收获的粮食大部分都要缴租，每逢四时八节还要按规矩送鸡、糖、鱼、肉、糕点礼物给地主和狗腿子，地主看租时要有美酒佳肴、鸦片招待，稍有不如意，租子就要格外加重，如一年付不清，两年本利叠加负担更重，在黑暗的旧社会，农民在死亡线上挣扎，过着饥寒交迫的生活。

那时候的农民，不仅收的粮食自己用，还自己种棉花，通过简单加工（用绞车）制成棉卷，再用自制的纺车纺成纱，请机匠（织布工人）织成布，到染坊染成青色或黑色，再请裁缝手工做成衣服，解决了穿的问题。晚上照明是用素油点灯，油是自己种的油菜籽或花生通过油坊加工榨成的油，既解决了照明用油，又解决了平时的生活用油。当时农民生活中除食用盐和火柴外，大部分的生活用品全是自己生产，生产是要中农以上的家庭才能办到，一般穷苦农民家庭是办不到的。那时官僚地主家庭很富有，穿的是绫罗绸缎，吃的是大鱼大肉，住的是高大房屋，这种自给自足的经济，麻醉了农村中富有的农民，他们有着“比上不足，比下有余”“只要不挨冻挨饿就行了”的人生观点，不再向上了，更谈不上积极要求推翻反动统治阶级政权，求得人身解放，因此自然经济成为经济发展的障碍。

自给自足的自然经济使农村土地分散，有钱的人不种田，穷苦的人得不到田，只能靠租种地主的田或者卖苦力，成为地主的庄客或奴仆，没有生产工具，一切靠手工操作，生产生活十分繁重。农田水利建设无从谈起，塘坝常年不修，残漏不已，容水不多，用水则抢，为用水动武打架简直是家常便饭，有时结帮打群架，甚至伤害性命。由于土地分散，水利条件又差，用水没有计划，因而常出现旱灾。

新中国成立前的农业生产，政府向来是不闻不问的，更谈不上利用科学技术种田，农民只知道“抢时间”“抓季节”“适当密植”等口语，依靠经验，春种什么夏种什么，靠天吃饭，思想落后保守，迷信“菩萨给碗饭吃”，几千年来农业生产落后停滞。

新中国成立前，荒山荒地到处都是，耕地面积狭小可怜，当地的山川、水田，一般适种水稻、大麦、小麦、玉米、豆类等粮食作物，但由于耕作方法落后，种什么农民随心所欲，只拣值钱的作物种植，盲目生产，加上单干力量薄弱，肥料施得不足，因而产量不高，亩产只收二三百斤，广大人民生活处于痛苦之中。

中华人民共和国成立后农村经济状况

解放后，中国共产党领导穷苦农民翻身做主人。首先开展土地改革运动，那时，大部分土地掌握在地主手中，他们人少而占有大量耕地，广大的贫苦人民只占有少量的耕地，这种不合理的形式必须要改变。土地改革运动，从1950年冬开始，到1952年元月胜利结束，历时15个月。首先上级派来了土改工作队，配合乡、村干部，发动群众，依靠群众调查情况，核实每家每户占有的土地面积，在此基础上认真宣传土改政策，依靠贫农，团结中农，孤立富农，打倒地主，分割地主的五大财产（土地、房屋、耕牛、农具、粮食）。土改以行政村为单位进行，根据人口多少平均分配，单身汉适当照顾。每人分配的土地，最少2亩，多至5亩，实行耕者有其田，改变了几千年来不合理的封建土地制度。农民在政治上翻了身当家做主人，经济上也翻了身，分到了房屋、土地等。土改改变了土地关系，改变了土地占有形式，从根本上消灭了封建地主阶级剥削人民的土地所有制，实行了农民土地所有制。

解放初期，要想农民过上富裕生活，农业必须要走合作化道路，实现农业的社会主义改造。搞农业合作化运动，经过了三个步骤：第一步自土地改革以后，建立农业生产互助组织，这是农民的一种集体劳动组织，它不改变原来的农业生产所有制和分配制；第二步是在互助组织的基础上，组织农业合作社，号召农民将土地入股，统一经营，按劳动和土地分配报酬。第三步是由初级社发展成为取消土地报酬、按劳分配的高级社，土地和其他生产资料都由私有变成了集体所有，由高级社组织社员生产，实行“各尽所能按劳分配，多劳多得，不劳动者不得食”的原则，一切报酬计算都以工分为标准，社员干活，记工员记工，干多少记多少分，到年终结算，按工分值进行分配，又称“分红”。

1958年，大办人民公社，建立了农、林、牧、副、渔五业并举和工、农、商、学、兵五位一体的人民公社。刮起了“一平二调”的“共产风”。不但要社员参加过多的义务劳动，还把社员的房屋、一些财产和自留地无偿收归公社所有。社员口粮按人口定量配给，以生产队为单位办起了“大食堂”，吃大锅饭，吃饭不要钱，六镇街4个队群众在一个食堂吃饭，不准在家烧小灶，干部和群众同甘共苦。

1961年的人民公社条例取消了供给制和公共食堂，实行了三级所有制：队为基础，以生产队为基本核算单位，生产计划、劳动安排、收益分配等一切由生产队自行做主。由此，群众生产积极性有所提高，但由于生产关系不适应生产力的发展，生产效率仍然不高，社员收入较低，年终分配一般一个劳动日只分得七角钱、八角钱，有的贫困队只分得一角多钱，六镇村团结队一个劳动日分过五分钱，农民的生活困境并没有改变。直到80年代末，农业实行了大包干，土地归农民所有，农民积极性提高了，从此，农村形势逐步好转，农民的物质生活和文化水平逐步提高，有力地促进了社会主义建设。

中共十一届三中全会后的农村经济状况

中共十一届三中全会后，农村发生了天翻地覆的变化。邓小平在党的十一届三中全会上所作的关于解放思想、实事求是的讲话中，明确指出农业体制改革不论采取哪种生产方式，一切应当让社员自己做主。邓小平的理论指明了前进的方向。农业生产推行了生产责任制，分田到户单干，实行谁耕、谁种、谁管、谁收。分田单干顺民心、合民意，是农民勤劳致富奔小康的正确途径。

生产关系的改革，促进了生产力的发展。农民的劳动积极性普遍高涨，家家户户自筹资金购买肥料、种子增加投入，春耕时节到处阳光灿烂，一片生机勃勃，人们对新的生产方式充满了信心，满怀丰收的希望，政策归心，人心安定，农民连续多年取得了大丰收，广大农民积极完成公粮、定购任务后，家里仍有余粮。许多人家还养着一群一群的鸡、鹅、鸭和大肥猪。有的农民开始草房翻瓦房，瓦房翻楼房，忙着办喜事、娶新娘。农村到处热气腾腾，面貌一新，呈现出太平盛世的欢乐景象。实践证明，包产到户是中国农民奔小康致富的有效道路。

改革开放后，分田到户，农民种地有了自己的主动权，自己的土地自己有权安排。20世纪90年代，农民经济收入的主要来源以种植水稻为主，有的因地制宜，种植棉花、花生、油菜，经济收入较大。21世纪后，农民种田观念改变了，有的人把田出租给大户承包种植，自己外出打工，有的办起养殖场养鸡、养猪。现在，很多农民经济观念又改变了，把农田改成鱼塘养鱼、养虾，经济效益成倍增长。党的十九大召开后，农村广大农民在习近平新时代中国特色社会主义思想指引下，越干越有劲，已在全速奔赴小康社会。

优质粮油和畜禽养殖一直是六镇村主导产业，是农民增收的主要途径。目前该村在本土农业企业推动下，农业、畜牧业蓬勃发展。原新宇棉花合作社曾建立棉花示范生产基地2500亩，带动周边农户种植近万亩，加入的社员达1300户。随着农村经济结构有所调整，从2010年起农民较少种植棉花。新宇棉花合作社改建成农仁街（全椒）农业服务有限公司、农仁街仓储烘干项目测试基地。金凤凰养殖合作社是滁州市最大的肉鸡养殖合作社，127个养殖户共建有鸡舍300个，年出栏肉鸡约800万只，养殖户年均收入超过4万元。17户群众与温氏集团签约养猪，年出栏肥猪近万头。蓝天苗木合作社集中流转土地5500亩，植树造林，在自身发展壮大的同时，还带动周边苗农共同致富。贵彬水产养殖公司承包丰产水库等水面，推动了特种水产养殖。同时带动广大农民用水稻田养殖龙虾，收入普遍高于仅种植水稻，龙虾捕获后再种植水稻，一举两得。现在，以种、养为主体的农业产业化生产已初具规模，产值占全村农业总产值的70%以上，产业农民的人均收入达5000元以上。

第二节 农　业

农业发展状况

解放以来，六镇村的农业体制不断改革和完善，农业基础建设不断加强和提高，农业产业结构不断调整和优化，随着国家支农惠农政策的深入贯彻和落实，六镇的农业生产发生了天翻地覆的变化。农业总产值逐年提高，人均年收入逐年增长。

解放前，地主、富农占有全村大部分土地，广大农民终年辛勤耕耘，却得不到温饱，大部分的劳动成果被地主、富农占有，这极大挫伤了农民的劳动积极性。新中国成立后，废除了这种不合理的封建土地制度，进行土地改革，使广大的农民分得了土地、耕牛和农具。农民成了土地的主人，同时掌握了农业生产自主权，积极性提高了，对于农业的投入加大了，添置农具，合伙购买耕牛，兴修农田水利，实行互助合作，劳动积极性高涨，农业生产明显稳步发展。

1955年在农业合作互助的基础上，当地多处成立了初级社，接着又在初级社的基础上成立了农业高级社。1958年又在高级农业合作社的基础上成立了人民公社，出现了干多干少一个样，干和不干一个样，怠工、混工现象普遍。1958年大旱，领导叫社员车水抗旱、睡在水车旁，一个人值班喊着车水号子，如领导来检查，值班人就叫醒大家，起来车水，领导一走，号子照喊，觉照睡，工分照记。那时浮夸风盛行，搞卫星试验田，鼓吹亩产水稻上万斤、山芋亩产10万公斤，播种小麦时每亩用种量达150公斤，到收割时颗粒无收，种子全坏了。办大食堂，一个村人甚至几个队的人在一起吃饭，吃饭不要钱，但大量的粮食被糟蹋了。

为了跑步进入共产主义，各行各业都要大跃进，大批的劳动力被抽去大办钢铁，眼前成熟的庄稼无人收割，烂在田野。在大跃进、公社化的折腾下，农民的劳动积极性受到打击，农业生产遭到极大的破坏，加之连续三年的自然灾害，农业生产倒退，农村劳动力数量减少，出现一些田块无人耕种。曙光生产队公路南的大冲近百亩地抛荒，被村里强制调给和平队耕种，1961年后出现了包产到户，1962年农业生产明显好转，市场一片繁荣，1963年秋，出现反复，说包产到户是走资本主义道路，农民快要收获的庄稼被限时收回集体，全面恢复了大呼隆（大集体）。

1964年毛主席发出“农业学大寨”的伟大号召，树立了大寨这面红旗，为发展农业指出了前进的方向和道路。中共全椒县委，克服种种阻力，高举“农业学大寨”的旗帜，率领全县人民兴修水利，进行农田基本建设，推广优良品种，改革耕作制度，修建了黄栗树、马厂、三湾三大水库，滁河拓宽疏浚，驷马山引江泄洪工程等，全椒的农业生产，在波浪中恢复，在艰难中前进。但1964年在农村基层干部中开展“四清运动”，1966年开始了“文化大革命”，农业受到影响。1971年，全椒县委发出号召，全县农业学习小袁岗。解放前袁岗是“三岗、六洼、一面湖”，“瘦湖田、黄土岗，七天不雨苗发黄，一场大雨变汪洋，亩产不过百斤粮，背债糠菜度时光”，解放后，在党的领导下，袁岗人发扬了“自力更生，艰苦奋斗”的革命精神，改岗治湖平整土地，大搞农田基本建设，努力改变生产条件，开展科学种田，摸出了“扩大面积攻总产，提高复种攻单产，改岗治湖攻稳产，科学种田攻高产”的路子，产量连年上升。沿着大寨路，五年五大步。1970年粮食总产由1969年的51.5万公斤增加到162.5万公斤，比文化大革命前的1965年增长3.46倍。1971年粮食平均亩产超过《全国农业发展纲要》的400公斤要求，1972年跨过500公斤，1974年平均亩产670公斤。1974年510亩棉田平均亩产皮棉61公斤。生猪饲养量继1971年超过《全国农业发展纲要》后，五年来继续上升，队队办起了养猪场，1974年生猪饲养量1320头，平均每户4.24头。1974年第一次实现了粮、油、棉三超《全国农业发展纲要》。五年来，粮食产量净增354万公斤，平均每年以20.68%的速度向前迈进。

随着生产的发展，袁岗对国家做出了很大贡献。从1970年到1974年的五年中，对国家贡献商品粮233.9万公斤，平均每人贡献1600公斤。1974年出售商品粮68.5万公斤，平均每人贡献485公斤，出售皮棉29500公斤，平均每人贡献21.5公斤。油脂总产14690公斤，向国家贡献9300公斤，平均每人贡献6.5公斤。

随着生产的发展，社员的生活水平不断提高，文化、教育、卫生事业也不断发展。六镇村的袁岗人走过的道路，充分证明了社会主义制度的优越性和强大的生命力，只有坚持党的基本路线，坚持社会主义方向，才能干好社会主义农业，也证明了大寨之路，是发展社会主义农业生产的必由之路，只有深入开展农业学大寨的群众运动，才能充分发挥人民群众的创造性和积极性，袁岗人为全县农业树立了光辉榜样，为全县的农业发展起到了模范带头作用。

十一届三中全会后，三圣公社松树山生产队率先推行了“包产到户”，接着全县全部实行了“家庭联产承包责任制”的农业大包干。农民分得承包地后，积极性更加高涨，农业投入加大，逐年产量大幅度增加，20世纪80年代中期农业生产进入了黄金期，农村形势一片大好，大部分的农户富了起来，开始翻盖新房，农民的生活一天比一天好。

随着改革开放的不断深入和发展，城市建设发展迅速，农民种粮开始出现了风险，20世纪90年代粮食大丰收，粮价不稳定，忽高忽低，出现了大批的农民到城市去打工，农村只剩下妇女、儿童和老人，有人戏称为“386199”部队。强壮的劳动力外出务工，农村劳动力减少，出现土地闲置，并有大面积的“抛荒”现象，农业生产发展缓慢，特别是粮食生产陷入低谷。

2003年开始，国家逐步实行了工业反哺农业的一系列支农、惠农政策，2000多年历史的农业税被取消，同时还实行了粮食、良种、种粮大户、退耕还林、农资、农机等补贴。

2009年国家发放的支农、惠农项目共有22项，财政补贴农民直接受益，同时国家还加大对农田水利建设、中低产田改造、农村道路建设、农村电网改造等方面的财政投入。

国家一系列支农、惠农政策的全面贯彻落实，又一次调动了广大农民的生产积极性。农业生产由传统的以人和牛为主要劳动力，开始向机械化、电气化过渡。初步实现了“耕田不用牛”。农业生产向专业化、产业化、规模化方向发展，同时出现了种植户、养殖专业户。六镇金凤凰养殖专业合作社、刘万春养殖专业户、杨振虎养殖专业户等30多家养殖业专业户，产值达到一千多万元。从2011年春起，沈山组的陈克林、洪庄组的汪本军、杜其平、徐光明、三塔组的姚继和、小何组的何文传等17家养猪专业户，每年出产生猪1.8万头。优质水产品养殖和稻田生态养殖，使全村水产养殖面积不断扩大，龙虾养殖经济效益不断提高。

1987年国家有了《土地管理法》，2003年又通过了《农村土地承包法》，赋予了农民长期而有保障的土地使用权。法律明确“可以采取转包、出租、互换、转让或者其他方法流转”，并要遵循“平等协商、依法自愿、有偿的原则”，任何组织和个人不得改变土地所有权的性质和土地的农业用途。国家规定：土地为国有、集体所有。2014年11月，中共中央发文，引导农村土地经营权有序流转，第一次提出农村土地“三权分置”。三权即所有权、承包权、经营权。文件提出坚持土地集体所有制，促使承包权、经营权分离。要有序流转土地经营权。

农作物种类和品种

种类　当地的主要农作物种类有：籼稻、糯稻、大麦、小麦、荞麦、山芋、玉米、高粱、豇豆、黄豆、绿豆、青豆、红豆、黑豆、米豆、豌豆、蚕豆、花生、油菜、芝麻、棉花等。

品种

水稻品种

新中国成立前有：五十子、六十子、八十子（即50、60、80天成熟）、早纤科、中纤科、早壳稻、红壳稻、湖南鲜、三粒寸、叶里青、芒王白、香米稻、垫仓糯、扫场糯、水叶糯、鱼子糯、大尖粘、七月熟、黑牛筋、谷粒黑等。

20世纪50年代后期至60年代初期：陆财号、莲塘早3号、三九九、南京5号、南京6号、岩汤800粒、川农422、川农61—32、中粳桂花球。

60年代后至70年代初：矮脚南特号、团粒矮、先锋一号、矮南早1号、朝阳1号、青小青早、二九南1号、矮辐9号、珍珠矮11号、珍珠矮12号、二九矮7号、广场矮6号、国际稻8号、黄壳早20日、黄金锦、农垦58等。

70年代：二九青、辐育1号、竹莲矮、矮大头、辐早2号、广陆矮4号、红梅早、广陆银、文选1号、圭陆矮3号、圭陆矮8号、爱武、泸成17、成都矮、南京14号、广选3号、扬灿55号、田基度、大谷矮3号、雷风青、五八矮3号、鼓浪粳、泗稻5号、东方红1号、武农早、沪选19、农垦57、日本晴、南粳7号、南粳8号、南粳15号、双丰号、农虎6号、桂花黄，糯稻有江丰3号、桂花糯、京引15、虹糯等。

80年代：国际24、国际26、国际36、GB902、GB910、桂朝2号、汕优六号、密阳23、水源258、里里338等。

90年代：II优069、丰两优1号、新两优6号、德农2000、天协6号、II优602、协优57等。协优63、汕优63、常规粳稻盐稻8号、杂交粳稻天协1号、III优98等。

小麦品种

50年代：骊英1号、金大2905、中农28，滁县白和尚头，南大2419。

60年代：吉利麦、阿夫、华东6号、荆州1号、内乡5号。

70年代：矮秆早、钟山2号、钟山6号、万年2号、墨他（墨西科小麦“他诺瑞”）、鄂麦1号、武麦1号、文革1号、扬麦1号。

70年代末80年代初：扬麦1号、扬麦3号、扬麦4号、宁麦3号、宁麦6号。

2003—2009年：扬麦158、扬麦11号、扬麦13号、扬麦15号。

棉花品种

50年代前，棉花主要品种是中棉（小籽棉），50年代初推广美国良种德字

531，中期推广美国棉岱字14号、岱字15号。60年代后期推广过鄂光棉，80年代推广徐州514、徐棉6号，1992年推广泗棉3号、徐州553、中棉所12，1997年县棉花原种总场选育出安徽省第一个杂交棉“全杂9010”，1997年定名为“皖棉11号”。2003年推广南抗3号、皖棉11、中棉所29等。

花生品种

花生品种以蔓生型（睡秧子）大窝子直立型（站秧子）二窝子。60年代推广山东伏花生，70年代推广过油果花生，80年代推广白沙1016和奥油551，但现在都以山东伏花生为主。

油菜品种

本地区以前种植的都是小油菜（老品种），60年代推广过胜利油菜（甘蓝型），70年代推广山东大油菜（白菜型），80年代推广过广德76-1，滁油1号（均为甘蓝型），1987年引进甘蓝型杂交油菜——秦油2号，2000年后，大力发展双低油菜，主推秦油7号，陕油8号，皖油14号、皖油18号、皖油19号、天禾油1号等。

山芋品种

当地50年代前种植的山芋有粗筋山芋（白皮白心）、白皮黄心、小红皮（红皮白心），胭脂红（红皮黄心），50年代中期推广胜利百号山芋，60年代推广华东52—45山芋，后期又推广徐薯18，但还是以胜利百号为主。

玉米品种

玉米俗称苞谷、包芦、六谷，为当地旱地搭配作物，50年代推广白马牙、金皇后，60年代推广火燥子，70年代引进杂交玉米丹玉1号，2000年后，玉米品种均为掖单13号、科多1号等杂交玉米。

农业企业

全椒县金凤凰禽业养殖专业合作社简介

合作社概况　全椒县金凤凰禽业养殖专业合作社于2007年8月在县工商局注册登记成立，注册资金320万元，主要从事肉鸡、草鸡生产经营活动，由罗世余担任合作社理事长。现有养殖户212人，技术人员2人，肉鸡营销经纪人4人，财务人员2人，2辆饲料运输车，两组抓鸡队共16人，防疫队8人。

该社2010年10月被评为滁州市农民专业合作社示范社，2011年1月被全椒县工商行政管理局授予“守合同重信用单位”及“诚信单位”，2011年6月被评为安徽省农民专业合作社示范社，2011年11月被评为国家级农民专业合作社示范社，2012年3月荣获滁州市知名商标，2013年6月通过农业部无公害农产品认证，2014年被评为农业产业化市级龙头企业，2015年通过国家级监测认证。

高　升/摄

运营状况　该社以肉鸡、草鸡养殖为主，按照“统一苗鸡供应、统一饲料供给、统一饲养标准、统一疫病防治、统一技术服务、统一成鸡销售”统一管理，大大降低了养殖风险，合作社还与养殖户签订养殖合同，以固定价格回收成鸡统一销售，规避养殖户的市场风险，提高养殖户的养殖利润（现养殖户利润达到2元/只），现合作社社员已达200多户，年出栏600多万只。

2012年合作社征地120亩，投资500万元建设标准化养殖小区全椒鸿羽生态养殖有限公司，该养殖小区一共十栋鸡舍，一次性可投放18万只，每栋鸡舍只需一名饲养员，鸡舍全部采用保温材料及自动化设备，冬暖夏凉，自动供料、自动供水、自动加温，采用湿帘降温，用风机强制通风，鸡舍没有气味，给鸡的生长环境提供保障，同时大大降低了劳动力，节约养殖成本，提高养殖效益。

全椒鸿羽生态养殖有限公司成立后，通过“合作社+公司+农户”的模式，规范养殖户的养殖环境，改造鸡舍，改进养殖设备，降低劳动力，提高养殖质量，降低养殖风险。

合作社先后注册“凤凰墩”“鸿羽”两个商标，其中“凤凰墩”被评为滁州市知名商标，“鸿羽”通过无公害农产品认证，2015年合作社发展林下草鸡散放养殖，饲养120天，公鸡均重1.75公斤，母鸡均重1.35公斤，还有老公鸡、老母鸡已成功进入江苏、上海、浙江等市场。

精准扶贫，精准脱贫，产业发展是关键。该社所在镇六镇镇有建档立卡贫困户991户，2301人。2016年以来，该社把扶贫工作作为合作社一项重要政治任务，在县农委和镇村的精心指导下，围绕贫困户发展特色种养业（种田兼养殖）脱贫工作，积极做到与贫困户深入对接，采取“合作社+农户”模式，

养鸡场　　　　高　升/摄

努力打造扶贫攻坚“实验田”，大力实施“三个带动”，实现了贫困户稳定增收。

一是实施产业帮扶带动。从贫困户中挑选素质较高，接受能力强的贫困户，合作社按照“六个统一”管理模式，与贫困户签订养殖合同，鸡苗、饲料、药品等由合作社垫资，以固定价格回收成鸡，规避贫困户市场风险，提高贫困户的养殖利润。解决贫困户前期启动资金不足、技术无保障、销售成问题等难题。共直接带动18户贫困户养鸡，户均收入2.5万元，为贫困户脱贫增收提供了保障。

二是实施务工就业带动。合作社在自身发展的同时，按照“务工工资+绩效奖励”的分配方式，常年雇佣贫困人口34人在合作社就业，年人均工资收入1.5万元。

三是实施入股分红带动。一是贫困户以扶贫资金入股。为落实精准扶贫相关政策，本着自愿原则，合作社将全镇无自种自养条件的部分贫困户扶贫资金以量化入股方式，2018年以来合作社共吸纳入股资金105万元，带动485户贫困户参与分红，按照不低于10%的投资收益分红给贫困户，9月底分红资金达10.5万元。二是贫困户以土地入股。合作社让每个贫困户以闲置林地、耕地入股，共有20个贫困户入股土地150多亩，每亩年均给予500元的入股分红，年支付资金达7.5万元，确保贫困户每年收入有保障。

合作社通过发挥“三个带动”作用，既发展壮大了自身经济实力，又增加了贫困户收入，实现了双赢。2018年合作社实现经营收入7000多万元，净利润300万元，带动贫困户523户，户均带动增收1000多元。

六镇粮站　1981年，全椒县人民政府公布三塔寺为重点文物保护单位，1986年该寺又被列为省级寺观，在此期间粮站迁出。

1984年春，全椒县粮食局在六镇街东头，从和平组购地约35亩，开始新建六镇粮站，当年建成就开始运营，现有大仓两栋，仓容量4000吨，曾最多收购粮食7000吨左右。粮站同时提供农户晒场2500平方米，是全县粮站中的最大晒场。

六镇粮站是全县花园式的粮站，现名为安徽省全椒县大墅省级粮食储备库六镇粮站，曾经有职工28人，担任过站长的先后有刘金玉、张品超、李志信、昌献武、朱圣荣、张坤、杜其祥等同志。

六镇粮站一角　　高　升/摄

2018年春，经上级批准，全椒县粮食局投入300多万元筹建六镇粮站产后服务中心（烘干房），并建有临时周转仓，仓容量在1000吨以上，当年年底完工并投入使用。

第三节　林　　业

林业发展状况

新中国成立前，六镇村内的山地荒芜，房前屋后路旁的树木属于私人所有。

新中国成立后，根据《土地改革法》规定，地主占有的山林分给农民，寺庙林木和无主荒山归国家所有。凡公路两旁植树，采取“路跟田走”，土地属谁，谁栽、谁管、谁得益。1955年合作化后，山林权归集体所有。1957年至1961年，主要荒山划归国家所有，同时县内建了孤山、瓦山、马厂、大山、黄栗树5个国营林场。1973年实行了“国栽国有、社栽社有、队栽队有，社员在自己宅旁植树自种自有。林树归谁所有，其产品收入归谁支配”的林业政策。公路、渠道、城镇街道的绿化分别由国家有关部门或社员负责，谁栽、谁管、谁受益。

1973年至1979年，原六镇大队在村东北部，沈山、洪庄、黄店、前进、团结五队间，筹划了近200亩地，办了一个小林场，首任场长刘明德。主要栽种水杉和国外松（美国红松），还有其他一些树种，长势非常好。一些树木已成材，由于管理不到位，加之责任田到户后，村里管理不好，于1998年卖给私人了。

自1979年后，农村推行各种形式的生产责任制，生产关系变革了，一些路旁的良田也改成造林为主，国家定期给予农民造林补贴，同时，结合农田基本建设，进行沟、渠、路、林配套，做到“沟成、渠成、路成、林成”。

1985—1998年是全椒林业第二次创业，全椒提出“巩固丘陵，发展林场，主攻平原，大干林网”。1987年，开展四大经济林基地建设，要建5万亩板栗基地，50万株银杏基地，5000亩杜仲基地、40万亩材林基地。1989年全椒制定“三、五”林业规划，提出从1990年起，三年消灭荒山、五年绿化全椒的目标。2002—2003年，全县完成绿色长廊二期工程建设。同时实施退耕还林工程项目。造林重点转向四旁绿化，造林地主要为少数荒地、荒滩、生态退耕地、苗圃地和经营过程中形成的未成材造林地、采伐迹地、无林地等。

树种

六镇地区具有较为优越的树木生长的自然和地理条件，历代衍生的树木种类较多，据清康熙《全椒县志》记载有桑、柳、榆、槐、椿、松、柏、檀、楸、白杨、花椒、冬青、梧桐、棠棣、皂角、斑竹、水竹、淡竹、桃、李、杏、梅、梨、橙、榴、枣、栗、柿、花红、银杏、葡萄、樱桃、胡桃等。据民国9年《全椒县志》记载，除以上所述外，另有楝、栎、臭桐（土名丫杈树）、枸橘及枇杷。

20世纪50年代后期，开始从外省、县引进部分优良品种进行试栽，从大别山、皖南引进有杉木、栓皮栎、杜仲，从霍山引进毛竹，从皖南引来油桐、油茶，从辽宁、山东引进元帅、金帅、国光、金冠、青香蕉等苹果树，从砀山引进了酥梨、黄梨、鸭梨，从怀远引进了石榴，从萧县引进了葡萄等。1971年从皖南山区引进了“三杉”即杉木、水杉、柳杉，全县各村林场大量栽种。60年代引进的加拿大小叶杨生长一般。1976年从宿县引进的大官杨，因害虫严重未能推广，1977年从南京林学院引进意大利黑杨，经试种，生长速度快、抗病能力强，是推广的树种。1973年从苏北铜陵等地引进的泡桐，非常适合乡村家前屋后栽植，生长良好。随后又引进了雪松、火炬松、湿地松，普遍生长良好。

全椒县蓝天苗木专业合作社简介

基本情况　全椒县蓝天苗木专业合作社于2013年5月6日在全椒县工商局

登记成立，注册资金600万元。该社是一家集育苗、种植、绿化、养护为一体的大型苗木合作社。合作社拥有6000余亩苗木及薄壳山核桃种植基地，位于安徽省滁州市全椒县六镇镇，全椒县地处皖东南，东距南京38公里，北邻滁州18公里，西接合肥78公里，南距马鞍山50公里。境内沪陕高速、滁马扬高速公路及宁西铁路和京沪高铁均贯穿全境，并皆设有站点，交通运输方便快捷。合作社拥有优秀的团队力量，现有管理人员10人，其中聘请林业专业人员2人（高级工程师1人，助理工程师1人），社员120余户。合作社以森林增长工程为契机，以乡土树种为主要发展对象，大力发展林苗两用林，营造绿色产业，以精品工程示范带动，促进当地农民增收。

该合作社为2015年省级林业产业龙头企业。

发展模式 合作社苗木产业基地位于安徽省全椒县六镇镇，苗木基地主要分布在六镇村、小集村以及合宁高速两侧。合作社以龙头企业为标杆，以企业苗木基地为大本营，引领周边农户积极跟进，使苗木基地不断向外辐射延伸，走“公司+农户+基地”之路，生产实行统一技术标准，统一时间段作业，执行统一质量标准和价格。经过几年的运作，苗木销售业务不断扩大，由本省销售扩大到全国销售。

主要项目 ①苗木生产基地：基地建设以乡土树种为主，主要树种有朴树、榉树、无患子、栾树、国槐、垂柳、悬铃木、三角枫、五角枫、乌桕、美国红枫、法桐、白蜡、女贞、黄连木、香樟、臭椿、皂荚、桂花、红叶李、紫薇、红叶石楠、加拿大紫荆、北美海棠、石榴、红梅、海桐球、红花继木等30余种。在圃苗木达200余万株，产值达2000余万元。

②承接园林绿化工程：合作社还积极探索经营模式，拓展经营范围，主动对接市场，除对外承接道路绿化、小区绿化、城市街景绿化、专业移植大树、绿地花园养护等绿化项目外，还积极参与合宁高速绿色长廊等地方林业工程项目建设，为地方生态建设添砖加瓦。

③经果林发展：在发展绿化苗木同时，合作社把目光又投到经果林上，2014年种植了1000亩的美国薄壳山核桃，现已被全椒县林业局确定为薄壳山核桃示范基地。美国薄壳山核桃是营养丰富的食用干果，可加工食用油，挂果周期长，又是很高档的木材，经果林的发展为绿化苗木产业长期稳定发展奠定了基础。

体制机制创新 合作社将继续着力打造苗木基地，以规模化为重心，以精品化为目标，逐步将基地培育建成苗木种植示范园和全椒县乡土树种苗木基地，实现经济效益、森林景观和苗木生态三位一体发展。

合作社大力发展林下经济，充分利用林下土地资源，种植1000亩中草药。发展林下养殖，养殖优质草鸡，做到生态养殖，草鸡在树林中食草，解决每年的草荒问题，而且鸡粪可以肥田。真正做到种养结合发展。

充分发挥合作社的领头羊作用，带动周边更多的农户去种植苗木，加快苗木市场和经纪人队伍建设，把苗木产业打造成六镇镇的特色产业和优势产业。

主要特色 结合地方实际和市场需求，积极倡导发展具有地方特色的乡土树种，如三角枫、朴树等。

规范发展、集约化经营、精细化管理、抚育水平超常规。

标准化程度高，精品苗比例大，市场效益好。薄壳山核桃实行园艺化栽培。

为提高土地利用率，在发展薄壳山核桃产业的同时，充分发挥自身优势，注重培育发展林下经济。

综合效益 经过这几年的全力发展，以及业务上的拓展，合作社2015年销售额达到425万元，2016年销售额492万元，为当地农民提供就业岗位165个，并且带动110户农民发展苗木产业，就业人员人均年收入达2万元，参与苗木种植的农户实现户均年增收5200元，产生了较好的生态效益、经济效益和社会效益。

第四章

文　化

六镇传统文化底蕴深厚，文艺作品丰硕。

六镇民间文人荟萃，民间文艺、文化活动百花齐放、繁荣昌盛，在全椒县内被称为“文化之乡”。古村传统的灯会、小戏为群众喜闻乐见，也有民间传说流传，名家诗词书画誉满六镇。

第一节 群众文艺

旧时的六镇每逢春节等传统节日以及农闲之时，群众自发舞龙头、闹花船、唱兰花、唱门歌、说评词、唱大鼓书。平时劳动唱山歌、秧歌、车水号子、耕田号子，哼民间小曲《孟姜女》《八段锦》《虞美人》《小寡妇上坟》，曲调自然，内容纯朴。

1954年冬，六镇成立了庐剧团，六镇有志青年自发组织，自筹资金购买道具，不分昼夜排练，演出不要报酬，演出剧目有《三打薛平贵》《狸猫换太子》《休丁香》《秦雪梅》《梁山伯与祝英台》，深受群众欢迎。

1958年，蚌埠专区京剧团到六镇来慰问演出，受到群众热烈欢迎。

1968年“文化大革命”期间，六镇村还成立了毛泽东思想宣传队，宣传党的方针、路线、政策。同时还排演样板戏，主要剧目有《红灯记》《白毛女》《红色娘子军》，并公开演出，受到群众一致好评。

第二节 民间艺术

“老柴龙”

六镇的“老柴龙”是远近闻名的，中华人民共和国成立前每年都舞。“柴龙”较重，龙头重达30多公斤，龙身有十三节，还有龙尾，每节下面装有木柄。龙头和龙身是用篾扎用纸糊的，腹中可点燃蜡烛，现都改用电池灯泡。值得一提的是龙头，活灵活现、金光灿灿，龙头上安有八仙，每个高约20厘米，李铁拐、吕洞宾、蓝采和、韩湘子、汉钟离、张果老、曹国舅、何仙姑，八大仙人栩栩如生。

老柴龙龙头和玩龙者 王维胜/摄

龙头一般要力气比较大的男人，解放前和解放初期有杨德山、杨也凡、张有清（张大）、杨德善等。解放后有杨振玉、潘有玉、盛方忠、杨庆才、杨庆松、杨福礼等人。玩龙尾都是些比较灵活的小伙子。玩法有“跳龙门”“金龙盘柱”“乌龙扫尾”“喷火燎舌”“老龙保子”“披红进门”等。昔日玩龙灯需烧香、放鞭炮，祈求来年风调雨顺、五谷丰登。玩时用大锣、大鼓伴奏，声音浑厚，气势磅礴。

中华人民共和国成立前的龙灯主要在六镇周围的村庄玩，从老学堂琼花庵出灯，每年必到之处是现在的方岗村岗杨村民组，传说是老龙回娘家。村庄家家设宴，招待玩龙者，如谁家无人来吃，主人就不高兴，生怕来年不顺。改革开放后的1986年和1998年，曾两度恢复玩龙，玩龙者还外出到周围乡镇玩，去到小集、草庵、白酒、黄庵、二郎口和袁岗、下纪、大殷、平塘等村，深受百姓欢迎。

花船

六镇的花船又称“旱船”“旱地行舟”。过去每逢新春佳节都有演出，久演不衰。花船是用竹篾、彩布、彩绸、彩纸编连，加上一些装饰材料扎制而成，两头翘翘的，船心由一女青年扮成“白蛇”或“青蛇”或“仙女”，将彩船系在腰带上，双手扶船舷，保持平稳，作行船动作，恰似彩船在水中荡漾，不可静止。船前一男，扮成“许仙”或艄公，船尾一妇扮成“老妈子”（丑扮），两侧各有一人撑船，还有两个少妇挑花担陪衬。另有小型乐队伴奏，主要是二胡，载歌载舞，又好看又好听。花船也能玩出不少套路，如顶风逆浪，遇礁搁浅等。表演中除了歌舞交融，还穿插许多诙谐、逗趣的对白，俗称“捣白洋”，引起观众大笑，气氛和谐。六镇自20世纪50年代后至今，曾玩过多次花船。装扮船心的先后有杨庆英、杨玉霞、张春兰、张春秀、黄明芹等人，撑船的有项文涛、杨福圣、章大和等，装丑扮有严育洪、石寿生、潘振礼等，伴奏拉二胡的有柴玉仙、项学泉等。

兰花

兰花妹子　　王维胜/摄

六镇的兰花由1名男子和4~8名女子共同演出，即“兰花架子”和“兰花妹子”。兰花架子手持兰花伞领唱，兰花妹子两手持手绢伴唱，都来回不断地走动，形成各种造型编队，形式活泼多样，唱词风趣，载歌载舞，热闹非凡。兰花架子手持花伞领舞，名为“伞把子”。另有一男子翻穿着毛袄，头戴破草帽并插有花朵，手拿芭蕉扇（济公破扇），扮演“兰花哥哥”（俗称“骚鞑子”），打趣，逗乐能多次引起在场观众捧腹大笑。“伞把子”领唱，“兰花妹妹”帮腔，“兰花哥哥”插科打诨。歌词为歌唱新春吉利、欢乐祥和的即兴演唱内容（俗称见风采柳），也有的宣传党的方针、路线、政策，宣传计划生育，表彰先进典型，歌颂好人好事，都具有浓厚的时代气息。

自20世纪以来，扮“伞把子”的有袁自本、孙昌银、王守仁、杨宝国，扮“兰花哥哥”有朱和贵、严育洪、范圣祥，六镇很多女青年都扮过“兰花妹妹”。

庐剧

庐剧是过去六镇人民文娱生活的主体，旧称“倒七戏”或“小戏”，具有浓厚的乡土气息。1955年，六镇从和县小街村韩家湾请来一位老师，别号称韩老五，组织六镇一班青年昼夜不分进行排练。一些青年自愿参加，不计报酬，他们干劲十足，积极性很高，那时的小戏均是唱“水词”（无固定台词）的草台班。“小戏”班没有正规乐队，仅有杨步坤一人打锣鼓，另有1~2个人拉二胡。全班人马不过十几个人，自制简易服装、道具，化妆也很简单。演出不要报酬，农忙务农，农闲唱戏。如遇逢年过节，集市开集，某家办喜事或某村不兴旺，就邀请小戏班去唱戏。演出效果非常好，深受当地群众欢迎。剧目有《三打薛平贵》《狸猫换太子》《休丁香》《郑小姣》《三请樊梨花》《秦雪梅》《王华买父》《梁山伯与祝英台》《王三姐抛打彩球》等。主要演员有陶晓善，擅长花脸；陶宜顺扮老生，演出时声情并茂，嗓音高亢嘹亮；花旦演员杨官武、杨庆玉戏路宽广，嗓音圆润，做功细腻；另有张义为、钱开友、章大和、陶益善、杨福圣等，可演刀马旦、青衣、老旦、反串小生丑角等，唱腔纯正动听，音域宽广。20世纪50年代在六镇人民心目中留下了深深的印象。

群众观看庐剧　　高　升/摄

1960年开始，人员不齐了，有的死亡，有的外出找生活门路，小戏班只好停唱。“四清运动”和“文化大革命”中，帝王将相、才子佳人的戏路是“封资修”不能再演，小戏班只好停唱了。

1979年，党的春风温暖了大地，被“文化大革命”禁演了十多年的传统古装戏在六镇得以复演，六镇第二次成立了小戏班子，主要演员有朱和贵、杨庆仁、范圣祥、袁自萍、刘明珠、吴化珍、潘正萍、蔡善珍、陈有发、徐张英、童乃富等人。演出的剧目有《三打薛平贵》《狸猫换太子》《秦雪梅》等。戏班多次在六镇和周围村庄演出。

毛泽东思想宣传队

“文化大革命”期间，六镇生产大队革命委员会成立了一个宣传队，从21个生产队中抽调人员，基本上是每个生产队抽调1~2人，由大队共青团书记蒋永发担任宣传队队长，排演样板戏，主要剧目有《红灯记》《白毛女》《红色娘子军》等。当年的主要演员有刘明珠、傅有英、陆正华、杨庆仁、吴化珍、徐锦明、童乃富、詹德华、刘华华、陈传兰、王世英、王维华、杨保国、何文春、袁自萍、黄子云、丁德传、黄子田、潘正萍、杨宝玉、范圣祥等人，节目经常在六镇和周围村队公开演出，受到当地群众一致好评。

说书和讲评词

过去在六镇，茶馆或街头经常有说书和讲评词的民间艺人进行活动，说大书的配有大鼓，以唱为主、说唱相兼。讲评词的就是用白话叙述。它们的内容都是赞扬武侠们飞檐走壁的技能和“忠”“孝”“节”“义”的道德观点。“忠”即对君王的无限忠诚，“君叫臣死，臣不敢不死”。臣为君可以赴汤蹈火，直至献出生命。“孝”是对父母而言，“父教子亡，子不敢不亡”。“节”是对妇女而言，妇女必须服从“三从四德”，才算贤惠贞节，“三从”即在家从父，出嫁从夫，夫死从子，“四德”即妇德、妇言、妇容、妇功。“义”是对朋友而言，对朋友要讲义气，有衣同穿、有饭同食、有福同享、有难同当。在这些内容之间，艺人常常“兑水”，穿插了一些爱情故事，使故事情节更加生动有趣。

说书讲评词的主要内容还有《小五义》《天宝图》《三国演义》《水浒》《西游记》等武义侠客小说。有的人演唱艺术很高，如说书的高德标、讲评词的戴瘸子（绰号，名不详），从他们口中吐出的英雄人物，被描写得活灵活现，情节曲折，紧张扣人心弦，使人感到有如身临其境，对听者的感染力非常强烈。

第三节　民间歌谣

民歌

地方民歌是农民在耕作之余，或劳作之中、田间地头、村头巷尾，相互取乐的艺术表现形式，六镇地区解放前流行的民歌小调有《孟姜女》《八段锦》《虞美人》《跳槽》《小寡妇上坟》等。解放初期六镇地区流行的还有秧歌、车水号子、耕田号子等，内容纯朴，曲调自然。秧歌在六镇地区最为盛行，每逢栽秧之时，风和日暖，水田里金光闪闪，天空中荡漾着悠扬悦耳的歌声。歌词有的是自己编的，也有从古代流传下来的，大部分是歌唱劳动幸福，也有青年男女打情骂俏的，也有的是讽刺挖苦不劳而获的人。形式有独唱，有合唱，有领唱，有齐唱，也有对唱等多种形式，车水时，高昂的数水声伴随着间断的歌声，能消除劳动中的寂寞和疲劳。

倒 贴

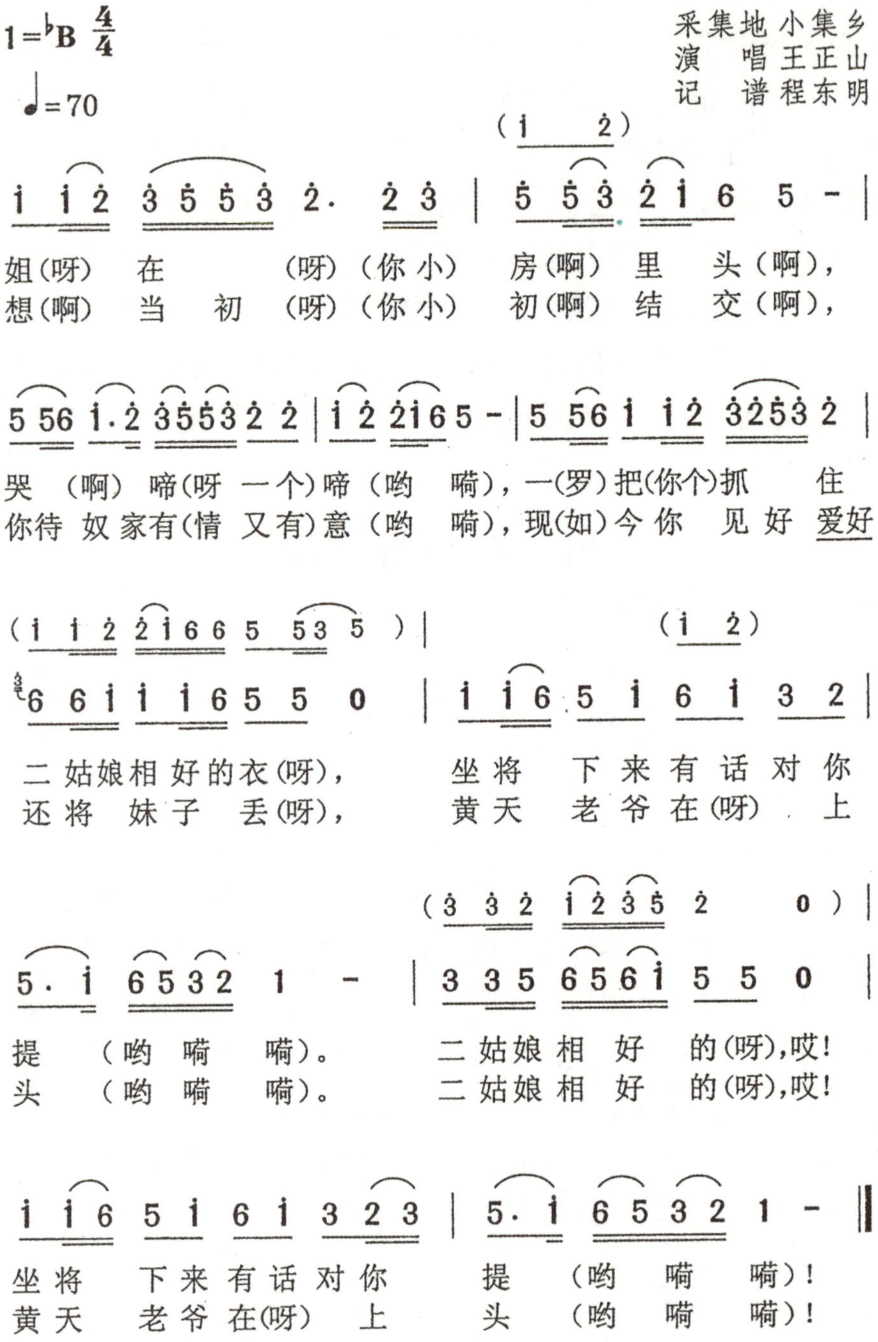
1=♭B 4/4
♩=70
采集地 小集乡
演 唱 王正山
记 谱 程东明
姐(呀) 在 (呀)(你小) 房(啊) 里 头(啊),
想(啊) 当 初 (呀)(你小) 初(啊) 结 交(啊),
哭 (啊) 啼(呀 一个)啼 (哟 嗬),一(罗)把(你个)抓 住
你待 奴家有(情 又有)意 (哟 嗬),现(如)今你 见好 爱好
二姑娘相好的衣(呀), 坐将 下来有话对你
还将 妹子 丢(呀), 黄天 老爷在(呀) 上
提 (哟 嗬 嗬)。 二姑娘相 好 的(呀),哎!
头 (哟 嗬 嗬)。 二姑娘相 好 的(呀),哎!
坐将 下来有话对你 提 (哟 嗬 嗬)!
黄天 老爷 在(呀) 上 头 (哟 嗬 嗬)!

孟姜女

项学泉　盛型全
搜　集　整　理

附续词

三月里来是清明，家家户户去上坟，人家坟前飘白纸，孟姜家坟上冷清清。四月里来养蚕忙，姑嫂二人去采桑，桑蓝挂在桑枝上，抹把眼泪采把桑。五月里来是端阳，家家户户忙栽秧，人家田中黄秧壮，孟姜田中杂草长。人家田中黄秧壮，孟姜田中杂草长。六月里来热难当，蚊子飞来闹嚷嚷，口口吸的奴身血，莫叮我夫万喜良。七月里来秋风凉，家家户户做衣裳，花红柳绿都做到，孟姜家中是空箱。八月里来雁门开，寒雁足下带霜来，苦霜单打独根草，孟姜送衣路中挨。九月里来是重阳，糯米造酒满缸香，二人饮酒多欢乐，孟姜路上哭断肠。十月里来小雪降，北风吹来透骨凉。长城地区多寒冷，做好棉衣送我郎。冬月里来数九天，苍天降下白鹅毛，雪山雪岭难行走，路上冰冻赛利刀。腊月里来过年忙，家家户户宰猪羊，人家都把年来过，孟姜长城寻喜良。

八段锦

1=C $\frac{2}{4}$ 项学泉 盛型全

♩=80 搜 集 整 理

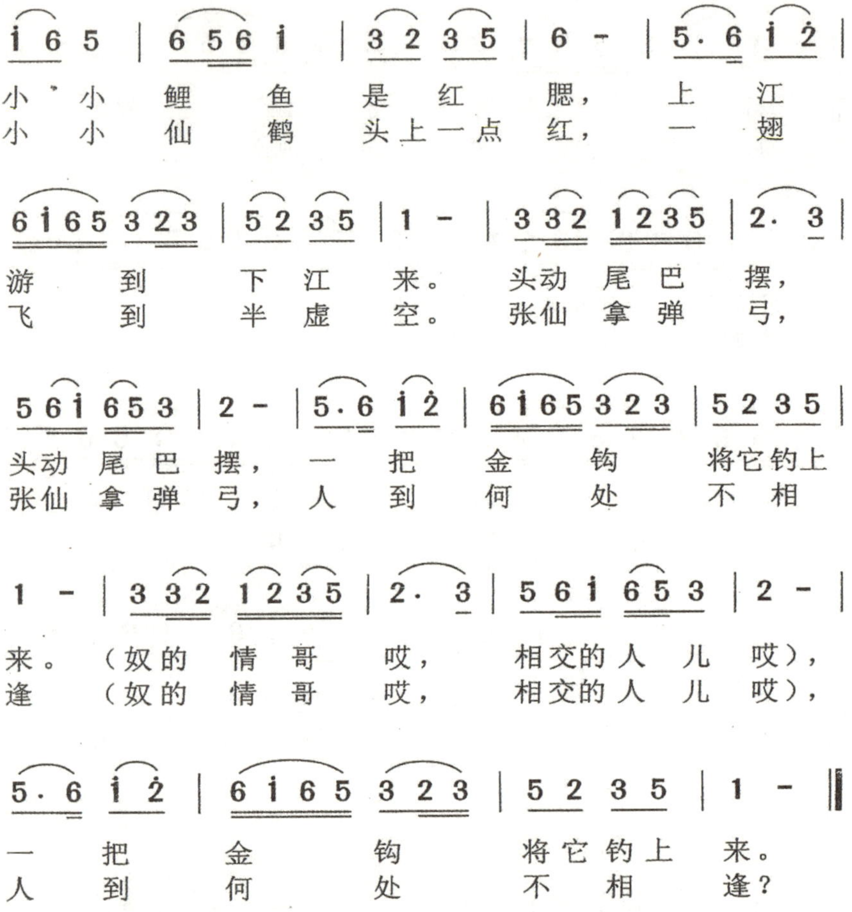

附续词

三、小小竹子细苗苗，送给我郎做管箫。我郎会吹箫，先吹孟姜女再吹相思调。

四、小小月亮照高楼，照见狮子抢绣球。我郎坐锦州，我爱我郎喜出头。

五、小小花鞋七寸长，做鞋送给玉才郎，我的玉才郎舍不得穿脚上，你想妹子闻闻花鞋香。

六、小小镜子两面光，妹买镜子送才郎。镜子送才郎，镜子里头人一双。

七、小小尼姑下山来，手捧钵盂来化斋。姑娘嫂子哎，一不化你银钱二不化你斋。

八、小小扇子七寸长，妹买扇子送才郎。扇子送才郎，百样人事都在扇子上。

注：

凡四句词段，第三句重复唱一遍

玉美人

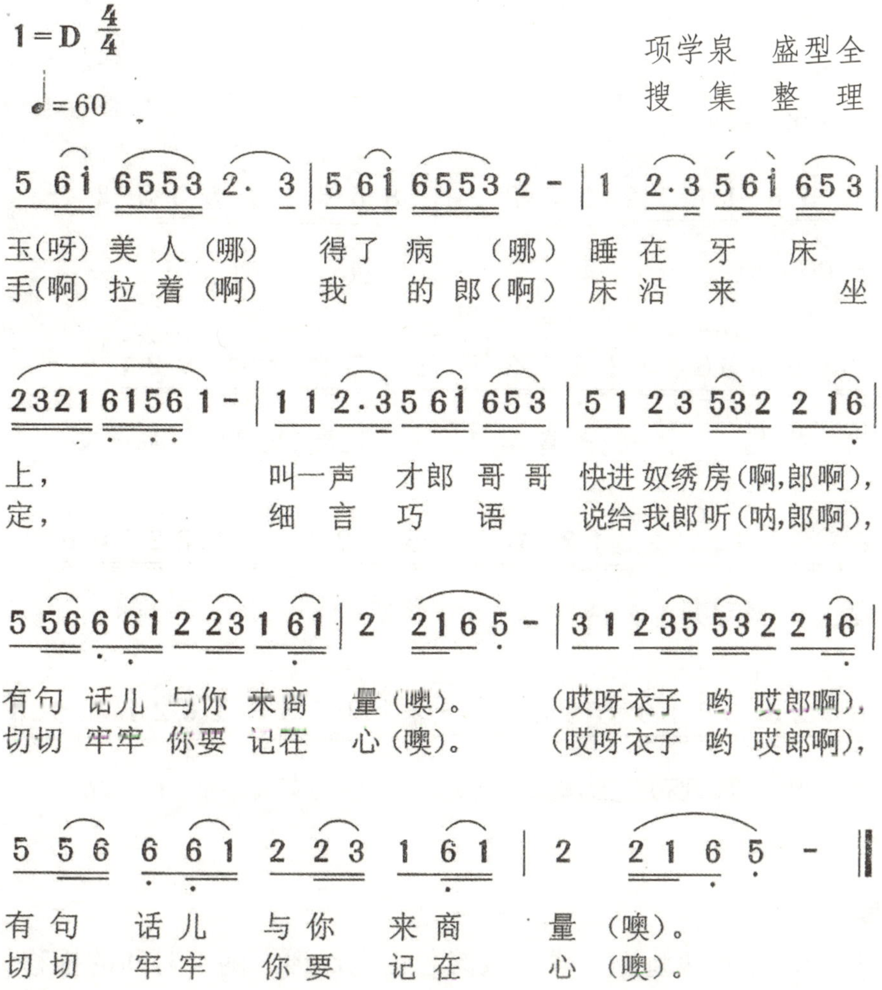

附续词

三、往常子得病两三月好，现如今只见沉重不见轻，眼见得奴家不是世上人。

四、远近的名先生你都请过，灵丹妙药治不了奴的病，再请先生也是枉费心。

五、东庙里去求签一绺不发，西庙里烧香菩萨不显灵，怕只怕奴家一命要归阴。

六、床里边拿出来五十两雪花银，给我郎再娶一个二房人，好传我郎后代根。

七、要人你须要忠厚人家女，切不可花街柳巷胡乱行，败坏我郎的好声名。

八、三年两载添下个男和女，别忘记带孩儿去上奴的坟，奴家我死了也甘心。

九、贤妹妹说起话来好不中听，拿什么银子要什么倒头人，传的什么后代根。

十、倘若是那一日我的妻你归天去，你的郎我到庙里削发修行，念念阿弥陀佛经。

跳　槽

1=E 4/4

♩=60

项学泉　盛型全
搜　集　整　理

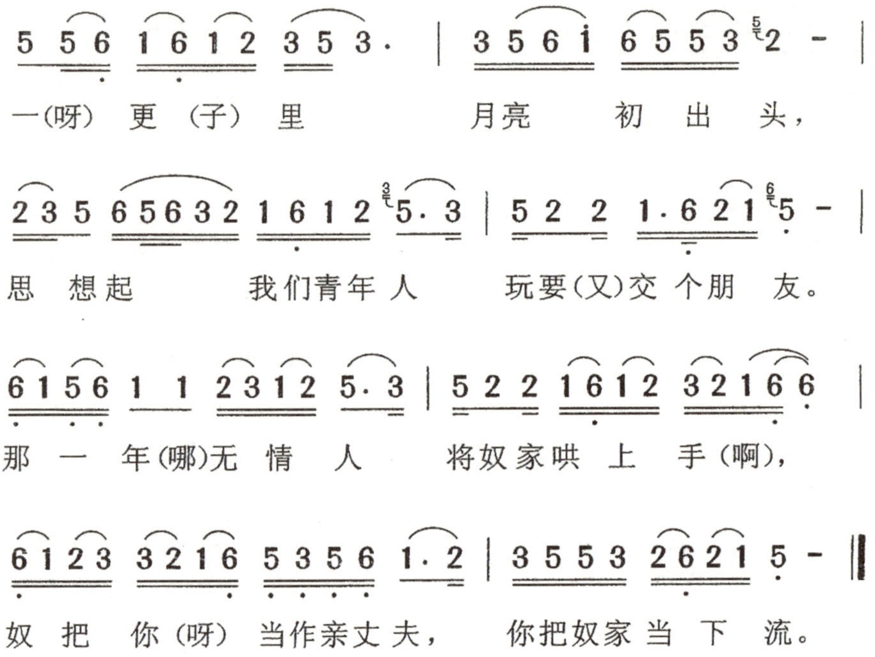

民谣

六镇和全椒县其他地方一样，散落着很多民谣，随着时间的推移，怕是快要消亡了，在民间文化中，有许多如化石一样的东西，随着一辈辈老人的离去，若不及时整理，会化为云烟，到时恐怕再也找不回这些遗失的乡音。

有的民谣讲手指螺纹："一螺穷，二螺富，三螺、四螺开当铺，五螺、六螺砍柴卖，七螺、八螺买柴烧，九螺不下田，十螺不下冲（指水田）。"在民间生活人们难免有很多痛苦和酸楚，于是产生宿命的观点。人们会相信命运，有时会通过看手相来预测未来。

有的民谣反映了封建社会底层老百姓的悲惨命运："老鸹子，呱一呱，你妈死在树丫巴，没人抬，没人埋，三岁小孩穿白鞋，穿一只，丢一只，一路走来哭唧唧！"讲述一个幼儿，其母丧去，暴尸荒野，一群老鸹翻飞，其状何其凄惨。

有的民谣是关于六镇老百姓在旧社会的收成："小大姐，推洋车，一推推到河那边，坐坐，讲讲，今年不如往常，往常收了三担稻，今年收个小稻包，小孩饿了哇哇叫，白菜梗子炒大椒。”百姓日夜辛苦劳作，都希望风调雨顺，过个丰收之年。

有的民谣语言幽默诙谐，人物形象生动：“秃子秃，盖瓦屋，瓦屋漏，点蚕豆，蚕豆不生，秃子发瘟。”还有一首：“斩斩肉，接大舅，大舅不在家，就接老亲妈，老亲妈好吃打嘴巴。”

夏天纳凉，月色如洗，萤火点点，蛙声片片，一些老人一边摇着扇子，一边唱着民谣：“月亮月亮巴巴，里面住个妈妈，妈妈出来梳头，里面蹲个黄牛，黄牛出来饮水，里面蹲个小鬼，小鬼出来打仗，里面蹲个和尚，和尚出来念经，里面蹲个先生，先生出来教学，里面蹲个麻雀，麻雀生个蛋，不够先生一碗饭，麻雀撒泡尿，不够先生一茶杯。”

过去一些老人叫小孩帮助捶腰，主要是缓解疼痛感，小孩捶，老人唱：“捶东鼓，捶西桥，王伯奶奶上机桥，机桥机桥擂打鼓，咣咚咣咚二十五。”还有一首管家坝淘水民谣：“车水、摇水，管家坝淘水，淘好些？淘一升，做巴巴心，淘一斗，做年酒，淘一担，做年饭。”这是大人带小孩玩，手拉手唱的民谣，寓意深长。

第四节　民间传说

六镇的由来

六镇是一个历史悠久、文化底蕴深厚、山清水秀的美丽古村，有着几千年的文明积淀，历史人文资源非常丰富。何时起有了六镇，为什么叫这个名字？《水经注》记载的以六镇为名的地名，在北魏及其以前全国只有8处，主要就是北魏设置的以防止北方外族入侵的军镇，是皇家军马供养站，都是国防的要地。这些军镇，历史上常常称为“六镇”。而六镇的具体名称，历来也颇有争论，“六镇”这一称谓，最早见于北魏，距今已有1500余年。

六镇，古称六丈，别名古扬州。唐代时皇家在此建了驿站，宋代称六丈镇、元代称六丈驿，明代称六丈街市，清代称六驿、六丈市。六镇是安庆到南京的第六个驿站，故清朝晚期和民国初期，六镇又称为六站。六镇地名随着社会活动的需要而产生不同的名称，但都离不开“六丈”二字，真实地反映了该地的地理、历史、文化，折射出了丰富多彩的文化内涵，同时也反映了群居六镇人们的心态和风俗，是地方文化的具体展现。

六镇在历史上，各个朝代都有记载。宋王存撰《元丰九域志》卷五载：“全椒，州南五十里。四乡。全椒、六丈二镇。”元《符图经》载：“设镇将一人，有六丈驿，久废。”《大清一统志》卷九十载：“六丈镇在全椒县西四十里，《九域志》:县有全椒六丈二镇，唐置六丈驿于此。”清康熙《全椒县志》载：“六丈市，西四十里。宋淳熙十一年，左军统制赵密偃兵篑竹，出六丈河以分金势，赵守忠以五百骑败金人于全椒，即此。”清初顾祖禹所撰《方舆纪要》卷二十九载：“全椒县六丈镇在县西南，唐置六丈驿于此。”商务印书馆香港分馆1931年出版的《中国古今地名大辞典》记载：“六丈镇在全椒县西四十里，唐置六丈驿于此。”（明泰昌）《全椒县志》的坊乡栏目里有六丈街市，桥梁的名称中有六丈市桥（凤凰桥）。可见六镇这个地点唐代已有记载，历史上街道只有六丈长，故名六丈。

杨世昌大地主的由来

杨世昌家居六镇街街东，位于明清时期全椒储粮西大仓的东侧。

民国时期，杨世昌利用居住条件的优越，开了一个饭店和旅社，他家前门对着人登古道，后进的后门对着民间大道，来往的客人如住店，能包住包吃。六镇那时的饭店和旅社特别多，但有的饭店包吃不包住，有的包住不包吃，而杨世昌的饭店与众不同，既包住又包吃，因此生意很红火。

到了民国末年（大约1944年），生意越做越大，住店的人也越来越多。因他家的茅厕墙有多处倒塌（土厕所，中间是茅坑，四周用泥搭的土墙），已影响人上厕所了。杨世昌老人怕影响做生意，看在眼里，急在心中。

一天，杨世昌老人请来了两位农民帮助搭墙，一个叫孙其举，人称孙二，另一位叫孙其金，人称孙三，两人是兄弟俩。孙家弟兄二人都是穷苦忠厚人，平常农闲时常在街上打零工，出卖苦力，出工时每天除贴吃外，另给2升米（近2公斤）算是工钱。

兄弟二人挖泥、践泥、搭墙，干得很卖力，杨世昌老人搬了条小板凳坐在旁边监工。突然孙三在挖泥时，挖到一块石板，喊来哥哥孙二帮忙，弟兄俩将石板撬开，石板下埋着一个银盒子，打开一看，银盒内放着两颗珠子，在太阳光的照射下闪闪发光。这时，杨世昌来到跟前，说：“这是我家上人放在这儿的。”老实巴交的孙家两兄弟一句话都没说就让他拿走了银盒子和两颗珠子。

事过之后，孙家两兄弟把挖到宝珠的事在街上向别人说了，听者的意见都是见财一份，他兄弟二人应该得一颗。于是孙家两兄弟来到杨家饭店找杨世昌要珠子。杨世昌老人说什么也不肯拿出。只留下两兄弟吃了顿饭，饭后又补加了一点工钱，算是奖金，兄弟二人只好回家。

杨世昌得到了这两颗珠子以后，兴奋得很多个夜晚睡不着觉，心里想：“这下我要发大财了。”经过再三考虑，还是把这事告诉了古河的杨世银，杨世银是杨世昌的哥哥，时任国民党古河区区长。

杨世银将这两颗宝珠带到了南京卖掉，自己得到一批金条。六镇地区传说，这两颗宝珠，一颗是“避水珠”，另一颗是“避火珠”。有了这两颗宝珠带在身上，不管人在什么地方，水淹不到，火烧不到。传说如此，但谁也没见过这两颗珠子。

后来，杨世银把自家在独山脚下（关记仓房）的三百多亩地给了杨世昌。所以每年午、秋两季，杨世昌都去收租。1949年，全椒解放了，杨世昌被划为六镇最大的地主。两颗宝珠让杨世昌成了地主，这是一个真实的故事。

传奇的独山

传说，有两座山挡住一仙家门路，玉皇大帝知道后，就派二郎神将山挑至渤海，当走到龙虎山脉时，扁担断了，只好把两座山放在了椒邑。一座是古河边的独山，另一座是复兴那边的孤山。

去过独山的人都知道，独山几乎是平地而立，周边的人都认为独山是一座宝山。

相传，独山有扇大门可以开启，山中有个宝库，里面堆满了金、银、珍珠、玛瑙等财宝，只是不知道开启大门的钥匙在何方。

有一年，山边居住的一位老农，在独山脚下开垦了一块荒地，种上了西瓜，老农辛苦呵护，瓜秧枝繁叶茂，长势喜人，老农心里格外高兴。可是到了结瓜的时候，老农犯愁了，发现一亩多地只结了一个西瓜。老农很是悲伤，夜晚睡不着觉，考虑再三决定毁掉瓜田改种其他农作物。一天，正想毁掉瓜田，突然有位白发苍苍的老翁出现在面前，阻止了他，并告诉他：“要好好看护这棵独瓜，等到成熟以后，我来买这个瓜。到时我按这一亩多田的瓜钱付给你，现在我就付给你定钱。”接过定钱，正待追问，老翁不见了，老农只好回家。

时间一天天过去，西瓜也一天天接近成熟，这个独种瓜越长越大，足有几十斤重。老农心想“要是能长出几百个像这样的瓜该多好呀”，越想越气，又产生了毁瓜的念头。没想到，那位老翁又出现在他的面前，告诉他：“不要前功尽弃，我付了定金是会来取瓜的，等瓜成熟后，我按这块地的瓜钱付给你。”老农拽住老翁问要这瓜何用，不然宁愿毁掉也不卖。老翁出于无奈，只好道出实情：“此瓜是唯一能打开独山大门的钥匙，只有西瓜成熟，钥匙才能长出来。山上的财宝都在宝库里，宝库里有许多道门，但只有第一道门里的财宝归你所得，其他的门你千万不要去开，否则，你可能什么也得不到。”说完，老翁又不见了。

听了老翁的话，老农心里乐滋滋的，就在瓜地旁搭了个棚子，日夜守护在这棵独瓜旁，生怕有什么闪失。西瓜成熟的那天，怕别人知道瓜的秘密。他天一黑就急不可待地打开西瓜，只见西瓜很独特，瓜瓤中没有一粒种子，只有一把金晃晃的钥匙长在瓜的中央。顿时，山下出现了一道大门，老农拿起钥匙就去开独山的大门，大门打开了，山中堆满了金银珠宝，在夜幕中金光闪闪。老农喜不自禁，但忘记了老翁对他说的话，接着又去打开第二道门，第二进里面的东西就更多了，有金牛、金马、金鸡、金狗等，金驴正在磨金豆子。里面的财宝一看不是他的主人，金狗上来就向瓜农扑去，老农吓得连忙向外就跑，顺手抓了一把金豆子，结果腿上还是被金狗咬了一口。

老农跑得匆忙，忘了拿放在第二道门上的钥匙，从此后，再也没有开独山大门的钥匙了。老农回到家，被金狗咬伤的腿疼痛难忍，只好找人医治，一直将那把金豆用完，腿上的伤才好，还留下了一块伤疤。

神磙的传说

相传清朝康熙二十三年（1684）的一天早上，六镇街南大罗村的大塘埂上，突然有一个大石磙子栽在塘埂上。当时，正是割麦季节，村子里的磙子不够用，有一农户就请人把它抬回去打场，结果拉磙的牛，腿断了一条。说也奇怪，第二天早上石磙子又回到了塘埂的原处。村子里的人觉得这件事情有点奇怪，一传十，十传百。西边岗杨村的人也知道了。几个年轻力壮的小伙子不相信有这种怪事，又来把石磙子抬回去打场，结果又断了两条牛腿。第二早上，石磙子仍回到老地方去了。人们都说，那是神磙。自此以后，再也无人敢抬回去打场了。因此人们给这个大塘取了个名字叫“神磙塘”。传说这神磙是开独山金库的一把钥匙。独山金库的钥匙怎会飞到这里来呢?

原来独山是一座金库，里面金牛、金马、金鸡、金狗、金银财宝、珍珠玛瑙样样都有。有一天晚上，几个小贼聚集到一块，到独山去盗宝。他们在山脚下找到了金库的钥匙，就是这个石磙子。几个人抬着它打开了金库的大门，正准备进去，突然发现4个金人在金库里打麻将。金人全身上下金光闪闪，刺得几个小偷眼花缭乱，几条金狗在金库门内狂叫，吓得几个小贼无法下手，一溜烟跑了。

几个金人见有人来偷金库，觉得金库以后不安全了，于是就想出了一个办法，在石磙钥匙上做了一个机关，顺手将石磙抛向东方，结果正好落在六镇南边大罗村的大塘埂上。

人们传说，要想打开金库，取到里面的财宝，必须一个人把石磙子从神磙塘扛到独山脚下才行，因为谁也扛不动这个石磙，所以独山金库就谁也打不开。直到如今，这石磙子仍然在神磙塘埂上。

沈山头的由来

沈山是六镇村的一个村民小组，位于六镇村北1.5千米之外的虎山脚下。据老人相传，沈山在明清时期叫沈万头山。为什么叫这个名字呢?

相传明朝洪武时期，朱元璋当了皇帝后，脾气越来越大，动不动就要杀人，当年有个叫沈万三的大财主，是全国第一首富。为了在新皇帝面前有所表现，做点贡献，主动拿出钱财，承包修建南京城墙的1/3。城墙修好后，验收工程的官吏还要敲竹杠，名为“犒军”。沈万三只好又拿出许多钱粮犒劳军队。不料这事被人汇报到朱元璋那里，朱皇帝愤愤地说：“这个肉头财主，竟敢仗着几个臭钱就犒赏天子的军队，简直是欺君该杀。”朱元璋对沈万三意见很大。城墙修好后，朱元璋心情高兴，率领文武百官登上紫金山观望，就随口问了身边的四儿子朱棣，“儿，你看孤皇的皇城修得怎么样?”朱棣随口答道：“好是好，就怕紫金山架大炮，一炮轰了就烂浆如泥。”朱元璋听后内心非常愤怒，心想：“非杀掉你不可。”回去后，马娘娘问朱棣，“今天跟父皇游皇城，父皇问你什么，给你吃的什么”。朱棣如实回答，并说，“给我吃橘子了”。马娘娘听到后大惊失色，忙说：“儿啊，你赶快逃吧，父皇要抽你筋，剥你皮，死罪难逃了”。朱棣逃跑后，在沈万三财力的支持下，不断扩充自己的势力。沈万三修城墙和支持朱棣钱财扩充军队的这两件事，更加惹恼了朱元璋，便下令大肆屠杀沈氏家族，一口气杀了沈家万人以上。

在屠杀沈家过程中，有一沈姓逃到六镇北面虎山脚下一个山头隐居。后来他把沈家被朱元璋所杀的1万多人头，运到这个山头重新安葬。此后，这个村庄就叫沈万头山，也就是现在的六镇村沈山村民组。

斋公范村的由来

斋公范村，地处六镇南1.5千米之外，民国时期是六镇管辖，现划归二郎口镇项集村。清朝乾隆中期，该村只有金姓和范姓两家，那时村名叫“金记”。

两姓人家相处很和睦，都是种地为生。金家看到范家在干旱年间用水困难，就主动帮助范家，同意水从金家水渠通过，解决了范家的用水困难。冬闲时，范家也主动帮助金家修塘筑坝。在修渠时，范家挖到了9只玉杯，其中有两个弄坏了。说也奇怪，范家自挖到9只玉杯后，连续生了9个儿子。子孙兴旺，势力渐渐比金家强大了，范家开始欺负金家了，处处刁难金家，反而不给金家用水，硬说水渠是范家的，从此两姓打起了官司。

范姓私下拿钱买通了县大老爷，又拿钱散给从二郎口到全椒路边村庄的有关人员，结果县大老爷和沿路的百姓都帮姓范的讲话，金姓官司打输了，一气之下只好搬家离开了“金记”。

此后，范家独占了“金记”。范家在整修村内排水沟时，又在金家老墙脚下挖到了半桶金条，范家开始富起来了，给儿孙们建房买地，形成了后来的罗范、许范、荣范、范庄、大范、小范等村庄。

这时范姓的老族长回想起往事，心里感到内疚，认为用计谋赶走了金家这事做得太缺德了，范家应该要修身，不能再做坏事了。

自此，住在金记的子孙开始吃斋修身，“金记”改为“斋公范”，一直沿用至今仍叫“斋公范”村。

罗姓的传奇

明崇祯帝即位后，失政无道，群英四起，战争年年不息，兵荒马乱，民不聊生，加之天旱，崇祯十三年，即1640年，飞蝗蔽天而下，蝗虫所经之地草木尽光，秋季饥荒，百姓食草木和观音土，病死甚多。

罗氏的先祖曾参与起义，原姓毛，因战争失利，朝廷下圣旨，张贴告示，将毛氏满门抄斩。在这种情况下，先祖带领3个儿子，挑着一担箩筐出逃了。

出城门的时候，把守城门的士兵询问："你姓什么？"先祖望着箩筐发愣，但急中生智，顺口回答："我姓罗。"于是被放出城门躲过这一劫。一直逃难到安徽全椒六镇大罗村落户，改毛姓为罗姓。经过几百年的家世繁衍，人口逐渐增多，先祖的3个儿子，长子居住大罗村；次子移居罗范村；三子移居小罗村，3个村庄相距都很近。

居住大罗村的罗氏后代，家家户户，不论是大人或小孩，人人都会编织箩筐、竹篮等竹器，当年的箩筐救了他们祖先的性命，这也许是天意。

罗氏后代未曾忘记姓毛的祖先，现在每家的香案上都供有姓毛的祖宗牌位，如人死了以后立碑，碑上都刻毛门×××之位。人人都知道，活着的人是姓罗的人，死后的人是姓毛的鬼。

国宝——风磨铜金香炉的故事

清朝末年，六镇老街首富潘大儒，夫人姓沈，人称沈老太，娘家住在六镇北虎山脚下的沈山村，传说是明朝首富沈万三家的后代，但无考证。潘大儒是一位很有才能的人。在兄弟五人中他最小，在六镇古道上有三间门面，是五进院落，这在当时是很了不起的了。那时的六镇很有名气，集市很繁华，潘家在六镇街上占有举足轻重的地位。清朝末年时，人口渐渐增多，老二房的部分人移居小集，那时小集叫"三岔口"，因有人摆摊做小贩，便名为小集。

潘大儒一生经商，育有二子（潘小开、潘开智）、二女（潘开莲、潘开秀），大儿子中学毕业后在家准备升造，二儿子在家帮忙做生意。他家的第一进做茶馆生意，第二进做酒馆生意，生意非常好，渐渐成为六镇首富。

1926年的一天，六镇逢集，10点多钟，一位姓吕的老人挑着货郎担来吃饭，这人最喜欢喝酒，是这里的老主客。沈老太问他为什么最近都没来。货郎老人说他刚从凤阳回来，自家门都未进。于是潘家给他做了两道平时最喜爱的菜肴。老人边喝酒边和沈老太聊天，酒喝得已是半醉状态，这时潘小开在货郎担里翻找好玩的东西，把翻到的香炉拿在手里看来看去的时候，老人说："你看好玩就拿去玩吧，这是我在凤阳农村时一位妇女拿来换东西的。"就这样一件国宝级的香炉轻而易举落到了潘家。

潘家得到这个香炉时香炉污泥斑斑，经过一番清洗后，变得金光闪闪，非同小可，其色内融，暗淡中发着奇光。香炉顾名思义就是焚香而用。焚香习俗在我国有着悠久的历史，早在汉代以前就有。有一天，潘家摆炉试烧，在第三进堂屋中堂摆上香案，当香插入香炉中后，顿时宝光四射。此后，只在每年三十晚和年初一各用一次，用时大女儿寸步不离，进行看护。后来被街上人看到了，一传十，十传百，知道的人越来越多。

在旧社会穷人无法生活，有钱人日子也不好过。潘大儒的大儿子去赤镇办事，被一帮人拉去赌钱，当时身上未带钱，人人都知道他家有的就是钱，不怕他赖账，就借了很多钱给他，结果输了个精光。回来后，他遭到母亲的谴责，一气之下服毒自杀，给家庭带来了巨大的损失和痛苦。

自此后，潘开智被当成了宝贝，整天抽大烟（鸦片），身体受了损伤，钱财也损失很多，30多亩田和塘坝也被卖得差不多了，土匪成天还盯着他，他只好太阳一落山就躲到别处去睡觉，每晚换一个地方，偶尔在家休息，也是提心吊胆，准备好逃跑的梯子，以防万一。

潘小开因为赌钱丧失性命，潘开智吸鸦片倾家荡产，小偷又打起他家的主意。民国24年（1935）某晚，小偷藏于巷内挖洞入室行盗，沈老太为了防老，把300多块洋钱藏于墙内洞中，正好小偷挖到的洞就是藏钱的地方，就这样这笔财富付诸东流。事后报官，马快（旧社会管小偷的官）吴兴友（国民党县政府谍报组长）说是会尽力查找。一个多月后，小偷查到了，只要回二十几块洋钱，不到十分之一。

在旧社会，社会混乱，土匪猖獗。土匪头子夏老九，派遣他的手下冯裁缝（前冯村人）等几名土匪，于1936年春某日傍晚，来到潘家索要金香炉，家中只有沈老太的儿媳带着几个孩子，知道土匪登门后，带着儿子潘振武躲到花台的花枝子下面，头上用烂篮子盖着，当土匪到来时，由于小孩无知说“来了，来了”，土匪听到后，不费吹灰之力，轻而易举抓到了儿媳姚氏（其弟姚思贵曾任国民党黄庵乡长，县党部书记）。被土匪抓到后，逼其交出金香炉，姚氏一口咬定：根本没有，这是谣传。后来土匪将她吊起来进行拷打，还用火烧她胳膊，威胁烧死她的孩子，逼迫她交出金香炉。在万般无奈的情况下，为了保全孩子和自己的性命，姚氏只好交出了“金香炉”。但交出的是事先准备好的假金炉，这是潘小开在世时事先准备好的，以防不测。土匪们拿到金香炉后，欣喜若狂，第二天在小集西头井旁狂言：“这是谁家的金香炉？想要就拿钱来赎。”土匪们根本不知道这是假的金香炉。在这次抢劫中，姚氏的一只胳膊被火烧残疾了，此后，街坊邻友都称她为拽膊老人。

真的金香炉，传说一直埋在第二进和第三进之间的西花台下面，时过境迁，何时真的金香炉能再现，不得而知。

传说潘家的金香炉是宣德炉，是由明宣宗朱瞻基在宣德三年（1428）参与设计监造的。宣德三年铸造的铜香炉相当珍贵，极为罕见。它是中国历史上第一次运用风磨铜铸成的铜器。为了制作出精品铜炉，整个制作过程在朱瞻基的亲自督促下进行。当时负责铸造的是工部尚书吴中，太监吴诚监督，于宣德三年五月初一日领料，六月十五开工，十一月完工，完工后造清册进献。六镇村的传说是，当年皇家金库失火，金库内的金、银、铜都熔成液体，皇帝命令将其铸成铜炉。这些香炉，绝大部分陈设在宫廷各个地方，也有一小部分赏赐和分发给了皇亲国戚、功名显赫的近臣和各个有规模香火旺盛的庙宇。

三塔寺的民间传闻

三塔寺前3座塔，古代从合肥、江南等地通往滁州、北京、南京的古道，均通过六镇、小集一带，沿路有驿站和通信报警的烽火墩，当年的驿站已废，但烽火墩基仍在，六镇、小集、公路（村名）这3个墩解放后仍存在。

当时有个举人，是从湖南进京会试（此人大概是明代人）路过此处，他看到三塔寺3座高耸的宝塔和三塔寺内的建筑，便触景生情地信笔做出了上半阕对子（那时做对子很盛行），文曰："三塔寺前三座塔"，传说庙里有个和尚也很有文学修养，便顺口吟道："五台山下五层台"。韵律词句完全相合，那举人略加思索，在原有的上半阕下面加上"塔、塔、塔"，表示有3座宝塔。而那个和尚却呆住了，因为不能在他的下半阕后面加上5个台字，只好服输。

仓头上无蚊子的传说

仓头上无蚊子，这种传说六镇很多人都知道。20世纪五六十年代，每到夏天的晚上，人们常到那儿去乘凉。

仓头上，也就是明清时期全椒储粮西大仓的遗址。它地处六镇老街中段东南。那里地势较高，中华人民共和国成立初期四周又无人居住，成为一块空地，最高处的面积约有2亩多，六镇人一直称这块地叫"仓头上"。

据明泰昌《全椒县志》第十五章粮油第二节储运记载，明正统年间，西仓（六丈街今六镇）为知县留衢所建。从现在的外围看，当年六镇储粮西大仓的面积足有20多亩，现在和平村民组的干鱼塘和大长塘就是当年西大仓的水围子和消防池，同时境内还有两口古井（核桃井和杨福吾家大井）也是作消防备用，以防不测。

据六镇老人相传，朱元璋当年带兵打仗曾屯兵这块地方，那时还不是粮仓，朱元璋还在此宿住过，后来他当了皇帝，这块地方成了宝地，名声越传越大。明正统年间又在此建了大粮仓，历经数年战火，粮仓消失，成为一块空地闲置。20世纪50年代初，六镇地方唱戏、放电影或大型集会都在此地举行。

夏天晚上，大半条街的群众都陆续涌到那里去纳凉。太阳刚落山，人们早早吃过晚饭，带着乘凉的门板、大板凳、凉床，有的带着旧席子直接铺在地上，人们手拿蕉扇，一边为快要入睡的孩子扇风、驱蚊，一边与人交流着当天的新闻轶事，有的谈今论古，有的在讲故事，在那炎热的天气里，人们经过一天的劳累，晚间能聚在一起自由地聊天，或高谈阔论，或讲趣事笑话，确实使人感到心情舒畅。

到仓头上去乘凉好像成了当地人的习惯。后来，农村通电了，有了电扇、电视，特别是有了空调后，人们再也不去仓头上去乘凉了。仓头上无蚊子，只能是一个美丽的传说了。

了明和尚护寺的故事

了明和尚本姓李，出生在和县一个贫寒的农民家庭，曾娶过亲，并有一双儿女，因从小信佛，年轻时先出家在琅琊寺当和尚，后到三塔寺做住持，家里曾来人找过，但了明闭门不见，妻子无奈只好回家。

1944年前后，国民党皖东大本营——古河一带的新桂系军队大肆拆庙建筑碉堡、炮楼，三塔寺危在旦夕，众僧万分焦急。一天，代理皖东指挥官曹茂琮（国民党二十一集团军一七一师师长）巡视途经三塔寺，在大雄宝殿佛像前站立良久，住持僧了明得知曹也信佛教，忙上前施礼，并抓住时机，殷勤款待，并一直随曹到古河，取得一张“佛教圣寺，严加保护”的告示张挂于寺前，寺庙幸免于被拆除。

陈葆经1944年作词《望江梅·了明驱桂兵》：“三塔寺，连日又兵添。合十和南奔道上，‘尚方宝剑’挂门前。丘八一溜烟。”

封路口的传说

六镇以北15里有个地方叫封路口。话说清康熙年间，于成龙屡考不中，遂想出门投师访友。他听说安徽全椒有文脉笔峰尖，相传在黎明前能听到古人的琅琅读书声，于是就带上盘缠前往。尽管一路上省吃俭用，他还是将身上的银两用尽了。这天，不知不觉走到了六镇，又逢大年三十，雪花飘飘，饥饿难当。无可奈何之下，就到六镇杨氏祠堂暂宿，饿了就拿一些祭奠之物充饥，并将祠堂作为躲避风寒之所。

六镇杨氏乃名门大族，家道兴旺，经营有茶馆、旅店、南北货、米行等大小生意几十处，来往商贾云集。杨琼庵堪称六镇生意第一人，他生意做得好，也就特别注重拜佛、祭祖。每年年三十必往祠堂祭拜，以求来年生意兴隆，大吉大利，万事和顺。

于成龙见有人来，就侧身躲在供桌下面。杨琼庵的小儿子一不小心，将供奉的活鱼给弄掉在地上，遇到这种事，一定要说一些吉利话，杨琼庵随口说了声“鱼成龙了”。于成龙一听，忙从桌肚下面爬了出来，赶紧向杨琼庵跪言：“小生于成龙前来全椒投师访友，身上盘缠用尽，饥寒交迫，不得已躲在这供桌之下，实在抱歉！”杨琼庵心中纳闷，难道鱼真的成龙了吗？杨琼庵见于成龙其貌不凡，一脸官相，再细瞅其手，中指超出食指一寸有余，是一个大贵人。

杨琼庵安将于成龙请回家，让他在自己家中住了3天，并吩咐家人好生伺候，临别时还给了些银两。于成龙感激涕零，跪倒在杨琼庵的面前说：“成龙无以回报，身上仅有一枚图章望您收下，若成龙能考得功名，定不忘您的大恩大德。”

时光飞逝，一晃15年过去了，六镇杨家因涉及一桩要案而受牵连。原因很简单，在杨家住宿的商人一夜之间被人洗劫一空，而杨家一物未少。当时办案的县令认定杨家是内外勾结，系抢劫犯同党，就将杨琼庵的大儿子关进大牢，听候审判。

杨琼庵为打这场官司，从县衙到府衙，一直到省府（安庆），上下花费，几乎倾家荡产，可怜苦苦经营大半辈子积攒的家产，竟在这场官司中化为乌有。杨琼庵老泪纵横，遂向省府高呼：“苍天啊！请还老夫一个公道。”

于成龙功成名就之后，升至两江总督，恰巧来安庆巡查，他发现全椒六镇杨琼庵一案疑点很多。于是于成龙派下属前往六镇，命令速将杨琼庵接到安庆，并让他将图章带来。见物如见人，于成龙见到图章认清杨琼庵后，激动得流下了泪：“杨老先生，你可认识我吗？我就是你当年在祠堂里救出，并给我银两的于成龙啊！”杨琼庵百感交集，意识到自己终于有救了。

在于成龙的过问下，六镇杨家的案子终于水落石出，杨琼庵的长子无罪释放。

杨家的案子已结，杨琼庵急着要回家，于大人却总是找理由加以挽留，派人带着他游山玩水。一晃3个月，老先生终于熬不住了：“于大人，让我回家吧！我每天在这里吃喝玩乐，无所事事，你真的想把老夫给熬死不成？”

于大人见时机已经成熟，就让手下一路护送老先生回六镇。老先生一下轿，便问：“你们是否弄错了，这不是我的家。”来人告知：“这是于大人的心意，他用自己一生的俸禄，为你家盖了5套五进五出的宅第，并送牌匾一幅，上书‘恩泽千秋’4字。”老人好久才回过神，说：“好一个于成龙，难怪你每天总是找理由，不让老夫回来，原来你想给老夫一个惊喜！哈哈哈……”

这一带的“土匪”，大都是杀富济贫，其中大多盘踞在山里，白天在山上，夜晚就开始出动。

于成龙廉洁奉公、两袖清风、爱民如子，一直受到人们的爱戴。江湖人为于大人“知恩必报”的坦诚所感动，从此立下规矩，六镇以北15里设一标牌，以标牌线定为封路口，不论是杀富济贫的好汉，还是偷鸡摸狗之流，一律不得超越此线，还六镇一个安宁。

就这样，封路口成了保护六镇的一个屏障。

（搜集整理：桓　树）

原载《安徽民间故事集成·滁州卷·全椒民间故事》

六镇七十二口井的传说

相传朱元璋一日挥师南下，途经六丈（今六镇），见有凤凰落于此地，便对身旁的军师刘伯温说：“凤凰不落无宝之地，等我平定天下后，一定要定都于此。”

朱元璋定天下后，为确保江山的万代流传，想找一个风水宝地定都，便派军师刘伯温前往六丈办理此事。刘伯温到达六丈后，东南西北观察了一通，认为六丈确实是一块风水宝地，但就是有一蛟龙作恶多端。他拿起宝剑欲斩孽龙，可就是斩不着，孽龙左右折腾，弄得大地颤动，天昏地暗。这条孽龙同刘伯温较上了劲，你向东，我向西，斗了几十个来回，刘伯温干脆挥剑向下，一口气向下戳了七十二下，最后终于将孽龙斩死。后来刘伯温的每一剑，就留下了一口井，传说就是现在的六镇七十二口井。

孽龙已除，刘伯温回去后向朱元璋交差，朱大喜，立即带着左右大臣前往六丈。朱元璋问当地豪绅："北面是什么地方？"答曰："龙、虎二山。""那南面呢？""二狼（郎）口。"朱元璋听后大惊失色，顿感不妙，北有龙虎相争，南有两狼把守，我这头猪（朱）夹在中间不是大难临头吗？

六镇古井

这时，军师刘伯温给朱元璋出了个主意，请朱元璋射箭定都城，箭落何方，都城就定何处。朱元璋张弓搭箭，直向蓝天射去，恰被此时落在六丈的那只凤凰看见了，凤凰快速向天空飞去，抓起朱元璋射向天空的利箭，向南飞去，朱元璋就这样把皇宫建到南京去了。

（搜集整理：王万道）

第五节　古今文荟

六镇号称文化之乡，文化底蕴深厚，文艺创作内容丰富，描绘六镇人文景观、抒发时代情感的杰出作品流传很多。

诗、词、联句

琼花池

北宋　张　璪

此花已去不须嗟，亡国亡家总为他。
父老不知前日事，逢人口口道琼花。

琼花池

元　王都中

六丈老人花满头，一枝流落古扬州。
不知谁是栽花手，直到而今香未收。

三塔寺诗

清　吴国龙

偶过萧关息，悠然爽到秋。
鸟为松子下，我以树香留。
冗底观松简，嚣余觉寺幽。
更欣新雨足，恰称小溪流。

白衣道人行

清　薛时雨①

白衣道人方定国，山居近停桑根[1]侧。
少年读书不应试，菽水承欢[2]颇自得。
红巾往日遮天来，有母被陷心衔哀。
肝肠寸断血泪尽，隻身骨立如枯荄[3]。
梦中恍如金仙旨，自断[4]年时即当死。
死经半日魂归来，吻燥唇焦神萎靡。
据床一跃行如风，陡然身落洪涛中。
饮河但觉满腹快，过涉安知灭顶凶。
家人错愕来寻觅，目以风魔加禁絷。
一身被絷一心清，日夕哀哀呼母急。
自言母死缘饥寒，儿今温饱心何安。
身体发肤不敢毁[5]，清修亦可参旃檀[6]。
邻村旧有招提院[7]，殿宇倾颓重葺缮。
输粟能降檀越[8]心，铸金先证如来面。
钉头木屑时经营，三年辛苦琳宫[9]成。
孤儿未了尘中事，阿母惟祈天上生。

① [清] 薛时雨（1818—1885），字慰农，号澍生，安徽全椒人，家居桑根山，晚年自号桑根老人。咸丰癸丑年（1853）进士，曾任杭州知府，文学家，工诗词，并擅长书法。主讲杭州崇文、江宁尊经、惜阴三书院，著有《藤香馆集》《西湖橹唱》《江舟欸乃》《札记》等。撰《白衣道人行》长诗，原为行书碑刻，嵌于三塔寺壁间，今不存。民国《全椒县志·舆地志·古迹》有记载

皈依一念通天帝，眼见慈亲降云际。
从此灵根植益坚，翻嫌箪豆[10]为身累。
断炊辟谷倏经年，香积厨[11]中久禁烟。
渴饮山泉饥啖果，果然姑射[12]是真仙。
我居同里惊奇特，亲向云房[13]问消息。
字字倾谈出性情，始知畸行由庸德。
作佛成仙未可知，至诚纯孝实堪师。
生平不信赤松子[14]，何幸吾身亲见之。

注释：

[1] 桑根山在县西北25千米，今复兴、三合境内。桑根山下有隐山，即南隐、中隐、北隐，相去各10余里，皆古隐者所居，有泉池石室，早毁。罗洪先题三隐旧址二首，其一为："道隐何人窥圣涯，但传巷里自金华。石存尚类羝羊伏，地僻犹多麦饭家。洞口飞泉春带月，屋前古树晚栖霞。疑君即是前身业，换骨何烦一粒砂。"

[2] 菽水承欢：《礼·檀弓》："啜菽饮水尽其欢，斯谓之孝。"陆游诗有："俗教家家供菽水"之句。

[3] 荄：草木枯茎。

[4] 断：决断，断定。

[5]《论语》："身体发肤受之父母，不敢毁也。"

[6] 旃檀：梵语，檀香。参旃檀：礼佛。

[7] 招提院：寺庙。

[8] 檀越：布施或施主。

[9] 琳宫：仙居道院。

[10] 箪豆：置放食品的圆形苇器。

[11] 香积厨：僧家食品厨。

[12] 姑射：山名，传说仙居处。

[13] 云房：隐士、僧、道住处。

[14] 赤松子：古神话中的仙人，见《汉书·张良传》。

说明：此诗记方定国在太平军兴起时，与母隔绝，寻觅不得，痛跃水中，家人絷之，后乃入三塔寺，辟食啖果。死后，乡人在寺侧范其像科头白袷，持伞一袋，作寻母状。薛诗多褒方定国之孝思，并不崇信仙佛，但某些词句，亦带有封建意识，读者应加鉴别。本专辑录此，为存文史资料而已。

游三塔寺

寺僧散去，白衣道人栖真于此。

清　薛时雨

塔毁寺仍在，佛存僧已逃。
森森女贞树，两两覆疏寮。
院静栖孤鹤，山深啸老鸮。
修真逢道侣，清话息尘嚣。

赏牡丹即景

清　薛时雨

旧雨重逢，喜金带围开，花符人数；
番风展信，正玉壶酒熟，客共春来。

三塔寺题壁诗

民国　汪文弼

宿雨开新霁，琳宫谒梵王。
塔倾寻古瓦，花冷近禅房。
缥缈留仙笔，庄严选佛场。
十年重过此，人逊老松苍。

三塔寺大悲楼题联

民国　王宗沂

登楼发出世遐思，历劫沧桑，会见移桥仍造塔；
循壁觅先人题句，漫天风雨，我来含泪更看花。

赠三塔寺了明和尚联

民国　鲁颂尧

了悟大千世界，明澈三万真言。

游三塔寺题诗

游西乡三塔寺，寺僧出肥东张汝舟教授题诗索句，因次其韵。

汪岳尊

到此豁尘思，凭栏眼界空。
仙源泉自洁，霜野树将红。
往迹泥鸿认，宏观陆象功。
诗人题句在，高咏为三通。

再游三塔寺诗

汪岳尊

揽尽西山兴未阑，竭来萧寺息吟鞍。
壁间诗碣揩尘读，阶下苍松脱帽看。
屡变沧桑无塔瓦，一湾秋涧有渔竿。
白衣不见空怀古，极目高楼独倚阑。
（邑先达薛慰农有白衣道人行诗碣，犹嵌壁间。道人俗姓方名定国）

忆江南

汪岳尊

全椒忆，三塔旧知名。诗碣白衣怀渺渺，古松翠盖影亭亭。游迹熟髫龄。
（三塔寺壁间有桑根老人白衣道人行诗碣，又庭内古松一株，为数百年物）

《十六字令》三首

庚午春三塔寺花诗会友

沈宗奎

其一

花，歌颂春风遍海涯。重稳定，决策兴中华。

其二

花，光照齐开映华夏。大团结，爱国是一家。

其三

花，傲视冰霜天不怕。藐制裁，畅饮一杯茶。

庚午春应邀游三塔寺看牡丹留句

潘禹三

千年古寺貌同前，历劫人间佛自然。
胜日看花花更好，老来喜度夕阳天。

三塔寺看牡丹

庚午暮春下浣，县委统战部召宴于三塔寺看牡丹，即席并书。

汪岳尊

报到春光满上清，轻车卌里出山城。
偶寻花事疑耽酒，未负儒冠许爱憎。
尘劫难忘倾国戒，天香合为应时生。
高吟重谱清平调，惆怅青莲不可听。

又题联

频来萧寺寻题壁，又及春风许看花。

赠觉慧法师联

觉路早甘青菜饭，慧心能诵白衣诗。

五律一首

庚午春三塔寺牡丹盛开，胡公集诸同好饮赏其下，不能无作，成五律一首并书。

边正方

三塔牡丹好，春来发异香。
浓艳疑魏紫，素澹似姚黄。
政简天心顺，年丰人意长。
因之成雅集，何须到洛阳。

题联并书

三千来舍卫，五百会祇园。

牡丹文会、长句记事

庚午暮春，应县委统战部之邀，共城内诗词书画界诸公，同赴三塔寺，参与牡丹文会，长句记事。

陈葆经

移桥还塔谈何易，古寺翻新殿宇重。
妙手文章怀老辈，归心政策及禅宗。
名花争吐三春艳，胜日优游一笑逢。
矧值倾城沂共浴，敢辞作辍且扶筇。

题　联

卢鸿儒

其一

余画梅花为赠品，寺以牡丹作诗材。

其二

寺院迎春绿，牡丹向日红。

其三

牡丹一品尚百岁，天竺多寿有千年。

又参观大雄宝殿，题联

一

天地容我笑，自然助尔娱。

二

知足心常乐，无私品更高。

三塔寺文会、赋诗一首

庚午暮春三月，应邀参加三塔寺文会，茶兴之余，试笔赋诗一首，以志此行。

张炳武

三月春风苏大地，驱车寻胜三塔寺；
喜看禾青菜花黄，农村处处呈生气。
僧门列座多非佛，庭院花开并色香；
品茗畅谈真尽兴，挥毫泼墨谱新章。

三塔寺赏牡丹

庚午三月，应邀三塔寺赏牡丹即席赋诗一首

王福伟

大悲楼前赏牡丹，春来盛开似红装。
国色天香当无愧，引得诗人咏花王。

题牡丹

王稼宗

请看牡丹花，何殊富贵家。
花开人竞赏，花落自空嗟。

七绝三首

宋长茂

翠滴春山又几重，板桥流水响淙淙。
风传山寺钟声晚，极目云天夕照红。

文坛雅士集丛林，谈笑风生论古今。
为赏名花争命笔，同歌盛世建文明。

占尽群芳第一花，天香丽质绮年华；
象征国运升平日，改革春风暖万家。

牡丹文会诗一首

应邀参加各界人士牡丹文会，作诗一首。

胡廉风

庚午暮春日，牡丹花盛开。
畅游三塔寺，笑迎仙子来。

三塔寺观花诗一首

诸老聚会三塔寺，观花品茗、赋诗作画，雅兴无前。我写小诗一首，以示祝贺。

於立德

一堂聚会画书诗，佛有灵光花有知。
佛佑诸公增福寿，花随人意发新枝。
百岁牡丹百岁人，百岁人吟牡丹魂。
国色天香堪拔俗，诸公品望自超尘。

游三塔寺观化抒怀一首

吴宏斌

阳春三月，牡丹盛开，诗文会友，有幸随行，抒怀一首，聊表心意。

山寺名流会一堂，挥毫泼墨赞花王。
歌吟盛世同声气，团结花开万里香。

三塔寺牡丹文会有感

九十年代第一春，随行参观三塔寺牡丹文会有感，作诗一首。

李　萍

春风容物艳阳天，纳客蓬门信有缘。
笔下生花开绝妙，白头青鬓两怡然。

三塔寺牡丹文会有感

庚午春三月，各界人士于三塔寺赏名花、开文会，观感留句。

许业民

佳宾聚古寺，谈论古今事。

畅吟牡丹诗，书画展新意。

七绝　咏三塔寺牡丹

秦德著

本应宫阙作花王，萧寺如何发异香？
只要红妆天下艳，何须生处在何方！

九华山百岁宫住持慧庆赠觉慧法师联

一

觉者住持弘扬三宝，慧能法藏功德庄严。

二

觉能修圣道，慧可为人师。

滁州琅琊寺全体僧伽贺联

觉悟真空一尘不染，慧光满照同证菩提。

游凤凰墩二首

范茂礼

一

凤凰墩上凤凰游，凤去墩空树木稠。
南征北战起义军，夫唱妇随马皇后。
安营扎寨占卜龟，择地忌讳二郎口。
横扫千军如卷席，日月同辉照神州。

二

紫金山脉松柏苍，烟波浩渺锁大江。
有备无患高筑墙，深挖邃洞广积粮。
史记火烧独角楼，神化权力便猖狂。
怀疑一切兴恶浪，十年浩劫国遭殃。

散文、杂文选

佛教名刹三塔寺

秦德著

佛教名刹三塔寺位于全椒县城西18公里处的六镇镇境内，始建于隋大业年间（605—618），原寺名已无考证；北宋大观元年（1107），寺前增建3座宝塔，遂定名为三塔寺；明洪武年间（1368—1398），太祖朱元璋因谒泗、凤两陵，拆三塔以修建毛坦桥（今南京浦口区境内），自此无塔。明天启年间（1621—1627）重新修缮；据传清朝增塑五殿阎罗十八层地狱，以警世劝善，教化世人；民国15年（1926），住持僧了明四处化缘，将三塔寺修葺一新，在该寺二进东侧增建“大悲楼”；中华人民共和国成立后，该寺曾改办农业职中，后又改作粮站。1981年6月10日，三塔寺被全椒县人民政府定为县级重点文物保护单位，1986年又被省政府确定为省级重点保护寺观。此后，由省、县宗教部门拨款重修，先后聘觉慧、昌定、惟慈大师住持该寺。

三塔寺占地近6000平方米，是全县规模最大、佛像最多的大寺。白色围墙，青瓦覆顶，高大、壮观的门楼上方镶嵌着著名书法家秦锦章亲笔题写的寺名。穿越宽阔的寺门来到寺内，只见殿前有一巨大香炉，香烟缭绕，绵绵不绝。寺有五进，每进3间，僧房12间；2008年又兴建了建筑面积540平方米的圆通宝殿和20间寮房。佛殿雕梁画栋，秀闼飞甍，曲径回廊，相互勾连，其内供奉四大金刚、如来佛祖、观音大士、十八罗汉等众多菩萨，其中两尊玉佛为缅甸寺僧所赠，弥足珍贵。院中古遗牡丹，姚黄魏紫，雍容华贵；几株芍药竞相开放，争奇斗艳；尤其是那棵千年黄杨，为建寺时所植，历尽沧桑，至2002年枯萎时已历1380余年，曾与百年牡丹并称三塔寺两绝。

三塔寺历来为文人墨客游览聚会之所，文人们或赏花观景，寄情风月；或泼墨挥毫，吟诗作画。虽明代及以前诗画已佚，但清代吴国龙、薛时雨、吴山尊及民国时的王宗沂、汪文弼、鲁颂尧、张汝舟等名士的墨宝至今犹存。

1987年元月，三塔寺佛像开光后，正式对外开放，自此香客不断。每年农历正月十五为三塔寺庙会日，届时苏浙沪等地皆有专车前往，各路游客从四面八方纷纷汇聚于此，其中不乏外地居士及名僧大师。香客如云，摩肩接踵，善男信女们虔诚焚香，顶礼膜拜，祈求佛祖恩泽遍施，佛光普照。每逢会期，商贾云集，商贸异常活跃，伴以钟磬齐鸣，木鱼声声，一片繁荣鼎盛之景象。

三塔寺琐记

刘季光

正月十五，三塔寺庙会。我们全家都上三塔寺。可是天气阴沉，春寒料峭。为了错开游人高峰，我们于10点多包一辆面的去。心想游人会减少，便于我们游玩。其实，车过小集，路中车辆拥挤，两旁游人如织。来到坂桥，离三塔寺还有两里地，车子就不能动了，我们只得下车步行。

到达三塔寺山门前，看见东侧竖立着一块牌子“三塔寺简介”。我驻足良久，很快陷入往事的回忆之中：

我年逾古稀，老家六镇。小时候常随家人亲友去三塔寺玩。给我印象最深的一次，是我上小学四年级的时候。一天午饭后，我和十多位同学上三塔寺。到了那里，我们只顾玩，把上课的时间忘了，待发觉时迟了。大家面面相觑，都意识到这一次难逃老师的批评。怎么办？一位同学情急智生，提议大家都来抽签，求神保佑。于是十多位同学站成一排，像蜡烛签一样跪在菩萨面前，磕头祈求，结果抽了个上上签，意思是平安无事。大家怀着忐忑不安的心情回到了学校，恰好老师在家有事，也迟到了，未予追究。我们暗地心花怒放，心里默念着：“阿弥陀佛。”对此，我不认为是什么神的保佑，而是两相巧合。现在忆起，颇感有趣。

三塔寺始建于隋大业年间，算起来至今已有1400多年了。原来五进到后，头进是二郎神杨戬，两旁是哼哈二将，二进是四大金刚，三进是3座大佛，两旁是十八罗汉。至于四进、五进记不清了。因为那里有黑老爷、白老爷，还有什么阴曹地府，这个鬼，那个怪，恶相难看，阴森可怕。我人小胆怯，少去那里。三塔寺菩萨很多，我和小伙伴曾分工数过，也没数过来。我的大半生游览过多少寺庙，像三塔寺有这样多的菩萨，未见过。二进东首是大悲楼，两层，每次去三塔寺玩，少不了登临其上，或远眺吴天楚地，或俯视楼下国色天香的牡丹，赏心悦目，怡然自得。寺东侧有一园林，园中竹木繁多，枝叶茂密，上有莺歌燕舞、神鹤栖息，也是我们游玩的好去处。三塔寺景色优美，菩萨不计其数，香火千年不绝。每年正月初十以后，游人接踵而至，十五达到了高潮。三塔寺名闻遐迩，曾被誉为“江北第一寺”和“皖东佛教圣地”。

千年古刹三塔寺还有许多美丽的传说，给佛寺披上了层层神秘的面纱。听说每一进都有一个动人的故事，譬如，二郎神杨戬是怎么当上把门神的？三进

3座大佛都有名有姓，是怎么走到一起来的？都有个来龙去脉。乡人范老先生瓦工出身，能说会道，且有佛学悟性。说起寺内佛像如数家珍，不仅熟知其名，而且能把它们编串在一起，由头进说到五进，娓娓道来，听者无不动容，甚至入了迷。我当时年幼，未能聆听其说，甚感遗憾。如今这位老人早已驾鹤西去，从此，听不到这些故事了，深表惋惜。

在六镇这一带，有关三塔寺的俗语不少，说起来也颇有意味。六镇与小集相距7里，三塔居其间，西离六镇3里，东离小集4里。但凡说到“七”，乡人往往不直呼其数，却大声说：“六镇到小集——三塔四（谐音）。”这么一说，强化了听者对数的注意和记忆。在猜拳行令或牌九的场合，与场面气氛能更加浓烈。

三塔寺这座千年古刹的生存与发展不是一帆风顺，而是伴随着佛教的兴衰一路坎坷。在隋朝之前，佛教已由印度传入我国，一时风靡神州，全国各地相继建成许多庙宇。在我们六镇这个小地方，与三塔寺同时建成的还有六镇东道的安和宫和西首的琼花庵。到了唐代，佛教更加兴旺。无论是玄奘西行取经的传奇故事，还是吴承恩撰著的《西游记》，千百年来都家喻户晓，妇孺皆知。

当历史车轮进入1926年以后，住持僧了明四方化缘，将庙宇修葺一新，香火更旺，建成大悲楼，给三塔寺平添了一道亮丽的景点。可是好景不长，国民党新桂系军队某部要拆寺筑堡，三塔寺面临灭顶之灾。在这生死存亡的关键时刻，住持僧了明大义凛然，与之抗争，并千方百计做通了信佛主官的工作，三塔寺才幸免于难。今人还能够领略宝寺风光，受到佛的洗礼，怎能不由衷地感激住持僧了明。

我小时候见过住持僧了明，印象中这位僧老身材修长，体态清瘦，生活清寒，劳作勤苦。我每次去三塔寺玩，见不到地面上有一片纸屑，见不到佛像和神龛上一点灰尘，楼上桌椅佛经什么的整理得井井有条。身临其境，确有超凡脱俗身心净化之感。1948年秋，三塔寺被全椒县农职初级中学占用。这时我到县城读初中去了，住持僧了明是圆寂了还是离寺云游了我不得知，后来我没见到过，也未听人说过。眼前这份“三塔寺简介”对住持僧了明做了褒扬，是应该的。可是着墨不多，言词不显，又无一件文物让后人怀念，不胜惆怅。

住持僧了明将庙宇修复之后，要在寺的门面墙上书写“三塔禅寺”和“南无阿弥陀佛”10个大字。先父是教书先生，写得一手好字，当然被请。由于字大不好写，先父感到棘手。我二哥刘子善闻之，毛遂自荐，对先父说“我来写”。他先在纸上写个初稿，让住持僧了明过目。僧拍手叫好，于是邀请二哥到庙上写。“三塔禅寺”4个字写在墙的上方，不算太大，那“南无阿弥陀佛”6个字写在墙的中下方，可真大呀，一个字有1米多高，2米宽。哪里能找到这如椽狼毫呢？二哥灵机一动，说“有了”。就用棉花攥成团，握在手里当毛笔写。因为字大，要站在板凳上写。要写好这10个字，难矣！初生牛犊不怕虎，二哥没被困难吓倒，对写好字早已成竹在胸。他大着胆子，挥毫泼墨，一气呵成，端庄雄浑，苍劲有力。来往路人老远就望见这显目的10个大字，无不交口称赞。可见，二哥成为当代书法大家不是一日之功，在他那闪闪发光的青年时代已显端倪。

解放初期，新生的人民政权日理万机，对名胜古迹的保护未引起重视。三塔寺房产被粮食部门占用。拆毁的菩萨竟把寺后的坑坑洼洼全填满了，垒成个小山丘。三塔寺彻底地被破坏了。乡人见之，无不扼腕叹息。当时我家搬到乡下，种了田。我辍学在家，当上了牛倌。我们村离三塔寺不远，我经常约三五牛倌到三塔寺后去放牛，一放就是大半天。找呀，找呀，想找到我心爱的菩萨，哪怕是一手一足也是好的。找到的却是一堆堆泥土，一声声叹息……后来虽然颁布了宪法和有关法令，明文规定宗教信仰自由，保护名胜和文物，但是条文写在纸上，迟迟得不到贯彻落实。三塔寺名存实亡，一亡就是30年，断了香客，断了香火，真令人痛心疾首！直到1978年，党的十一届三中全会胜利召开，改革开放的大潮涌起，三塔寺跟祖国各项事业一样，获得了新生。1981年县政府公布三塔寺为重点文物保护单位，1986年该寺又被省政府列为省级寺观，粮站迁出，修复庙宇，重塑佛像，于1986年对外开放。

自1986年始，每逢庙会，我都乘兴而来，寻找童年的梦，寻找童年的足迹。三塔寺年年都有新的变化，我看在眼里，喜在心里。所以每次来都有新的感受，与他人不同的特殊感受，一种久别重逢失而复得的感受。

岁岁元宵，今天元宵，人来车往笑语高。今天，我又来了。从头进看到六进，佛像不少，个个浓妆重彩，精神毕至，栩栩如生，虽然与过去塑的不尽相同，但是基本上恢复了寺的风貌。特别是第六进圆通宝殿造型奇伟，气势恢宏，是三塔寺一大景观。友人赞赏道“可与琅琊大王殿媲美”。

站在这佛的世界里，我看到了圆通宝殿巍然屹立，看到了香烟缭绕下的善男信女顶礼膜拜；听到了鞭炮声噼噼啪啪，听到了钟鼓声轰隆隆，我笑了，笑得那么舒坦，笑得那么开心。

说句心里话，我还想看到比较空寂的圆通宝殿得到进一步充实，还想看到对三塔寺做出过历史贡献的住持僧了明的传世文物，我更想看到在佛光照耀下的三座宝塔。我不认为这是空想，难以实现，因为这是有历史记载的，应当尽力恢复原来面貌。

我相信会有一天，佛光闪闪的3座宝塔会展现在游人面前。

我相信在我有生之年，会有幸一睹3座宝塔的风采，甚至在宝塔下留影，作永生永世的留念。

我走了，捧着一颗虔诚之心、喜悦之心、希望之心走了。我要向三塔寺道声“再见!”说上两句真切的感受：“高兴而来，满意而去。”

父亲的遗稿

王留余

我的父亲活到74岁，于1975年底病逝，临终没有留下什么遗言。2002年春，我回老家滁城给他和在他之后亡故的母亲扫墓时，在弟弟家的书房里意外发现他于1965年春拟就的题为《七七事变举家流亡回忆》的文稿。由于父亲幼时只读过几年私塾，文稿的结构和文字难免存在不足之处，但所忆之事皆其亲身所历亲眼所见，是弥足珍贵的史料。因此，我便将文稿从弟弟处带回明光，趁刚退休赋闲在家，花费一段时日做了仔细修改，改毕打印3份，一份给弟弟，一份给曾随祖父流亡，现居贵阳的姐姐，一份自己留存。通过修改文稿，我体悟出父亲在人生暮年写此文稿是要告诫我们勿忘国耻家仇，这也就是他要留下的遗言。在近来日本右翼势力鼓吹购买钓鱼岛将其国有化的喧嚣声中，我又一次捧读文稿，静静聆听父亲沉痛的倾诉。我觉得，还应把父亲在文稿中所忆之事告诉年轻一辈人，故将其作如下简要复述。

我的父亲生长于滁城，系小商人，凭生意收入维持众口之家的生活。七七事变爆发时，父亲不满35岁。自1931年日军发动“九一八事变”侵占东北以来，父亲对其烧杀奸淫、灭绝人性的暴行就有所闻，1937年秋，日军侵占南京后，父亲更是常常耳听警报鸣响、目睹日机袭扰，考虑到滁宁相距很近，滁县很快也将被侵占，于是，是年冬月十一即滁城沦陷的前7天，父亲带领我的母亲（33岁）、姐姐（9岁）、祖父（73岁）、祖母（70岁）、长居娘家的大姑（41岁）及其子女（10岁、18岁），还有伯兄（9岁）等，开始踏上了艰难的流亡之路。

祖父遇难全椒小集

父亲先是通过曾教过多年私塾的祖父的关系，带领一家老小，去滁县南部山里躲避，但时日不长，遭寇扰匪袭备受惊骇，又于腊月初二晚人分两支另择逃路。父亲与母亲一行6人跟随葛染匠等滁城难胞70余人，经过紧张夜行日奔，于次日下午到达全椒古河。不久，大姑带儿子也赶到古河会合。腊月中旬，一家人在父亲带领下逃往柘皋，在一个叫东韩的村庄住下，并在那里度过1938年的春节。正月十六从同乡人口中得知祖母带伯兄已到全椒程家市正急于寻见父亲，父亲于正月十七凌晨动身，当天中午赶到那里，听到祖母关于祖父被土匪绑吊、搜掳钱物和在全椒小集附近走散的哭诉。将祖母、伯兄做了安顿后，父亲于正月十八急奔小集打听祖父下落。赶到小集找到知情的蒋家。据蒋老太说，正月十三夜，路上逃难人起哄，祖父与祖母走散，后随一熟人来到蒋家，打算休息两天再走，未料正月十五那天来了日本鬼子，蒋家两位老人带祖父躲在田坂下面，都被日本鬼子开枪打死了，祖父被软埋在南边荒野。因来小集前在六镇杨家饭店吃中饭时，已从店主杨官义口中得知店旁张家有棺材卖，父亲便含悲忍泪赶回六镇。在张兴有老人处，父亲说要买棺材但身上未带钱，表示脱衣服暂时抵押，两三天内一定送钱来。老人却大气地说："衣服不要脱，钱也不要送，留着你们逃难用，还钱以后再说。"不仅如此，他与杨官义又找两人，抬棺扛锹，随父亲前往小集，从土中起出祖父尸体装棺复葬。复葬毕，已是傍晚时分，小集附近又有人乱哄哄奔逃。张兴有老人带父亲到偏僻处人家食宿，天明又让其大儿抄近路送父亲踏上返回柘皋之路。这令父亲深为感动，真是：难中葬父遇好人，慷慨相助情意深。（9年之后，父亲邀张、杨来滁，重付材钱，赠送礼物，以感大恩。）父亲返回柘皋后，全家人为祖父的惨死痛哭不已。因悲恨交加，奔波劳累，父亲终在二月里病倒，万幸祖父老友徐桂柏先生也逃亡到柘皋，多次亲往诊视，病方见好。

合九路上频历艰险

三月初，柘皋也待不下去了，父亲便带一家人从柘皋逃往合肥。三月下旬，合肥又起慌乱。一天，听见日军的枪炮声，在万分混乱、异常惊恐中仓促逃离。都才10岁的姐姐和伯兄及也才11岁由人带到合肥来跟父亲逃亡的堂兄，竟结伴先跑出城，跑到往六安、舒城岔路口时被逃亡人群挤在路旁，哭喊着找父亲，父亲也急着找他们，所幸很快相见。一家人合拢后，沿着公路向舒城方向逃亡。表叔、表婶带着与姐姐年岁相仿的表姐、表哥同行，表婶迫不得已将未满月的小表姐丢弃路旁。在行至舒城县境沟二口时，国民党军队抓差去抬死去的伤兵，父亲把所背包袱放下即去抬，还挨了打。最后，在舒城南港租姓王的人家房子住下。住了约一个月，由于合肥沦陷，逃亡人和过路国民党军队增多，南港也不安宁了，又于四月下旬离开南港继续逃亡。行至桐城县境时，大姑误把桐油当作素油摊饼吃，引起一家人途中呕吐，正翻肠倒胃时，突来日机低空侦察，百余逃难者立即隐蔽到附近树林里。日机飞走后，一家人又强忍呕吐的痛苦往前行走。正急走着，在路旁布防的川军突然鸣枪，并紧急喊叫："鬼子来了，老百姓快跑！"一家老小9人顿时惊慌失色，泣不成声，以为性命难保，不愿分散隐蔽，要逃就一块逃，宁可死在一起，一时不顾丢包弃物，仓皇奔逃，其情至惨。但结果并无异常情况，枉受一场虚惊。想不到这个部队竟是这样执行任务，贻害百姓不浅！在往潜山、太湖、宿松、黄梅行进途中，天常下雨，因没带雨具，衣服、被子淋湿后愈背愈重。为了轻装，就把棉絮从被子里掏出来全部扔光，又丢掉不少衣服。要丢姐姐的衣服，她用小手捺住，哭着不让丢，只好把她的衣服打成一个小包袱让她背着走。由于阴雨，有些路段坑坑洼洼，烂泥沾脚，行走艰难，有时还夜间赶路，累得腿疼脚肿。其时，公路附近的人也逃光，什么吃食也买不到，常常忍饥挨饿。可能是出于军事需要，沿公路的桥梁多被国民党军队破坏，这给逃难的百姓增加了困难。父亲带着一家人绕道摸水、抢渡过河，多次遭遇危险。父亲还目睹了逃难者的种种惨状，有因摸水抢渡淹死、受伤的，有被日机扫射中弹伤亡的，有昏倒于途或露尸路旁的，还有妇孺痛不欲生投水自尽的。五月中旬，一家人终由湖北黄梅县孔垅小池口进入江西九江。

越逃越远终达湘西

父亲带一家人在九江以难民所休息5天后，即乘轮船去汉口。在码头上船时，祖母被挤下跳板，衣履尽湿，幸及时获救，才免于难。到达汉口后，在难民所住食。日机常来轰炸扫射，父亲亲眼看见人被炸死炸伤。由于天气渐热，卫生条件差，姐姐突然生病，高烧41度，不省人事，父母立即把她背去求医，经打针服药，方脱险转轻而渐愈。六月初武汉外围紧张，父亲赶紧买了轮船票，带一家人乘坐江靖轮，由长江进入洞庭湖，再由洞庭湖进入湘江去长沙，于中旬抵达。老实巴交从未出过远门的母亲，在轮船上持船票去取客饭时，饭未取到手反被烫，后经父亲交涉，饭得以补领。母亲在长沙下轮船后走在街上时，因天已晚人混乱而与家里人走散，在人地生疏的街边苦苦坐等了一夜，次日天明父亲才找到她。父亲更难忘在湖南省救济处申请登记的情景。此救济处门里贴着关于救济处条例的布告，上面明明有办理难民登记，安排住食、给养等项规定，但相关人员却说不办理难民登记了。父亲在滁县同乡和皖、苏籍难民们的支持下，上前据理力争，经过戒备森严的两道岗哨和严格的传达程序，见到了姓龙的总干事，向其做了要求登记的陈述，终得到准予登记的答复。于是连夜登记造册。父亲也因此被推选为临时难民代表（无任何待遇）。登记的难民共有300余人，被安排在陈家祠堂和真君殿两处难民所。睡的是地铺，吃的是大锅饭，是在陈家祠堂集中起伙，饭菜虽简单，但能保证三餐按时，热饭热菜。当时流传的童谣是："早冬瓜，晚冬瓜，吃了冬瓜就回家。"这既反映了伙食状况，也表达了思乡之情。难民所难民持续增加，最多时达600多人。八月里伙食停办，给养分发到户。不久，这两处给民所改编为湖南省救济难民第三十三收容所。九月，全面进行难民疏散工作。三十三收容所经批准疏散至湘西乾城，383人编成一个大队，下设中队和小队。父亲任一个中队的队长，负责上下联络。这支队伍，外地人少，滁县人多。出发前，每户预领一个月的给养。离开长沙的当晚，在距长沙20华里的二十里铺，回望长沙上空一片熊熊火光，仿佛听到日军的枪炮声。鉴此情况，大队领导决定抓紧时间加速前进，尽快赶到洞庭湖西部的常德县，然后再放慢速度。于是，在川湘公路上演绎了一场不同寻常的"长征"。这近400人的队伍，虽都是普通百姓，且有老有小，但在避难保命的共同愿望驱使和激励下，互帮互助，不畏艰难，奋力前行。终经50余日，徒步行走千余里，于腊月里到达湘西乾城县首镇所里（即今吉首市所在地，怀化市与张家界市之间）。

初到所里，没有住处，一家人就住在离所里1公里的金刚洞尼姑庵里。睡地铺，缺棉衣，已届年关，一无所有，看见当地人家欢欢喜喜忙着过春节，不由产生流亡人有家归不得的伤感。除夕那天，祖母痛哭流涕，姐姐、表姐、表兄、伯兄、堂兄也哭，全家人都悲痛不已。老尼姑听见哭声很不高兴，不准啼哭。这就是在湘西度过的1939年的春节。正月，即到所里街上租房居住。由于日军攻占常德后未再西进，所里很安宁，故一直在此躲避到抗战胜利。

在所里避难期间，为维持九口之家的生活，父亲曾与同乡合伙露天打烧饼卖，曾从事手工卷烟摆摊销售，还曾与同乡数人合股做贩运卷烟原料和纸烟生意，因所入股金很少，为多得一份酬劳而兼采购。父亲出差采购乘坐汽车、民船，所经路途山高水急，曾5次遭遇危险，侥幸死里逃生。如1942年夏由辰溪乘船到卢溪，天刚见亮，船正行在浦市附近，突起大雾，船触礁即呈倾斜状，父亲紧紧抱住桅杆，船家大声疾呼，喊来不少人下水救援，方转危为安。

在所里避难期间，家中成员身上不断有伤恼愁烦之事发生。1942年10月大姑的儿子兰山刚入第五简易师范就读不久即患肠胃病，屡经中西医治疗无效，不幸于腊月二十四去世，年仅15岁，全家非常悲痛，大姑更为伤心。也是这一年，在乾城读初中时年14岁的姐姐患罕见的疥疮，浑身脓包，几无完肤，沾在衣被上就凝成疙疤，每天脱落的疮痂成捧，受折磨达4个多月之久，经勤洗、搽药方渐愈。1943年春，1岁多的我生病，经中西医诊治不见大效，幸寻访到商学院（由外地迁来）兼职义务行医的张辑彦老师，他仔细切脉，对症处方，并登门探视，我的病才很快见好。

1945年8月15日，日本宣布无条件投降。流亡所里难民欣喜若狂，并纷纷返乡。因等待姐姐、伯兄、堂兄读完高一和返皖学校分配，父亲带一家老小于次年春，在遣返部门的安排下，踏上返乡旅程，于5月底回到阔别10年的滁城。

我想，听了我的复述，年轻一辈便会对国土沦丧、国人流亡的那段屈辱历史有一个具体、真切的了解，也会对当今日本右翼势力上演购岛闹剧，将本属吾之领土“国有化”的行径无比愤慨，并绝不能容忍。

寒门子杨福来　用残缺的手推开了大学门

桓　树

2003年，又是荷花盛开时，这个时节对每位参加高考的学子而言，也许都是值得怀念、值得记忆、值得欢庆的……

六镇镇六镇村团结村民组杨庆海的儿子杨福来考取了武汉理工大学。小村庄一下子炸了锅，左邻右舍都在议论着：考上大学并没有什么了不起，考上重点大学也不稀奇，可杨福来考上重点大学就显得十分不容易了。

苦难家庭铸就了父亲坚硬的臂膀

团结村民组经济条件相对落后，底子薄，所有农田都在离村几里路远的养马岗，土质差，且皆为高塝田，过去每年庄稼都靠提水，逢干旱年景几乎绝收。

杨庆海的一生是多灾多难的。饥饿的年代里，父母相继去世，12岁的他跟着双目失明的奶奶艰难度日。两间土墙茅草屋，东倒西歪，仅20平方米。冬天冷，夏天热，仅一门一窗而已。20岁时奶奶又撒手西去。成了孤儿的杨庆海，用钱靠借，吃饭靠救济，谁家的姑娘能看上他呢？到了32岁时他仍光棍一个。1981年邻村的祝业翠丈夫因病去世，在村邻们的撮合下，杨庆海同祝业翠就在这两间土墙屋里成了家。祝业翠右腿残疾，耳朵又聋，走起路来一瘸一拐。成了家的杨庆海终于享受了家的温暖，拎灰桶、扛包，脏活、重活，只要能挣钱的活，他都抢着干。两年后儿子福来和女儿福萍就在这20平方米的土墙屋面降临到这个世界。从此后，一家四口相依为命。

灾难再次降临

天有不测风云，1994年春节，大雪纷飞。年初一，接二连三的鞭炮声，带来了一年一度的节日气氛。小伙伴们起得很早，穿着新衣服，沉浸在无比兴奋之中，12岁的小福来也在其中。谁家鞭炮响了，孩子们都围了上去，争着抢没有放响的爆竹。小福来最先抢得了一个二脚踢，“轰”的一声，小福来抱着鲜血直淋的右手，在雪地里打着滚。小福来的拇指和食指被炸落了。十指连心，小福来就是杨庆海的心，拿着孩子炸落在雪地里的两根手指，杨庆海几乎晕倒。借钱、找车到了马鞍山的医院。

在马鞍山，医生告诉杨庆海，由于火药的炸伤，接指已无能为力。杨庆海夫妇的泪水不断，心里像堵着一团棉花，痛苦万分，小福来从此变成了残疾人。

打那以后，小福来像变了一个人似的，往日的欢歌笑语不见了，留下的只是痛楚。小福来看着失去的拇指和食指，一下子“呜”地哭了。“我怎样写字？我怎么上学？”

穷人的孩子早当家

在农村，父母亲在地里干活归来得都很晚。家里只剩下福来和妹妹福萍，白天两个孩子蹦蹦跳跳一晃就过去了，可到晚上，兄妹俩总是在家门口不停地张望着。福来抱着妹妹福萍，一遍一遍地讲着故事。寒冷的冬夜，兄妹俩打着哆嗦，有时哭干了嗓子。

杨庆海天生犟脾气，别人有的他就要有，别人盖新房他也要盖新房。没钱买砖就自己掼，自己烧。中午12点了，还不见父母回来，福来就学着大人的模样淘米、洗菜，还用刀切了一点咸鸭放在饭锅上蒸。杨庆海回来闻着香喷喷的饭菜，看着年仅8岁的儿子，杨庆海的眼睛湿润了。

小福来失去拇指和食指，写起字来就十分费力，左手不听使唤，右手少两个指头。老师布置作业，他不能用手去写，于是他扔掉了笔，撕破了作业本，跑到离家一里多路的大塘边，放声痛哭，那哭声久久回荡，让人揪心。“努力学习，长大以后要有出息”，父亲的话始终在耳边回响。他又跑回来，咬着牙，用拇指仅剩的一个骨节和中指夹着笔，一笔一画地写着、练着。一遍又一遍，笔掉了拿起来，再掉了再拿起来……字写歪了，重来，再写歪了再重来……半年以后，他的字同以前没什么两样，只不过速度相对慢了一点。

妹妹挥泪让哥哥上高中

2000年，兄妹俩同时考上了高中。杨福来考取了全椒中学，妹妹福萍考取了三圣中学。兄妹俩同时考上了高中，对一般家庭来讲是值得庆贺的。而凭杨庆海的家庭情况，只能勉强供养一个孩子上学，让儿子念对不起女儿，让女儿念对不起儿子。这恰恰是杨庆海夫妇为之犯愁而整夜不能入眠的一件大事。

一天晚上，福萍哭着对哥哥说：“哥，我不想念了，在家学个手艺好挣钱，为父母分担一些辛苦，你看行吗？”小福来坚定地说：“不行，家庭困难我知道，该退学的是我而不是你！”福萍说：“爸妈起早贪黑地挣钱，妈妈又是个残疾人，你的成绩好，你是全家的希望，你一定要念书，给自己找条出路。”在门外听到了对话的父母，一下子冲了进去，将两个孩子揽在怀里，一家四口放声大哭。

9月1日，妹妹福萍到县城玩具厂打工，挣钱为哥哥、为家庭尽着自己的孝心。福来到全椒中学上学，追寻着他的大学梦。

永远是穷人家的孩子

在全椒中学考取试点班，可获得60元的奖学金。小福来心想，我拿什么来报答父母和妹妹呢？只有靠拿取奖学金，才能减轻家庭的负担，才能为父母分担忧愁。暑假期间，小福来白天帮父母干活，夜里挑灯夜战。在第一次统考中，他以优异的成绩进了试点班，如愿以偿地获得了60元的奖学金。

上了高中，生活费用自然就增长了许多，杨庆海每天都在心中提醒着自己，“儿子这个星期要回家取钱”。但过一个星期、两个星期，一个多月了，都不见儿子回来，杨庆海只好到县城找儿子。小福来告诉父亲："你给的120元钱我还剩60元，还能用上一个月呢。"杨庆海听了儿子话，觉得儿子懂事多了，尽管特别难过，但心却是热的。

有个星期天，福来从县城赶回家，天上乌云翻滚，一场暴雨即将来临。残疾的母亲也加入了搬运工的队伍。福来一眼就看到母亲的身影，那一瘸一拐的动作，仿佛一把利剑刺向了福来的心。他猛地向前，一把抱着妈妈，跪倒在地上："妈，我们回家，儿子不希望你这样挣钱，不就5块钱吗？儿子会挣的，挣大钱的。"

今年夏天天气特别热，父亲决定买一台电风扇享受。杨福来一直不愿意。他对父亲说："夏天一晃就过去了，不如我们打一口井，这样可解决您每天跑几百米挑水的问题，这种享受是长久的。"父亲也就采纳了他的意见。

福来要去学校报到了，杨庆海又犯愁了。他花了20多天的时间才从亲戚朋友处东挪西凑借了几千元。杨庆海执意要送儿子到武汉。他认为，儿子今年虽20岁，但从未出过全椒，万一有什么闪失怎么办？福来说："我识字，比您方便，你也同我一样，除了上过县城，一处没有去过，你不放心我去上学，我更不放心您回来，我一个人去，还能省掉二三百元的费用呢。"儿子去上学的那个晚上，杨庆海一家几乎没有合眼，非常担心。第二天早晨，邻居告诉说，"你儿子来电话了，他已经到了学校。"杨庆海一家心中的石头才落了下来。

在杨福来的心里，珍藏着父亲和母亲以及妹妹的许多故事，尽管那些故事都很琐碎，但福来却深深铭刻在心上。他说："在我二十年的人生旅途中，父母亲和妹妹不仅给了我爱，还给了我毅力的翅膀，我走每一步，都凝聚着他们辛勤的汗水，他们不仅鼓励我学习，还教会了我做人，教会了我正视生活。为了我，家里欠了不少债，他们吃尽了常人难以想象的苦，可他们从不叹息一声，默默地凭着毅力和钢铁般的脊梁支撑着家，也支撑着我的学业。"

笔者问杨庆海："福来上了大学，如他想继续深造呢？你们该怎么办？"妹妹插嘴说："我现在能挣钱了，他上学，我打工，我一定能帮助哥哥完成学业！"

杨福来同学用坚强的毅力，在大学学完了两个专业的课程，毕业后被某公司聘用，现在他常驻尼泊尔和孟加拉国从事后勤工作，年薪几十万元，彻底改变了家庭面貌。

凤凰墩的故事

范茂礼

在全椒县小集乡六镇街道南边，有一口约百亩的水塘。水塘中央有一座墩，高约5米，土墩面积约有半亩多。土墩上树木翠竹，郁郁葱葱，苍翠欲滴。从远处眺望，仿佛一颗硕大的绿色翡翠镶嵌在碧波荡漾的水中央。古时候，这座土墩上有一棵千年巨柏，所以这口塘名曰柏树塘。后因一只凤凰飞落在这里，所以这座土墩被易名为凤凰墩。

话说元朝末年，哀鸿遍野，民不聊生。这时，在六镇街道南边约2里远的地方有个小村庄叫柿树村。村里有个名叫李大发的老汉，老伴早年去世，丢下一个女儿名叫李玉兰，和李老汉相依为命。已是风烛残年的李老汉丧失了劳动能力，以乞讨为生。他无力抚养李玉兰成人，在她14岁那年，六镇街大地主穆仁义家招女佣，李老汉就含泪将她送去了。

穆仁义家有良田两千余亩，家产万贯。深宅大院占了街东半条街。穆仁义虽年过花甲，但妻妾成群，过着纸醉金迷的荒淫生活。除了大老婆蓝采花外，他还有9个姨太太。蓝采花为穆仁义生了一个宝贝儿子名叫穆道德。这个穆道德和他老子一样，终日吃喝玩乐，寻花问柳，强抢民女，无恶不作。

斗转星移，日月如梭。转瞬间李玉兰到穆家已三四年。这时，她已长成了18岁的大姑娘了，满头秀发如云，柳眉弯弯似月，面庞红润，身材苗条，人见人爱。在日常劳动中，她与穆家长工牛铁柱建立了纯真的爱情。玉兰有重活累活铁柱就抢着帮着干，铁柱的脏衣破衣，玉兰抢着缝洗。铁柱还经常去照看玉兰的老父亲，帮他打柴做饭。人们都说他俩是天生的一对，可穆仁义却视铁柱为眼中钉、肉中刺。原来这个老色鬼早就看中了花容月貌的李玉兰，总想有朝一日霸占她。于是，他把李玉兰派到大姨太身边当侍女。大老婆蓝采花是只母老虎，对李玉兰张口就骂，举手就打。夏天，令其吃馊粥、冷饭；冬天，令其睡稻草铺。有一天早晨，李玉兰端着一碗热气腾腾的桂圆莲子汤送给蓝采花吃，蓝采花将碗中桂圆数了又数，硬是诬蔑李玉兰偷吃了两颗桂圆。李玉兰据理力争，蓝采花不由分辩就“噼噼啪啪”地给了她两个耳光。顿时，她泪如泉涌，心痛如刀割火煎。蓝采花趁其拭泪之机，随即用右手拔下银簪向李玉兰脸上戳去。李玉兰急速用手遮挡，手掌被戳破，鲜血染红了衣襟。一天，蓝采花抹牌去了，李玉兰一个人在房里做针线，穆仁义和穆道德俩人不约而同都来调戏李玉兰，李玉兰忍无可忍，狠狠给他父子俩几个嘴巴。谁知穆仁义竟说李玉兰是个小娼妇，勾引少东家，叫家人把她捆起来打，直打得她遍体鳞伤。李玉兰又羞又愤，一气之下，跑到穆家后院的龙泉池投水自尽，幸被铁柱搭救，她才幸免于难。她父亲李大发见独生女被逼得投水自尽，便寻上门来要将女儿领回去，谁知穆仁义不但不放人，竟说李玉兰欠了穆家的饭钱，要李大发拿钱赎人。李大发叫天天不应，叫地地不灵，回到家又气又急，没两天便去世了。在乡亲们帮助下玉兰将父亲安葬在柏树墩上，李老汉尸骨未寒，玉兰又被穆家抓去。穆仁义将其锁到磨坊里，逼她起早摸黑地推磨。一天深夜，穆道德破门而入，又要调戏李玉兰。李玉兰早有防备，拔出身上的剪刀与之拼命，只可惜李玉兰体力不支，眼见穆道德要得逞。正在这时，牛铁柱一脚踢开磨房门，奋力将穆道德打倒，拉着李玉兰就跑。这时已惊动了穆仁义，他带着一帮打手循声赶来。那牛铁柱是个有心计的人，早在墙边架好了木梯，俩人登梯越墙逃了。

穆仁义带着打手四处追寻，不见人影，只得悻悻而归。他命人将李、牛两家的破草屋点火烧掉，这才稍稍平了点气。

牛铁柱扶着李玉兰不敢走大路，翻山越岭来到一处尼姑庵。这时李玉兰已一步也走不动了，好心的老尼将李玉兰收留下来，让她在庵中养息。牛铁柱则在附近的山洞里栖下身，每天靠打柴谋生。

庵中老尼有一特长，擅画凤凰，李玉兰心灵手巧，身体稍好一些便跟老尼学画，以后又将凤凰绣成绣品，随着时间的推移，李玉兰的针绣凤凰越来越精美，连老尼也赞不绝口，烧香敬佛的人也都争购她的凤凰绣品。世上没有不透风的墙，穆仁义父子听说了，连夜带了一帮打手来抢李玉兰。那老尼紧闭庵门，穆仁义恼羞成怒，将尼姑庵团团围住，一把大火将尼庵点着。那老尼与李玉兰宁肯烧死也不愿就范，眼见那大火越烧越旺。牛铁柱看见尼庵起火，不顾一切地冲进火海去救李玉兰与老尼。此时尼庵已是一片火海。大火烧了几个时辰，这时天已微明，只见大火中腾起一团火团，直升半空，啪的一声炸响，火团迸裂，一只火凤凰直飞云天，随后又绕着火海飞了3圈便往南飞去。就在这时火海中冲出一条黑牛随着火凤凰也往南奔去。

那穆家父子看到大火中飞出一只凤凰，又奔出一条黑牛，真是又惊又喜。穆仁义喊道："凤凰不落无宝之地，快撵上它，看它落在哪里！"

众打手狂奔疾走，眼见那火凤凰落到柏树墩李老汉的坟头上，那条黑牛也奔到坟前，围着坟墓直转。穆仁义、穆道德跑得气喘吁吁，顾不上歇口气，便

刘子善书

要打手们挖坟取宝，谁知那条黑牛左冲右突，用牛角将打手抵得头破血流。穆仁义还不死心，又找县老爷求援，派来兵丁，硬要挖坟，整个柏树墩上布满了黑压压的兵丁。可怜那条黑牛被众兵丁按住，被枪头扎得浑身都是血窟窿。就在这时，只见火凤凰从坟头上腾空而起，刚才还是晴朗朗的天，顷刻间乌云密布，霹雳似利剑直插柏树墩。乌云散去，再一看那穆家父子已被霹雳炸死，那条通往柏树墩的小路也炸没了。那些被炸晕了头的兵丁一个个胆战心惊，从柏树墩上泅水，落荒而逃。

从此人们常常在天气晴好的早晨或傍晚，看到一只凤凰落在柏树墩上，人们就把柏树墩改叫凤凰墩了。

第五章

教育 卫生

第一节 教 育

教育概况

六镇古老而历史悠久。民国6年（1917），清末秀才刘凤鸣，于六镇坊六站市街创办学校，为全椒县西区第三国民学校。

民国34年（1945），六镇众人捐资重修琼花庵，改办为六镇小学，为地方培养人才。捐资人有杨警木、刘琢如、张冬初、胡广兴、范仲谋、黄佑臣、杨官珍、杨官庭、高立纯、潘振朗、杨庆霖、赵正邦等人。这所学校办得很出色，为社会上培养了很多优秀人才。

民国37年（1948）春，在六镇三塔寺筹办“全椒县三塔初级农业职业中学”，校长江金惠。这是全椒的第二所中学。

1965年春，刘秀乾在六镇创办半耕半读的农业中学，校址原在六镇大队部，后迁址丰产水库畔的闲置房，教师4人，学生近50人，1969年春，学校并到小集初中。

1969年春，教育形势发生了变化，要求“小学不出大队，初中不出公社，高中不出区”。小学下放给大队办。此时，村内除原有的六镇小学外，又陆续增办了三塔小学、湖心小学和大何小学，后来又增办了大罗小学。这样极大地方便了贫下中农子女就近入学，在普及教育方面起到了很大作用。这几所小学在贫下中农管理下，办得很好，后来由于学生数减少等原因被迫陆续停办。

1972年，为了改善办学条件，当地政府将琼花庵古庙（原六镇小学）拆迁到街东，建校舍24间，当时在全县是条件较好的小学。1975年并附设了初中班，到后来初中发展到4个班，有200多人，直至1982年初中班才停办，学生并到小集初中。

1977年后，六镇小学又附设了幼儿班，先叫“红儿班”，对幼儿进行管理教育，随之规模不断扩大，鼎盛时期超过百人，校内无法容纳。经全椒县教育委员会批准，桑仁昌办起了私立幼儿园，学生有30人，坚持办学10多年。

六镇村的教育鼎盛时期是1977—1986年，精确统计证明：1980年在校小学生545人，不包括幼儿班和初中学生，教职工29人，大部分是民办教师。

私塾教育

旧社会的私塾有三种办学类型，一是富户为子女读书成材，聘请家庭老师；二是村民自筹联办私塾；三是穷苦的读书人为了谋生办私塾。

私塾都是由一个塾师在同一书馆教授一二十个年龄和文化程度不同的学徒，授业者一般按以下次序读完《三字经》《百家姓》《大学》《中庸》《论语》《孟子》《诗经》《书经》《易经》《礼记》《左传春秋》等书。此外，还选学其他一些书籍，如《小蒙童》《千字文》《龙文鞭影》《增广贤文》《千家诗》《唐诗三百首》《幼学琼林》《古文观止》等。日本投降前夕，在县内办私塾规模、影响较大的有六镇的刘琢如。新中国成立后，六镇办私塾的有三塔村的姚明仁，校址在小周村。中刘村的刘琢如，校址先在中刘村，后迁址六镇，学生有30多人。1957年，因种种原因这些私塾都停办了，学生并到六镇小学。1964年，刘季乾在六镇创办红儿班，学生有近30人，后来本人“平反昭雪”，被安排到六镇小学代课，红儿班（幼儿班）只好停办，学生也并到六镇小学。

业余教育

中华人民共和国成立初期，农民业余教育以冬学为主要形式，白天参加劳动，晚上上冬学，学习内容主要是识字。

1958年，业余教育加大了进度，采取了多种形式。坚持业余办学，利用早、中、晚结合生产把文化送上村、送上门，送到田头场地，要求文盲者先学习数字、人名、地名、庄稼名、农活名等。对半文盲者要求学习写作，学写便条等应用文，另外还学习农业技术和珠算。

从1971年开始，农村大办红民校，当时六镇村的曙光、团结、大罗、和平、小刘、洪庄、三塔、坝刘、潘阳等十几个生产队都办起了红民校，同时教育局还给予一定的经费补贴，重点是解决12~15岁的儿童入学问题。他们一边放牛，一边上学，一般都由回乡或下乡知识青年担任教师，红民校办得虽多，但流于形式。

1976年，扫盲加快了步伐，对农民文化重新进行了调查、登记，在摸清情况的基础上，制定了扫盲规划，凡属扫盲对象的人，白天集中起来，指派专人教学，学习后由村里发给工票，回家后凭票由各队记工分，这样，大大加快了扫盲进度，很多人不再是文盲。

六镇小学

六镇小学位于全椒西部，校址在街西琼花庵，始建于民国6年（1917），原名全椒县西区第三国民学校，由刘凤鸣创办。民国9年（1920）由杨济川接办。民国19年（1930）改为西区区立第三初小学校，刘兆璋任校长，教师2人，2个班，学生33人。民国26年（1937）冬停办。同年，西区第二国民学校在六镇创办，办学时间短即停办。民国34年（1945），在杨警木的倡导下，六镇地方众人捐资重修琼花庵，改善办学条件，为地方培养了很多优秀人才。由于历经战乱，校名屡更，现名为六镇第二小学。

1972年，为了改善办学条件，当地政府把琼花庵拆迁到街东建校舍24间，并附设过初中班（1975—1982年）。1996年，由于该校是用古庙拆来的旧料所建，先后出现不同程度腐坏，虽经多次修理更换，但已成危房，直接威胁学生们的生命安全。由时任校长盛型全负责，筹划建一栋教学楼。地方政府拨款10万元，著名书法家刘子善在全椒进行书法义卖，所得经费20万元，全部捐助六镇小学，加之家乡父老赞助，1977年春，建成一座700平方米的三层教学楼。可惜在2012年被毁，随之学校在2014年被迫停办。

六镇小学教学严谨，先后为社会培养了很多优秀人才。如激光物理学教授冯启元，建筑大师、同济大学教授薛文广，中国当代书法家刘子善，心血管专家、主任医师、心内科教授杨振邦，化学专家、教授倪丛学、王春龙，空军大校蔡善武、詹德华，陆军大校张宇宝，清华、北大学生杨超、吴俊、周万龙，博士生导师、外语教授杨玲，在读博士生刘德志、范代军，国庆50周年庆典左护旗手杨辉等。

这所小学1973年被评为全椒县先进集体，1981年省教育工作会议在滁县地区召开时，与会代表在原地委书记王郁昭陪同下到校参观，《人民日报》和《光明日报》记者曾先后到校采访过。《光明日报》报道中说："这里的教育变了样。"1985年，六镇小学党小组被评为县先进党小组，同年县教育局举办小学生数学和作文竞赛，该校周万龙和夏玉珍同学均获得全县第一名，为六镇小学争得了荣誉。1987年，六镇小学获得县优化办学二等奖，1991年在全县第五次优化办学中获"先进村完小"光荣称号；1994年，在全县小学教学质量综合评比中，获全县行政村小学系列一等奖。在本年度综合评比中，被评为全县整体优化先进单位。在升学考试中，1994年全县第一；1996年语文全县第六，

1997年语文全县第四，数学第七，总评全县第四；1998年语文、数学、综合科三门总评全县第五；2001年被评为全县关心下一代工作先进村。教师先后有1人被评为市先进教师，2人被评为县先进教师，1人被评为县模范教师，1人被评为模范班主任，1人获县赛教三等奖，1人获全县教育战线师德标兵。

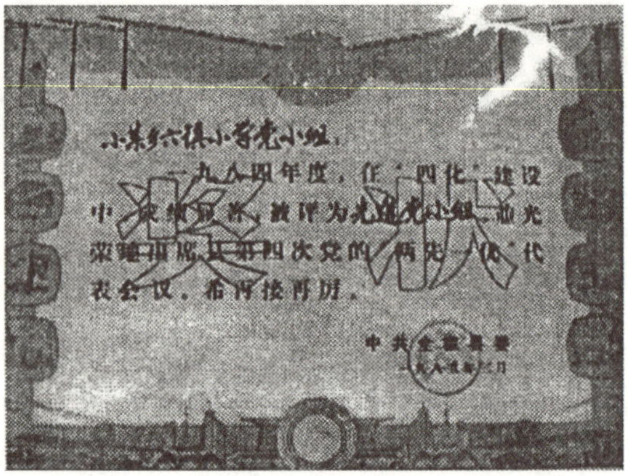

六镇小学被评为全县先进党小组

六镇小学被评为全县整体优化先进单位

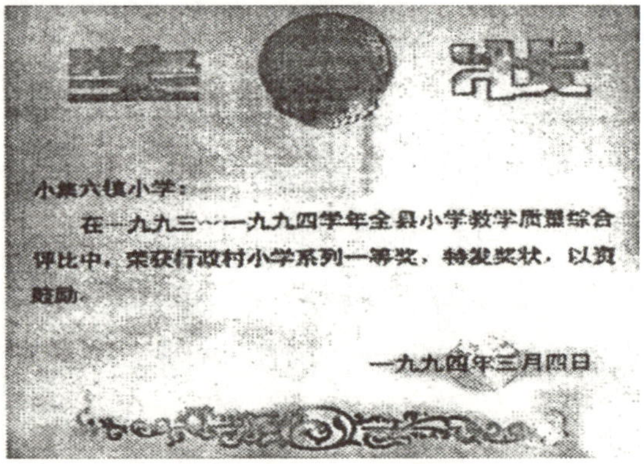

六镇小学获全县教学质量一等奖

六镇小学被评为全县先进村完小

成果荣誉证书

六镇小学历届校长一览表

表5-1

姓　名	任职起止年	姓　名	任职起止年
刘凤鸣	1917年春—1920年夏	刘兆麟	1925年春—1929年冬
杨济川	1920年秋—1924年冬	刘兆璋（刘琢如）	1930年春—1937年冬

续表5-1

姓　名	任职起止年	姓　名	任职起止年
刘琢如	1938年春—1942年冬	唐文榜 罗世杰(副)	1960年春—1961年夏
杨謦木	1943年春—1944年冬	方之富 罗世杰(副)	1961年秋—1962年夏
刘季乾	1945年春—1946年冬	罗世杰	1962年秋—1966年冬
刘子善	1947年春—1948年夏	陈兆文	1967年春—1967年冬
高文凯	1948年秋—1949年夏	方润科	1968年春—1969年冬
江治平	1949年秋—1950年夏	杨庆年	1970年春—1971年夏
石寿生	1950年秋—1951年夏	罗世杰	1971年秋—1975年冬
袁启桥	1951年秋—1952年冬	罗世杰 盛型全(副)	1976年春—1979年冬
韩鸿儒	1953年春—1953年冬	杨官裕	1979年秋—1980年冬
丁本立	1954年春—1955年冬	盛型全	1981年春—2004年冬
陈玉如	1956年春—1958年冬	盛书恒	2005年春—2013年夏
赵崇智 罗世杰(副)	1959年春—1959年冬	—	—

1949—2014年在六镇小学工作过的人员名单有：刘琢如、刘季乾、刘孟华、高文凯、黄子俊、梁中文、吕能、王福宏、杨振邦、叶恩仪、江治平、石寿生、赵锡芳、张西贤、张启信、袁启桥、崔春先、潘振武、任其模、韩鸿如、丁本立、叶松、薛剑驰、陈玉如、刘明芬、田玉英、陈玉璋、赵崇智、程安邦、周宏义、唐文榜、郑春贵、孙国金、方之富、罗世杰、唐恩涛、崔春波、朱启华、范德义、杨德旺、藏德珍、刘文模、李德章、石秀生、高志一、金泰仙、方润科、陈兆文、尹维先、杨庆年、杨官裕、盛型全、盛书恒、戴祥炳、范德和、吴森、章忠、施济友、杨邦寿、彭传海、姚继昌、邓义芳、秦正科、马育明、马梅桂、金辉、张国英、徐玲、潘政、武仕柱、童乃庚、王洪儒、罗世云、何文桥、杨植英、罗玉英、杨官霞、刘兴隆、刘万宇、陆昌胜、张维志、罗明清、范茂江、侯昌洪、杨官权、章光亮、张登柱、何章吾、朱爱平、万仁敬、周万萍、刘万水、姚克英、杨官喜、盛莉、刘丽茹、杨韫、何扬、韩芳、梅荣翠、张晶晶、王学茹、范茂龙、王继国、王文泉、方华金、袁自萍、徐绪平、董萍、丁兆宁、范圣祥。

六镇小学1979—2008年在校师生登记表

表5-2

学生 年份	年级										合计	在校教师
	幼儿	一年级	二年级	三年级	四年级	五年级	六年级	初一	初二	初三		
1979	—	130	85	99	98	74	—	68	57	38	649	罗世杰 杨官裕 赵锡芳 姚继昌 范德和 盛书恒 武仕柱 罗玉英 张国英 梁中文 金太仙 潘　政 何文桥 邓义芳 金　辉 杨官霞
1980	—	141	125	100	108	71	—	72	53	45	715	罗世杰 杨官裕 赵锡芳 姚继昌 范德和 盛书恒 武仕柱 罗玉英 杨官霞 张国英 梁中文 金太仙 潘　政 何文桥 邓义芳 金　辉
1981	—	127	106	97	78	60	—	56	71	42	637	盛型全 杨官裕 姚继昌 范德和 罗玉英 张国英 武仕柱 杨官霞 盛书恒 梁中文 潘　政 何文桥 王洪儒 金　辉 杨植英
1982	—	55	49	54	84	64	—	—	—	—	306	盛型全 姚继昌 范德和 罗玉英 张国英 武仕柱 盛书恒 梁中文 潘　政 何文桥 王洪儒 金　辉 杨官霞 侯昌洪 杨植英
1983	—	82	68	74	84	64	—	—	—	—	372	盛型全 姚继昌 范德和 罗玉英 张国英 武仕柱 盛书恒 梁中文 杨植英 潘　政 何文桥 王洪儒 杨官霞 秦正科 侯昌洪 罗世云

续表5-2

年份＼学生	年级										合计	在校教师
	幼儿	一年级	二年级	三年级	四年级	五年级	六年级	初一	初二	初三		
1984	—	91	58	72	68	97	—	—	—	—	386	盛型全 姚继昌 梁中文 何文桥 盛书恒 潘 政 罗玉英 杨植英 张国英 范茂龙 武仕柱 罗世云 王洪儒 范德和 侯昌洪 秦正科
1985	—	70	68	50	75	70	—	—	—	—	328	盛型全 姚继昌 梁中文 盛书恒 潘 政 罗玉英 杨植英 张国英 范茂龙 武仕柱 何章吾 杨官喜 姚克英 周万萍 范德和 秦正科
1986	—	84	53	56	55	53	—	—	—	—	301	盛型全 姚继昌 梁中文 盛书恒 潘 政 罗玉英 杨植英 张国英 范茂龙 武仕柱 何章吾 杨官喜 姚克英 周万萍 范德和 秦正科
1987	—	58	60	54	59	30	—	—	—	—	261	盛型全 潘 政 梁中文 盛书恒 刘万水 武仕柱 姚克英 范德和 张国英 姚继昌 杨植英 周万萍 罗玉英 何章武 王洪儒
1988	—	61	54	52	51	46	—	—	—	—	264	盛型全 姚继昌 梁中文 刘万水 盛书恒 潘 政 武仕柱 姚克英 范德和 张国英 杨植英 周万萍 何章武 罗玉英 王洪儒

续表5-2

年份\学生	年级										合计	在校教师
	幼儿	一年级	二年级	三年级	四年级	五年级	六年级	初一	初二	初三		
1989	—	65	49	51	44	41	—	—	—	—	250	盛型全 侯昌洪 王洪儒 罗玉英 武仕柱 杨植英 张国英 梁中文 张登柱 何章武 盛书恒 范德和 周万萍 姚继昌 盛　莉
1990	54	58	52	46	48	36	—	—	—	—	294	盛型全 姚继昌 盛书恒 梁中文 杨官权 周万萍 何章武 范德和 张登柱 杨植英 王洪如 侯昌洪 罗玉英 盛　莉
1991	39	62	49	50	49	27	—	—	—	—	276	盛型全 王洪儒 罗玉英 侯昌洪 姚继昌 盛书恒 梁中文 周万萍 何章武 范德和 张登柱 杨植英 张国英 武仕柱 章光亮 盛　莉
1992	—	44	45	56	53	30	—	—	—	—	228	盛型全 张登柱 范德和 何章武 周万萍 梁中文 盛书恒 姚继昌 侯昌洪 罗玉英 王洪儒 杨植英 张国英 武仕柱 盛　莉
1993	—	46	44	44	50	30	—	—	—	—	214	盛型全 王洪儒 罗玉英 侯昌洪 盛书恒 周万萍 何章武 范德和 张登柱 姚继昌 杨植英 张国英 武仕柱 盛　莉

续表5-2

学生／年份	年级										合计	在校教师
	幼儿	一年级	二年级	三年级	四年级	五年级	六年级	初一	初二	初三		
1994	—	47	52	45	51	27	—	—	—	—	222	盛型全 盛书恒 范德和 张登柱 姚继昌 张国英 武仕柱 朱爱平 杨植英 周万萍 何章武 罗玉英 王洪儒 侯昌洪 盛　莉
1995	—	75	58	45	38	40	—	—	—	—	256	盛型全 盛书恒 范德和 姚继昌 张国英 武仕柱 朱爱平 张登柱 杨植英 周万萍 何章武 罗玉英 王洪儒 侯昌洪 盛　莉
1996	—	86	80	53	40	29	—	—	—	—	288	盛型全 武仕柱 杨植英 张国英 张登柱 何章武 盛书恒 周万萍 姚继昌 侯昌洪 罗玉英 王洪儒 王学茹 盛　莉
1997	95	88	99	75	47	28	—	—	—	—	432	盛型全 武仕柱 杨植英 张国英 张登柱 何章武 盛书恒 周万萍 姚继昌 侯昌洪 罗玉英 王洪儒 王学茹 朱爱平 盛　莉
1998	89	135	108	90	62	33	—	—	—	—	428	盛型全 武仕柱 盛书恒 张登柱 朱爱平 姚继昌 侯昌洪 张国英 范茂龙 何章武 周万萍 罗玉英 杨植英 盛　莉 王学茹

续表5-2

学生 年份	年级										合计	在校教师
	幼儿	一年级	二年级	三年级	四年级	五年级	六年级	初一	初二	初三		
1999	—	64	99	100	73	48	—	—	—	—	384	盛型全 姚继昌 张登柱 武仕柱 朱爱平 范茂龙 何章武 侯昌洪 杨植英 周万萍 杨　韫 刘丽茹 王继国 王洪儒 盛　莉
2000	—	69	83	70	95	49	—	—	—	—	366	盛型全 侯昌洪 王洪儒 武仕柱 盛书恒 范茂龙 张登柱 何章武 周万萍 朱爱平 杨　韫 刘丽茹 万仁敬 王继国 盛　莉
2001	23	102	78	100	77	91	—	—	—	—	471	盛型全 何章武 周万萍 范茂龙 武仕柱 姚继昌 张登柱 朱爱平 侯昌洪 杨　韫 王继国 王洪儒 盛　莉
2002	70	105	74	99	74	89	—	—	—	—	481	盛型全 何章武 范茂龙 武仕柱 张登柱 盛书恒 侯昌洪 王继国 王洪儒 万仁敬 周万萍 姚继昌 盛　莉
2003	51	50	56	46	63	89	—	—	—	—	355	盛型全 何章武 范茂龙 武仕柱 张登柱 盛书恒 侯昌洪 王继国 王洪儒
2004	38	50	39	58	53	40	—	—	—	—	278	盛型全 盛书恒 张登柱 王继国 万仁敬 何章武 范茂龙 侯昌洪 王洪儒 武仕柱

续表5-2

年份＼学生	年级										合计	在校教师
	幼儿	一年级	二年级	三年级	四年级	五年级	六年级	初一	初二	初三		
2005	37	40	45	36	56	53	—	—	—	—	267	盛型全 何章武 范茂龙 武仕柱 侯昌洪 杨 韫 王继国 盛书恒 朱爱平 王洪儒
2006	40	42	29	44	38	41	—	—	—	—	234	盛书恒 盛型全 何章武 范茂龙 武仕柱 侯昌洪 杨 韫 王继国 朱爱平 王洪儒
2007	39	24	30	26	44	27	25	—	—	—	215	盛书恒 盛型全 何章武 范茂龙 武仕柱 侯昌洪 杨 韫 王继国 朱爱平 王洪儒
2008	30	40	25	30	27	43	26	—	—	—	221	盛书恒 何章武 范茂龙 武仕柱 侯昌洪 杨 韫 王继国 朱爱平 王洪儒 王文泉

“天风”教学楼

天风教学楼　　　　高　升/摄

国之兴盛，首重人才，人才培养，端赖教育，而小学教育，尤为基础。全椒县六镇小学始建于民国6年（1917），校址初设于街西关隘内隋时所建的琼花庵。1972年拆迁街东，规模虽有所增，终因材料陈旧，近年已成危房，亟待更新。著名书法家、一级美术师刘子善先生以小学为其先祖父刘凤鸣，先伯父刘兆麟所创办，后以其先父琢如，先兄季乾及其本人相继为小学负责人，对该校情有独钟，有义举之恩。其夫人白侠，提出义卖书法作品的办法，慨然相助。创作书法精品百数幅，并出资装裱五十幅。1996年秋，于椒城碧云轩举办刘子善书展义卖。县乡领导鼎力支持，企事业单位、同乡校友和各界人士，欣然义购。售得现金20万元，悉以捐助，并地方政府拨款10万元，新建教学楼。岁末，值建校85周年之际，一幢崭新的教学楼终于落成。楼高十米，三层的总建筑面积为700平方米，开九个班级，容纳学子360名，北临公路新街，南为花辅操场，环境优美，雅宜育人。楼成之日，得子善先生赐名“天风”，并谓“天风可为农作物授粉而结实，能助帆舟以航行，可调气压降甘雨，或驱散乌云见青天”，《易经》曰：“天下有风，姤。”姤，即好。好风行于椒邑古镇，必将托起明日之太阳，天风之寓意深且远。

全椒县三塔初级农业职业中学

民国37年（1948）春，在六镇三塔寺筹办“全椒县初级农业职业中学”，利用原有僧舍经过修缮后做校舍，将寺庙附近的农田辟为试验田，并向群众集资，校长江金惠，聘请教师10人。同年八月，招收林业、园艺各1个班，每班40人，开设国文、数学、英语、生物、历史、地理、体育、农业概论等课程，学生实行走读和住校相结合的办法。1949年元月全椒解放，学校停办，该校部分学生并入全椒初级中学。当年在读的六镇人有周广文、胡德华、陶晓善、杨官斌等人。

六镇半耕半读农业中学

六镇农业中学由刘季乾创办于1965年春。校址初期在当时六镇大队的大队部里，属半耕半读农业中学，后迁址丰产水库畔的闲置房屋内，改名为丰产初级农中。学生属自愿入学，一个年级一个班，每班十几人不等，教师由1人发展到4人，杨庆年任校长，皆为民办教师，于1969年春并入小集小学附设的初中班。

三塔小学

三塔小学由1968届滁州师范毕业生盛型全创办于1969年春，由2名教师发展到5名教师，由初小发展到高小，并附设过幼儿园。1980年年初报表统计，学生数一年级37人、二年级28人、三年级22人、四年级40人，共计127人。班级数3个，教师4人。这所小学位于三塔寺庙前左边，占地面积约3亩，是东边片的三塔、坝刘、小石、小英、小宋五个队联合办学的，2005年停办，学生并到六镇小学。

湖心小学

湖心小学，由1968年滁州师范毕业生杨官裕创办于1969年春，由2名教师发展到3名教师，只办1~3年级，2个班。根据1980年年初报表统计，一年级28人，二年级22人，三年级15人，共计65人，教师3人。这所小学位于潘阳湖心洲，占地面积约3亩，是由北边片的沈山、洪庄、五一、潘阳四个队联合办学的，1983年停办，学生并到六镇小学。

大何小学

大何小学，由刘季乾创办于1969年春，教师2人，设1~3年级。根据1980年年初报表统计，一年级14人，二年级15人，计29人。这所小学位于大何村中间，后迁至大何与洼刘村之间山头，占地面积约1亩。是南边片的大何、小何、中刘、洼刘四队联合办学的，1983年停办，学生并到六镇小学。

1969—2005年六镇村民办教师列表

表5-3

姓名	类别	月补助	备注	姓名	类别	月补助	备注
潘　政	中学	15.00元	转正	罗明清	小学	10.00元	—
盛舒恒	中学	15.00元	转正	罗玉英	小学	10.00元	转正
马梅桂	中学	15.00元	马鞍山知青自退	武仕柱	小学	10.00元	转正
刘季乾	中学	15.00元	平反	秦正科	小学	10.00元	—
姚继昌	小学	15.00元	考试转正	马育明	中学	15.00元	上海知青自退
吴　森	小学	12.00元	平反	盛　莉	乡聘	—	自买社保
刘万宇	小学	10.00元	—	韩　芳	校聘	—	—
陆昌胜	小学	10.00元	—	梅荣翠	校聘	—	自买社保
童乃庚	小学	10.00元	转正	王学茹	校聘	—	自买社保
王洪儒	小学	10.00元	转正	张晶晶	校聘	—	—
何文桥	小学	10.00元	自退	何章吾	小学	10.00元	转正
范茂江	小学	10.00元	—	周万萍	小学	10.00元	转正
范德和	小学	14.00元	转正	范圣祥	职工	教育局付给	自买社保
杨植英	小学	10.00元	转正	董　萍	校聘	—	自退
徐　玲	小学	10.00元	转走	徐绪平	校聘	—	自买社保
杨官霞	小学	10.00元	考试转正	—	—	—	—
侯昌洪	小学	10.00元	转正	—	—	—	—
张国英	小学	10.00元	转正	—	—	—	—

教育世家

刘琢如（曾用名刘兆璋，当地人称刘四先生）是六镇地区有名的教师，他人品高尚，为人正直，办事公道，德高望重，深受百姓爱戴。

他的父亲刘凤鸣（字瑞岐）是清末秀才，在民国6年（1917）创办全椒西区第三国民小学（六镇小学）。他的两个哥哥，刘兆麟（字有壬，两江师范毕业生）、刘兆骐（字君谋，黄埔军校教官）以及他本人，都是从事教育工作。

在家庭的影响下，刘琢如的大儿子刘季乾（县第二届人大代表）、大儿媳赵锡芳（县政协第一届委员），也加入了教师队伍。赵锡芳是南京逸仙中学高中毕业，解放前夕考入上海复旦大学新闻系，但她果断放弃深造，到六镇小学当教师。1952年，第一批转为公办教师，她兢兢业业工作几十年，桃李满天下。刘琢如的二儿子刘季良（字子善），是全国著名书法家。解放前夕，也在六镇当了两年教师。并担任校长，建国前参加了革命。他的三儿子刘季光（东王中学校长）是全县名牌教师，刚评职称时，全县中学只有两名高级教师名额，他就是其中之一。三儿媳蔡永珍从事小学教育工作。他的四儿子刘季强，是20世纪60年代的滁州师范毕业生，中学高级教师。他的女儿刘明芬在解放初期也是一名小学教师。

由于家庭的熏陶，他的孙子和孙女，刘东东、刘新新、刘榕榕、刘智佩（合肥学院副教授）、刘劲松也都从事教育工作。

刘家在百年（一个世纪）之中，四代人中先后有17个人从事教育工作，为社会和人民做出了重大贡献，桃李满天下，不愧为全椒西乡名副其实的教师世家。全椒县人民政府和滁州市人民政府曾给刘家颁发“教师世家”牌匾。

“教师世家”牌匾

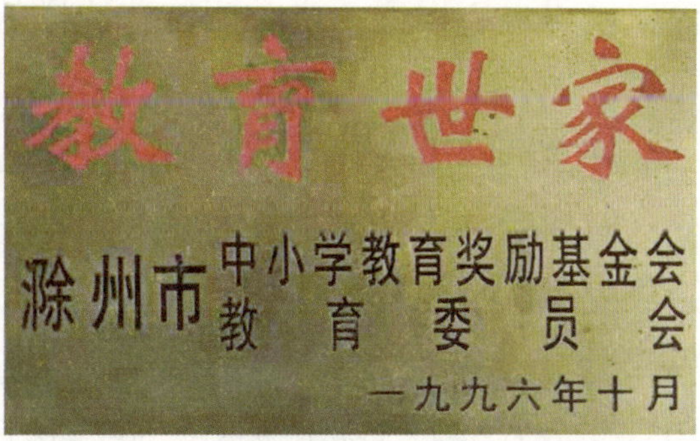

“教育世家”牌匾

第二节　卫　　生

中华人民共和国成立前的医疗卫生状况

古代人称医生为“郎中”。郎中开药店，把采来的各种药草通过加工，对不同的病症进行配方，内服药称“香茶”，外敷的称“药膏”，民间中有许多秘方都是祖传下来的。清代末年六镇有章益大药店，名声很大，远近闻名。

解放前夕六镇有一家中药店，掌柜的张道昇（张治中的侄子）人称“小张先生”，中医技术可嘉，六镇及周边地区的老百姓对他很尊重。跌打损伤皆可治，医术高明。那时医生没有医疗器械，但能利用“土法”治好难医之病，没有听诊器，全凭自己平时积累的经验，根据病人脉搏跳动情况来判断病源和病情，“搭脉”治病。

从前的小孩，在幼儿时期要“放花”，又叫“戴花”或种牛痘，在那时“戴花”要小心谨慎地供奉“花老太”，否则，“戴花”的小孩就有极大的危险，不是人死，就是脸麻。

旧社会，霍乱、疟疾、痢疾、疥疮、天花、麻疹、鼠疫等流行性疾病经常发生。那个时代医学不发达，因而无法制止蔓延，更无法进行治疗。虽有中药可治病，但郎中把这些配方当作祖传秘方，不向外传，导致民间很多名贵单方因此而失传。千百年来，瘟神纠缠着广大人民，严重地威胁人民的生命。六镇最凶残的鼠疫发生在民国24年，即1935年，六镇人称之为“发人瘟”。在短暂的十几天内，死了40多人，甚至全家死亡的情形也有。集市关闭，无人敢来六镇，搞得人心惶惶，当时流传着这样的话：“早上替人抬，晚上被人埋。”

中华人民共和国成立后的医疗卫生状况

解放后，党和政府关心人民心身健康。1956年，在农业合作化高潮中，六镇成立了医疗联合诊所，共有医生4人，中医张道昇，西医有张志辉、万庆枝、冯昌治。中西医结合，技术力量有所增加，大大方便了广大群众医疗治病。1958年农村实行了人民公社，联合诊所随之改为公社卫生院，公社卫生院的社会医生全部转为大集体人员，实行工资制，六镇联合诊所被撤销，公社卫生院只派一名医生驻点六镇村。1969年冬，全县农村开始实行合作医疗制度。1971年六镇大队办起了合作医疗室，合作医疗经费由个人和生产队共同筹集，统一上缴大队集中使用，凡参加合作医疗者，每人每年交纳医疗基金2元，生产队从公益金中再补助1元，配“赤脚医生”3人，有范茂贵、胡德华、梅荣翠等，医生的工分报酬比同等劳动力略高。另外，每月由合作医疗室补助3~5元，随之村所有的生产队都配了一名卫生员。合作医疗室的任务是：贯彻“预防为主”的方针，结合农业生产，搞好以“两管”（管水、管粪）、“五改”（改进水井、厕所、畜圈、炉灶、环境）为中心的卫生基本建设，组织群众性的爱国卫生运动，预防本地的常见病、多发病，控制季节性传染病的发生和流行，建立健全疫情报告制度，坚持中西医结合，推广新医疗法，使用新针、草药，保护药源，搞好采、种、制、养中草药，搞好计划生育和妇幼保健工作。

1979年秋，全县农村农业开始试行家庭联产承包责任制后，合作医疗解体。原来的合作医疗室部分变成了自负盈亏的卫生所，部分“赤脚医生”在农村进行个体行医。

六镇村卫生室　　高　升/摄

1992年和1993年，县卫生局组织全县农村卫生人员参加全市乡村医生资格考试。1996年全县对村级卫生机构进行清理、整顿、登记、组建和发证。发放临时医疗机构执业许可证，六镇村的医疗室规模扩大，数量增多，当时有范茂贵、范圣余医疗室，赵金玉医疗室，朱圣武、杨福萍医疗室，梅荣翠医疗室，侯大全医疗室，傅文炳医疗室，戴元林医疗室，医疗室像雨后春笋般发展起来。

2005年，全椒县成立了新型农村合作医疗管理中心，是统筹管理全县新型农村合作医疗工作的管理机构。根据新型农村合作医疗的方针、政策及有关规定，拟定全县农村新型合作医疗工作年度实施计划及相关规章制度；严格管理合作医疗资金，加强对定点医疗机构监督检查；定期开展业务培训工作，探索和研究试点工作中出现的新情况和新问题；总结经验和教训。国家四级财政对参合农民每人每年配套补助35元。县有关部门还为六镇村建了卫生所，做到房屋、人员、设备配套齐全，这样新型的合作医疗又办了起来，配备医生5人，由赵金玉任负责人。

2017年，六镇村新型农村合作医疗参保人数达到4045人。医疗卫生事业已走上了正轨。

第六章

风土民情

六镇村人民勤劳勇敢，热情好客。在长期生活实践中，形成纯朴和谐的民风，积累了深厚的传统文化，很多揭示自然规律和人生哲理的方言土语，一直流传至今。

六镇的风味小吃誉满三江，具有浓厚的地方风味，令人青睐。

第一节　美食小吃

地方风味

清末民国初期，六镇较为繁荣，因地处安庆经庐州至南京的交通要道，外地商贾富豪云集。红白喜事宴客，讲究筵席美餐，盛行的有八大碗和十碗八碟，离不开鸡、鱼、鸭、肉等荤菜，配合各种素膳，展现地方风味。

主食　除大米饭和稀饭外，还有五花八门的风味名点，如油条、包子、狮子头、油炸锅巴、肉心大饼、烧饼、酥笏牌、锅贴饺子、春卷、馄饨、糍粑、麻团。现在人民生活好转了，南来北往的人增多了，六镇的早点花样更多，风味更浓，令人垂涎。

传统名菜

六镇传统的名菜有红烧肉、白斩鸡、鸭肠裹鸭爪、青豆煮猪蹄、香椿头炒鸡蛋、豆腐棍炖老母鸡、豆腐皮包肉圆、韭菜炒螺蛳头、肉烧干扁豆、鱼烧肉、人参乳鸽汤、小公鸡烧板栗、芹菜炒肉丝、香肠、酱肉、米粉渣猪肉、风鸡、风鱼、小鱼干、泥鳅烧挂面、虾子蒸咸菜，这些传统名菜香味独特，经久不衰，人们百吃不厌，回味无穷。

第二节 生活习俗

饮食习俗

六镇人主食大米，兼食小麦面粉、山芋、玉米及其他杂粮。农村每日三餐，以前是“两稀一干”（早晚稀饭，中午干饭）。21世纪起改为一稀二干（早稀饭、中晚干饭）。改革开放后，随着人们生活的不断改善，农村大部分家庭的晚餐与中餐一样丰盛，男人晚上喝几杯酒者较多。六镇人喜爱喝茶。从前，农民喜欢到山上或田埂边砍野茶，用开水烫后晾干备用，茶汁浓香可口。现在都是买茶。乡下人早晨上街买卖办事，都有喝早茶吃早点的习惯。早点有包子、油条、糍粑、狮子头、麻团、酥笏牌、烧饼，还有糖坊制作的甜点、焦切、寸金、花生酥、水桃酥、小包酥糖（又称小董糖）。小菜类的有凉拌干丝、酱醋小黄瓜、甜的或咸的五香花生米、香臭两种油炸干子、五香蚕豆和盐炒豌豆。春节来临之前的腊月，家家忙过年，有杀年猪的，将肉腌咸晾干、装香肠，也有的杀鹅、鸭、鸡腌咸晾干备用，还有腌五香萝卜干的。春节各家普遍都吃鸡、鱼、鸭、肉，年夜饭中，其中一碗鱼留下不吃，意在“年年有余”，直到正月十五方可吃此鱼。

服饰习俗

民国时期和解放初期，六镇村男人穿着对襟服，布扣子，大腰裤，腰间用布带子系裤子。冬季穿长衫大褂，或棉制大袍子。妇女一般穿着蓝色、青色和紫色的大襟褂子（从左边扣纽子）和黑色裤子，腰间扎着红色或绿色的镶边丝带，戴耳环和手镯。农民中，男子一年四季常用大手巾（夏季作汗巾或垫背，冬作围巾或腰带）。女子用围裙、围带（又称围腰），自绣自制。婴幼儿夏天用红色单面护腹兜兜，秋冬季用棉兜兜。雨雪天，穷人外出脚绑木屐子行走，穿蓑衣、戴斗笠。富人脚上穿的是油鞋（桐油鞋帮子，铁钉鞋底），打洋伞。人们穿衣多为家织土布，自染黑色或蓝色，穷人多子女的衣难遮体。

20世纪50年代，男性穿中山装，高领子4个口袋。80年代后，服装款式有所变化，中青男女喜欢穿西服，穿皮鞋、高跟鞋，穿牛仔裤、夹克衫等，服装色彩艳丽，式样时髦。旧社会时，青年女性梳一长辫子，结婚后将长发盘成发髻，当地人称其为“巴巴头”，插上簪子。男的剃“和尚头”或平头、学生头，夏天戴草帽，冬天戴“狗头帽”,富人戴礼帽。80年代后,女的盛行烫发,青年人发型繁多。21世纪以来,男女青年对发型更加讲究,流行染发,染成黄发、红发，各种发型风靡一时。

居住习俗

六镇村村民居住分散零落，一般一个居民组为一村。由于地处丘陵地带，地势高低不平，居住无法统一规划。村庄名称多冠以姓氏，如大孙、大戴、姚庙、钟庄、大乐、何庄、中刘、小刘、坝刘、洼刘、沈山、大罗、洪庄等。旧时，大户多习惯于四世同堂，几代人不分家。现在家庭规模缩小，子女婚后大多数都分居立户，家庭成员一般在3~4人。

旧时，六镇农村房屋一般为草房、土墙，屋顶上盖稻草，少数人家是荒草，低矮潮湿，人称稻草屋。改革开放后，随着农民经济收入增加，农民生活水平提高，稻草屋逐渐变成砖瓦结构的平房，21世纪后，开始向楼房转变。现在的居民中，有90%以上的人家在县城或大城市购买了楼房，住进了高档小区，居住条件大有改变。

第三节　岁时节俗

春节

春节俗称“过年”，这在六镇人心中是最大的节日，从正月初一到初三大庆3天。每天早晨放鞭炮，晚上放烟花。年初一，亲戚朋友互相拜年，见面时说“恭喜发财”“新年好”等吉祥语。初二给舅舅拜年。初三给岳父母拜年。以后再给其他亲友拜年。春节禁忌很多，年初一要吃除夕煮的年饭，不开生；3天年节中不动剪，不拿针；年初一不扫地，不向外泼水，不说鼠、死之类的不吉祥话。春节期间，晚辈要给长辈送年礼，长辈给晚辈压岁钱，亲朋中互请“春酒”，一直要持续到正月底。

元宵节

元宵节民间俗称较多，又称作“上元节”，有的地方叫“闹元宵节”，简称“元宵”“元夜”“元夕”等。元宵节是我国的传统节日，在农历正月十五日，六镇俗称小年。正月十五吃元宵，元宵作为一种吉祥食品，也由来已久。“元宵”有团圆美满、和睦幸福之意，人们也以此怀念离别的亲人，寄托对未来生活的美好期望。旧时六镇有正月十三开始试灯，十四、十五上灯（挂灯笼）的习惯。街道两旁灯火辉煌，家家户户张灯结彩，放鞭炮、走太平，人称“小年大似春节”。旧时还舞龙灯、玩花船、放焰火等，人们尽情欢乐。

二月二　龙抬头

农历二月初二，是民间的传统节日龙头节，又称“倩龙节”“春龙节”。相传龙头节最早起源于伏羲，伏羲重农桑、务耕田，每年二月初二“皇娘送饭，御驾亲耕”，后来黄帝、唐尧、虞舜、夏禹等也相继效仿；到周武王时，这一天还举行盛大仪式，与文武百官一起亲耕；唐宋百姓则把二月二作为“迎富贵”的日子，在这一天要吃“迎富贵”的点心类食物。宋人周密曾在《武林旧事》中记述：在南宋时二月初二这一天宫中要举行“挑菜”，即御宴猜谜的娱乐活动，在宴会上摆着小斛（一种口小底大的器皿），插入新鲜蔬菜，让大臣们竞猜菜的名称，根据猜的结果行赏。

在明清时期有“二月初二龙抬头”之说，明朝和清朝的皇帝在每年二月初二都要到先农坛、圆明园举行隆重的“御驾亲耕”仪式，皇帝象征性地在那“一亩三分地”或“一亩园”上扶犁耕田，以祈这一年农业大丰收，百姓能丰衣足食。二月二称为“龙抬头”与节令有关，因为农历二月已进入仲春季节，这时阳气上升，大地复苏，草木萌动，农民们要春耕播种了，土壤干枯急需雨水滋润。俗谚有“龙不抬头天不下雨”之说，农家期盼着传说中的吉祥物龙此时能升天抬起头抖动龙身下一场透雨，以滋润缺水的土壤。另外农历二月初二正值“惊蛰”“春分”节气的前后，此时已春回大地，一些有害的毒虫结束冬眠状态开始涌动，人们祈望龙出来镇住那些有害的毒虫，盼望春雨充沛，祈求农业大丰收，民谚说的“二月二、龙抬头，大囤满、小囤流”非常生动地道出人们的愿望。

六镇村周围的各村庄都有土地庙，一般都在远离村庄的田野里。每年为了办好“二月二”土地会，村里会按户筹集份子钱，遇到有的人家娶媳妇、盖新房、添子添孙、上大学、参军等喜事，或老人年龄达到高寿的农户，都要按约定再多上一些钱物。在外地的人都赶回来，先到土地庙燃放鞭炮以祈盼能风调雨顺、五谷丰登。从二月初一晚开始聚餐，称为“暖会”，第二天中、晚两餐继续依照风俗规定进行，所以本地有“勾着菩萨打平伙”之说法。

清明节

清明是二十四节气之一，中国广大地区有在清明之日进行祭祖、扫墓、踏青的习俗，逐渐演变为以扫墓、祭拜等形式纪念祖先的一个中国传统节日，也是最重要的祭祀节日。扫墓俗称上坟，是祭祀死者的一种活动。扫墓时，人们携带酒食果品、纸钱、鞭炮等物品到墓地，将食物供祭在亲人墓前，再将纸钱焚化，燃放鞭炮，为坟墓培上新土，再折几根嫩绿的柳枝插在坟上，然后叩头行礼祭拜。这一风俗在六镇非常盛行，一般在“清明”节前3天开始，后3天结束。远在外地的子孙都要赶回来，挑（修）坟台，挖坟帽，以此怀念故人。

端午节

每年农历五月初五为端午节，“五”与“午”相通，“五”又为阳数，故又称“端阳节”“午日节”“五月节”“艾节”“端午”“重午”“夏节”等，它是我国汉族人民的传统节日。端午节是在我国已有两千多年历史的旧习俗，现在有法定假日。每到这一天，家家户户都悬挂钟馗像、挂艾叶菖蒲、吃粽子、赛龙舟、饮雄黄酒、佩香囊等。过端午节主要是纪念屈原。

中秋节

农历八月十五日，是我国传统的中秋佳节。这是一年秋季的中期，因此被称为“中秋”。农历一年分为四季，每个季节又分为孟、仲、季三个时段，“中秋”也称作“仲秋”。八月十五夜，人们仰望天空如玉如盘的朗朗明月，自然会期盼家人团聚。远在他乡的游子，也借此寄托自己对故乡和亲朋好友的思念之情。因此中秋节又称“团圆节”。人们一直习惯备好月饼、鲜藕、菱角等食物，晚上全家人团聚赏月。过去农村少年儿童在中秋节夜晚有“玩火把”“摸秋”等习惯。

冬至

冬至是中国农历中一个非常重要的节气，也是中华民族的一个传统节日，冬至俗称“冬节”“长至节”“亚岁”等。冬至这一天是北半球全年中白天最短、夜晚最长的一天。冬至以后，北半球气温持续下降，并开始进入数九寒天，但阳光直射位置逐渐向北移动，北半球的白天逐渐长了，有“吃了冬至面一天长一线”的说法。六镇地区人民习惯在冬至前移坟并墓，有“拣筋”“下祀”“烧霖”等习惯，也有一些人家到坟前烧纸祭祖。冬至是祭奠祖先的日子，活着的人要到死去亲人的坟前祭拜，表示怀念，不能忘祖忘宗。

腊八

中国农历十二月称作腊月，十二月初八，古代称为“腊日”，俗称“腊八节”。腊八节在中国有着很悠久的传统和历史，在这一天喝腊八粥是全国各地老百姓最传统、也是最讲究的习俗，已有1000多年的历史了。六镇民间习俗是在这一天用红豆、黄豆、绿豆、芋干、萝卜、南瓜、玉米等杂粮掺米煮粥，表示丰收不忘灾年的意思，叫作“腊八粥”，现在大多数人家已不再这么做了，只有三塔寺和琼花庵仍每年都这么做。

送灶

农历腊月二十三日“送灶神”，这是六镇民间的风俗。祭灶的祭祀对象是灶君，所谓灶君，就是民间俗称的灶君菩萨、灶王爷、灶公灶母、东厨司命。在民间传说当中，灶王爷是玉皇大帝派到人间察看善恶的大神。灶神是天上星宿之一，因为犯了过失，玉皇大帝把他贬谪到人间当了灶神，号为“东厨司命”。相传灶君掌握一家的祸福，每年农历腊月二十三或二十四，要上天向玉皇大帝禀告人间善恶，所以家家户户在这一天将酒、糖、果等供品放在厨房灶神牌位下祭祀，祭祀后要烧掉灶神像，说是送灶神上天。灶龛两侧贴有“上天言好事，下界保平安”的联语和“一家之主”的横批。全家老小都要参加祭祀、磕头、行礼。有的长子奉香、送酒，并为灶神的坐骑撒马料，从灶台一直到厨房门外小路。现在六镇村有少数人家还在继续，但大多数人家已不再这么做。

除夕

除夕，俗称“年三十”，也就是腊月最后一天，一切能够完成而尚未完成的事情都要在该日之前完成。出远门在外的人要尽可能在除夕前赶回家，庭院房舍要打扫干净，春联、年画、窗花要张贴整齐，男女老少要更换新衣，合家老小欢欢喜喜。

腊月三十，家家忙过年。许多人家中午是不吃饭的。从早上就开始忙炸糕果，做糖食，炸圆子，炸豆腐果子，煎鸡皮，包饺子，煮鸡、鸭、肉。一时砧板声彼此起伏。三十的年夜饭准备完毕，先摆上几样菜，拜灶神老爷，再到故人坟前放鞭、烧纸祭拜。然后开始贴五福、对联，放鞭炮，关门吃饭。家长说：“过年了”，然后用一把稻草将孩子的嘴轻轻擦一下，意思是孩子的嘴是不干净的，不懂事，讲错话，诸神莫怪罪。一家子齐围桌前，按长尊幼卑顺序坐定，年夜饭开始了。菜肴中必有一道鱼，叫圆卵鱼（年保鱼），不能动，要到年十五才可吃，取意年年有余。晚辈依次向长辈敬酒、叩首。还有意将碗里的饭剩一点，留作（余）明年再吃。吃年饭中，有的长辈给小孩“压岁钱”，也有的当家人给老年人“压岁钱”，这是过年的习俗，也是希望把祝愿和好运带给他们，平平安安度过一岁。除夕之夜，大多数家庭欢聚一堂，观看中央电视台播出的春节联欢晚会节目，也有的老年人彻夜不睡，在“守岁”。

第四节　传统风俗

六镇村人民勤劳勇敢、豪爽纯朴、热情好客，在平时生活中养成了刻苦耐劳、积极进取的品格，在社会主义现代化建设高潮中与时俱进、开拓创新，在构建和谐社会、创建文明乡村的新时期，注重将优秀文化传统发扬光大。

开秧门

旧社会六镇村农民开始插秧时，有祭神农、祭土地菩萨之俗。在村庄门口摆放香案、供饭、焚香、祭秧神、放鞭炮，以求苍天保佑五谷丰登。农民早上起来拔秧时，燃放鞭炮，以示“开秧门”。在插秧时唱秧歌调，耕田时唱耕田号子，引水灌溉农田车水时唱车水号子，庄稼成熟收割后捆成把子，在挑担时边走边打号子，表达丰收的欢乐。一般突击性的农活，亲友、邻居都互助，或请人帮忙。打下稻谷堆好后，一般人家都用稻草灰在谷堆上撒“一粒下地，万担归仓”或“一本万利”等字样做记号，以防坏人偷盗。现时，农民种田实现了机械化操作，既省时又省力，但有些旧风俗仍流行。

请财神

旧时，商业、手工业学徒工拜师求艺，很讲究礼节，规矩甚多。要烧香拜佛，徒弟向师傅磕头作揖，以示敬重，还要送礼请客，以示孝敬。商店店主的香火堂上摆放财神菩萨，过年时门上和墙上贴财神爷画像，祈祷菩萨保佑发财，招财进宝。春节后逢第一个集为开集，除烧香燃放鞭炮外，店主还要设宴，招待老顾客。过去人们都是步行进货，由人工肩挑，半夜就动身，如用独轮木车时一人推，另一人用绳背，也有的人家用小驴或骡马运货。旧时六镇有80余家店铺、商行。中华人民共和国成立后，私人商铺开张营业，亲朋好友放鞭炮、送红扁，祝“开业大吉”，恭贺“生意兴隆”“广进财源”。大单位、企业开业时，则举行开业典礼、剪彩仪式。

庙会

三塔寺，始建于隋大业年间（605—618），是全椒规模最大、佛像最多的寺庙，有“江北第一寺”之美称。农历正月十五是三塔寺的传统庙会。每年这一天，四面八方的香客、方圆百里的百姓、大江南北的游客云集三塔寺，寺内香烟袅袅，香火旺盛，信众们跪拜在菩萨面前，磕头烧香，祈求一生平安，百

三塔寺庙会门前一角

庙会时群众焚香场景

姓们则是通过上三香、点红烛、系带等方式举行祈福活动；三塔寺外，僧道两旁，各类小商小贩的摊点有序分布，各种各样的商品琳琅满目，叫卖声、还价声在熙熙攘攘的人群中此起彼伏，游客们品尝美食，购买特产，一边游玩一边感受传统庙会中蕴含的文化魅力。

走太平

全椒名桥六镇凤凰桥，先前称六丈桥，民国后期称太平桥。六镇的习俗是正月十三开始试灯，正月十五上灯走太平。六镇街上家家户户在天刚黑时，就在门前挂上一盏灯笼，全街灯火辉煌，人们陆续来到桥上烧香、放鞭，互相问候祝福，还交换手中的燃香带回家，在香案上继续燃烧，祈求一生平平安安。

烧香、打醮、抬菩萨

烧香、打醮、抬菩萨是六镇地区与众不同的又一习俗。在每年的农历七月十五日举行，七月十五人称“鬼节”，又叫“中元节”。

从七月十三日就开始设金堂，金堂一般都设在较大的房子里，如六镇杨庆炳家敞厅、杨福广家敞厅都设过。所谓金堂就是用桌子垒起来的法台，一般都是5层，每层都铺上金堂帘子，非常漂亮。金堂上供有大小神像、十八罗汉，还供有公鸡、鲢鱼、猪头等。在大金堂前摆设3个小金堂，代表天、地、人间，小金堂上供有牌位、香炉等。同时全街每家每户都要设香案供牌位，牌位上写有天、地、人间三界，禊灾等内容。道士每天都要朝幡3次，念经、烧香、跪拜，连续3天。

同时，在野外找一较大广场，曾经多在街南琼花池旁，高高竖立一根3丈多高的招魂幡，幡上面扎着纸仙鹤，招天下孤魂野鬼，和尚道士每天都要来到幡前念经、朝拜，意为超度亡魂。

七月十三日晚开始“耍孤”，四处游方，散路灯，意在祈求安宁。

十四日在街上搭一个轿子，敬请“三宝”（玄奘）。同天，道士要到六镇四周的小土地庙“巡视”念经，祈求保护六镇一方水土平安。然后再到琼花庵、龙门庙、东岳庙、三塔寺等庙宇烧香念经，祈求六镇及周围平安吉祥、风调雨顺、五谷丰登。

七月十五日磙灯玩钹，几个人手捧点着的灯台，道士玩镲钹，变化莫测，一个镲钹抛向空中，用另一个镲钹接住，空中落下的镲钹在这只镲钹上飞快地旋转，并发出动听、清脆悦耳的声音，旋转有时能持续2分钟，村民看得眼花缭乱、目瞪口呆。和尚念经，阿弥陀佛，祈求来年平安吉祥，风调雨顺。一堂和尚，一堂道士，真是热闹非凡。

十六日拆台，众人抬着菩萨，前面鸣锣开道，敲锣打鼓，道士、和尚跟随众人一道，经过六镇街道每家每户门前，各家各户都要设香案、放鞭炮，迎接菩萨的到来，有的人家还跪拜菩萨。锣鼓声、鞭炮声、人群逐闹的声音交织在一起，很是热闹。

此项活动从七月十三日晚开始，到十六日结束，共3天时间，在3天之内，六镇全街人只能吃素，不准吃荤。这是六镇地区所谓的烧香、打醮、抬菩萨。这项活动在中华人民共和国成立前年年都举行，中华人民共和国成立后只举行过一次，现在已停止了。

第五节　礼仪民俗

婚姻

旧时指腹为婚、箩窝配亲、媒人说合、收童养媳、换亲等封建包办婚姻制度在中华人民共和国成立后逐步革除。20世纪50年代以后鼓乐伴随花轿迎娶新娘，新人拜堂成亲。70年代后，新娘都是在男女双方“迎亲、送亲”的陪同下步行到男方家。80年代后，由于经济条件好转，男女双方花费都在几千元以上，流行用拖拉机、汽车迎娶新娘。21世纪以来，娶亲用轿车，一般要用6辆，花费更大，同时新人还要在城镇上买新房。现在六镇婚嫁中的习俗有：

定亲　由男方择日邀请女方父母和主要亲戚到男方家，也称“看家”，男方要给女方衣料、金银饰品，同时还要给女家所有来者衣料或“红包”。

过大礼　以示即将娶亲，男方要给女方送衣料、烟、酒、食品（对肚、对鸭、方肉等）。

送嫁妆　在正期的前一天，男方要到女方家讨取女方家陪嫁的衣被、电器等用品，男方用鞭炮接嫁妆，并发给女方送嫁妆者红包。

贺号　在正期的前一天晚上，男方家亲朋好友来上礼吃喜酒。同族要做“号条”，有的人家是舅舅贺号，并在绸被面上用一百元纸币贴“双喜”，至少需人民币3200元，条件好的贴上万元。

正期 早上男方家用花车将新娘接回，在中午开席前，还要“喝糖茶”。新娘给女方家来喝喜酒的每人一杯“糖茶”（有的地方男方亲戚喝“糖茶”），喝糖茶的人要给新娘喜钱。晚上，仍然有闹洞房的习俗。

生育

做朝 一般在婴儿出生后9天或12天做朝，男女双方亲戚前来“上情”，原先上情主要是送食品（老母鸡或鸡蛋）和小孩穿戴用品，现改为给钱（红包），金额一般在500~1000元左右。

抓周 婴儿长到1周岁时，亲朋好友应邀赴宴上礼祝贺，桌上摆放笔、书、糕点等物品让小孩用手去抓，故称抓周。小孩如抓了笔或书，亲人便称赞孩子长大一定会读书上进，出人头地；若抓到糕点，便赞其“步步登高”，皆是吉利话。

10岁生日 六镇当地小孩过10岁生日时，主要亲戚都来祝贺，购生日蛋糕，贴“生日快乐”等喜文，这时亲朋上情的钱数不限。亲朋欢聚一堂，主家设宴会提供三餐。

寿庆 寿庆一般从50岁开始，10年一庆（实际逢九庆祝，叫作“九不做十”），50岁称“大衍”，60岁称“花甲”，70岁称“古稀”，80岁称“耋寿”。寿庆时，晚辈及亲朋都要应邀上寿礼，其中外甥礼品最重，主家回礼，有的用大面额人民币贴“寿”字，两旁挂寿联。头天晚上寿星坐堂屋正中，晚辈依次给“寿星”叩头，寿星赏喜钱，寿期早吃元宵、面条（寿面），中、晚餐摆酒筵。做寿庆的在六镇不多见。

升学 从20世纪90年代至现在，六镇时兴升学礼，凡是考上大学的孩子，家长都要摆酒筵，邀请亲朋好友前来祝贺。

建房

造房在农村是件大事，传统民居都是砖木结构，在材料选择时很有讲究，一般不用楝树和桑树，因为楝树苦，桑树音“丧”，都不吉利。房梁的长度尾数一般都带“六”，如“一丈一尺六，一丈二尺六”等，取“六六大顺”意。开工时东家很慎重，先选好日子，奠基时放鞭炮，给匠人发喜钱、摆酒宴，然后才开工。

六镇建房，瓦工、木工劳作时，要说喜话，向主人家贺喜道吉，备材料选梁时，木匠说："恭贺主家砌华堂，保兴主家成富翁。"

正梁准确地放到预定的位置后，瓦匠在上面用"千斤锤"（一对木锤）敲3下，木匠师傅开始说："日出东方喜洋洋，宝地上面建华堂。前面砌的状元府，后面造的宰相堂，东边建的金银库，西面建的积谷仓。凤凰不落无宝之地，诸侯出在你府上。"

木匠话音刚落，瓦匠接着说："红的绫、绿的绸，前檐拉到后檐头。多子多福又多寿，大富大贵度春秋。糕粽馒头白如银、散给前邻共后邻。四邻和睦家道好，越富越贵越康宁。"

在说喜话的同时，红布从正梁上高高披挂下来，金花也插到了中柱顶端。瓦木工每说一句"喜话"，下面围观的人都高声回答"好"！"喜话"不断，叫"好"的喝彩声也不断，接着开始放鞭炮，瓦木工在中梁上面将蒸饭和云片糕、糖果等撒向人群，众人开始争抢凑热闹，增添喜庆气氛，未抢到的人，主家主动送给他们，不让邻里亲友空手而归。

瓦木工将"千斤锤"挂在堂屋的中柱上，用以镇宅。瓦木工下来后，主家主动给他们分发喜钱，上梁仪式便在欢笑声中结束。当晚，主家还要摆上"上梁酒"以示庆贺。

落成、乔迁 六镇人家建房或买房，都要举行仪式庆贺，建房称"落成之喜"，买房搬迁时，也要送礼祝贺，称"乔迁之喜"，东家均设酒筵款待。

丧礼

人死了本地称"老人了"，要举行葬礼，也是寄托对死者的哀思，让死者的灵魂安居于另一个世界。20世纪丧葬为木棺土葬，仪程为入殓、出殡、安葬、守孝等。在亲友的守护下度过最后时刻，这叫"送终"。灵床通常设在正堂中央。

入殓 死者临终，子孙下跪送终，孝子为死者净身净面，亲者为死者穿老衣，俗称"穿寿衣"。死者口衔铜钱，称之"含口钱"，一手拿吃的食品，一手拿手帕，面盖"蒙脸纸"。在灵床前放一矮方桌，桌上放一盏油灯，称长明灯，持灯照明，走向阴间。再供上一碗"倒头饭"，意思是让死者吃上最后一碗饭，也可以放一些其他供品。

死者停尸的堂屋要布置挽幛、挽联，孝子要守夜。3日后就可以下葬了。

下葬前要请风水先生看地，写守孝“尽七”单子，丧礼一般是第一天入殓，死者至亲，如娘家人、闺女等必须到场见一面，第二天家奠，第三天出殡。农村（农历）二、八日不出殡。

出殡 出殡前或后，亲戚、朋友、邻里人都吃斋饭，讨老孝（吉祥之意），死者亲人发给孝欢（白布或毛巾）、寿碗等，至亲都披麻戴孝。出殡前先是开炮，击鼓3通，鸣金3响；奏大乐（锣喜），举哀，哀乐止，读祭文，读哭文，子孙晚辈在灵柩前跪拜，哀门内是近亲，哀门外是朋友、乡亲，村里人在出殡沿路放鞭炮，8人抬着棺柩一直送到墓地。出殡都在清晨，送葬队伍也讲究排场，人越多，鞭炮、纸钱越多，抬棺的人越多，丧家就越有脸面。

安葬 丧礼的最后一道程序是“下葬”。旧时为土葬，事先选好墓地，先挖一个放棺材的深坑，谓之“打金井”。棺木到来后，风水先生指名棺材在坑中的朝向，谓之“定向”。在坑中放进一把稻草，点燃焚烧，谓之“暖坑”。孝子下到坑中，其他人向坑中撒些碎银铜板，谓之“分金”。孝子验察坑穴后，与众人用绳索将棺柩平稳放入墓穴。再把铭旌——白粉字写在布绸上的“某人（革官）之柩”的文字，放在柩上，这叫作“安位”。此时有人在一旁说些吉利话，谓之“说好”。开始填土，先是孝子铲进第一锨土，其他人依辈分亲疏依次向坑里撒土，谓之“兜宝”。土填平，再向上垒土成坟，谓之“斗金”。众人行礼，路边燃一堆火，众人依次从火上跨过，火过鬼不侵。至此，丧事完毕。

守孝 “尽七”那天，“扎灵”送到坟地去烧。出嫁的女儿要送“七饭”。将10大碗荤菜（不烧熟）做成动物状，插上纸花，先作祭品，后为“散七”宴席之菜。“百天”或逢1周年、2周年、3周年忌日，孝子和至亲都要到茔地祭奠举哀。周年满祭后，即按通常的礼俗祭扫坟茔。丧事后第一个春节，从除夕夜开始，孝子要足不出户守孝3天。第一年大门联对用黄纸，第二年用绿纸。直系亲属在年初一聚集拜年。

殡葬改革是破千年旧俗、树一代新风的社会改革。1976年六镇村开始实行殡葬改革，废除土葬，实行火葬，逐渐废弃棺材，运用骨灰盒埋葬死者。现在基本上形成了一个村民小组一块墓地的状态，结束了以往一家一户一墓地的零乱现象，还有的人家盖了“骨灰堂”，大大减少了土地使用，移风易俗、文明祭扫的风气正在形成。

第六节　陋俗避讳

陋俗

旧有“摇宝”“推牌九”“打纸牌”“搓麻将”等赌博和暗妓宿娼陋习，有算命、卜卦、看相等迷信活动。中华人民共和国成立后，政府采取果断措施并严厉打击，此陋俗和迷信活动基本上杜绝。

避讳

六镇村流行的避讳忌语如下。人生病了叫“不好过”；吃中药叫吃“香茶”；小孩得麻疹，叫“过花”；人得疟疾，叫“打摆子”或叫“打脾寒”；女人平时说话不能说“快活”二字；人死了，说“走得了”；请木匠打棺材，说“做寿材”；坐车时不能说“翻”字；坐船不能说“乘”字（讳沉船）；过春节时，不能说“鼠”。

禁忌

六镇人招待客人，上菜要上双数，打蛋忌用两个（因棺前放两个鸡蛋称“倒头蛋”），一般是3个蛋以上。红喜事及宴席桌上摆菜要成双数，丧事上席摆菜，如夫妇还有一人健在，菜数必须上单数，不能成双，其桌上一碗鱼要吃掉，以示丧事“不余”。春节3天在家服丧，一般不到亲友家串门或拜年。探视病人一般在上午，忌下午。喜庆礼品忌黑色和白色，一般红纸包贴。寿辰或喜事礼品忌送钟表。母鸡叫鸣视为“不吉利”，必须要杀掉。宰杀禽畜要一刀杀死，忌用数刀。送结婚礼品不能送“钟”和“伞”（意为“终了”和“散了”）。

第七节 乡土方言

方言土语

称谓用语

祖父称老爹、爷爷

祖母称奶奶

外祖父称外公

外祖母称外婆

父亲称爸爸、老伯、爷、爸、大大

母亲称妈妈、妈爷

叔叔称二大、三大……

婶母称大婶、二婶……

舅舅称大舅、二舅……老舅

舅母称大舅母、二舅母……小舅母

丈夫称爱人、老头子、男人、伢子大等

妻子称爱人、老婆、家眷、奶奶、伢子妈等

女儿称丫头、姑娘

公公，儿媳在外称之为老公公，在家随丈夫称呼

婆婆，儿媳在外称之为老婆婆，在家随丈夫称呼

岳父，女婿称之为丈人，见面时随妻称呼

岳母，女婿称之为丈母娘，见面时随妻称呼

其他用语

老太是对曾祖父、曾祖母的称呼，或对年龄大女性的尊称

师傅是社会对工人的通称，或工人之间互称

先生是对老师或医生的尊称

老某（老字后带姓），多为机关单位平辈相称

某老（老字前加姓），对年长者尊敬的称号

小某（小字后带姓），是年龄大的表示对年龄小的比较亲热的称呼

动物用语

耗子（老鼠）
曲蟮（蚯蚓）
老哇子（乌鸦）
蜇蜇子（知了）
火萤虫（萤火虫）
叫游子（蟋蟀）
刀螂（螳螂）
骚角蛋、牯牛（公牛）
犨牛、水牛（母牛）
爵猪、牙猪（种猪）
癞癞姑子（癞蛤蟆）
老母猪（生养猪仔的母猪）
犍猪（公猪）
胖头（鳙鱼）
鲢子（鲢鱼）
爬蟹（螃蟹）
蜻蜻子（蜻蜓）
老鳖（甲鱼）
猪幌子（猪血）
牲口（指牛、马等家畜）
麻秋子（麻雀）
四脚蛇（壁虎）
田鸡（青蛙）
火烧炼（带红色的水蛇）
别虎子（蝙蝠）
獐猪（母猪）

植物用语

桑果子（桑葚）
苞芦（玉米）
北瓜（南瓜）
野菜（荠菜）
小瓜子（香瓜）
藕把子（藕结）
秋油（酱油）
芦苏（高粱）
大椒（辣椒）
笔秋（荸荠）
红花草（紫云英）
萝包（萝卜）
色粉（粉丝）

身体用语

头脑壳子（脑门子）
眼拐（眼角）
脑劲把子（后颈部）
脚爪头子（脚趾）
手爪头子（手指）
脚门丫（脚丫）
脚底（脚心）
下巴菇子（下颚）
狐骚味（狐臭）
裸疱气（疝气）
过浓（化脓）
搭脉（切脉）
结巴子（口吃）
肋巴骨（肋骨）
夹肢窝（腋下）
抽呼（打呼噜）

害得背（脊背生疮）
风疹子（皮疹）
豁嘴子（兔唇）
死脑筋（脾气固执的人）
寒斯怕冷（发寒）
疵痧子（中暑）

口头用语

熊人（批评人）
村巴巴（贪吃）
捣经（谈心）
肉头（经济上经常让别人讨便宜）
瓢的（不晓得，不知道）
砸蛋（闯祸，出乱子或事情不好办）
结石（不通情达理，不懂人情世故）
甜了吧唧的（很甜）
正儿八经的（一点都不假）
日厌（招人厌恶）
不成常（不学正道）
不弄子（不神气的人）
坐小月子（流产）
钱各子（硬币）
吃香（吃得开）
决人（骂人）
麻风雨（毛毛细雨）
蛋（捣蛋，捣乱）
解手（解大小便）
抬杠（争论）
脓胞（没有出息）
不顶龙(没有出息、缺知识和才能)
夹生饭（未煮熟的米饭）
闹别扭（吵嘴）
作兴（也许）
呱蛋（聊天）
筷抽子（筷笼）
半调子（事情不做到底）
日白流蛋（扯谎，说话不真实）
满中（正午）
红案（酒馆手艺）
隔巴子（鞋骨子）
顺汤顺水（顺利）
现世（出洋相）
甩了甩气的（做事粗鲁）
上茅斯（解大小便）
火团子（招惹是非）
和嗤（算了，平等）
有喜（怀孕）
哪块子（哪里）
站码子（现在）
褪灰（把灶膛里灰扒走）
雷堆（愚蠢）
二百五（不精明人）
茅缸（厕所）
咽咽（谈谈）
酒桶子（指能喝酒的人）
讲不信（不听话）
一兑（抵销）
扎实（坚固结实）
夹那巴生的（不讲理）
赖尿（尿床）
厚道（忠实）
好佬（贪小利）

带点尾子来（向饭店厨师要汤）
沫浪子（泡沫）
起哄（热闹）
围腰（围裙）
摸得很（做事慢）
做事搭僵（做事不扎实）
老八代（苍老）
怄气（郁闷）
踏步子（台阶）
翘辫子（人死了）
头绳褂子（毛线衣）
假马的（不是真的）
被窝（被子）
小头巴稀的、小气（吝啬）
抠鼻子凹眼睛（面部不规则）
毫毫子（一点点）
小鸡肠子（心胸狭窄）

受窝囊气（受气）
伤蛋（称人困难）
厦子（正房侧面的小屋）
身子重（懒惰）
怂样（形象不好看）
吵窝子（吵嘴）
活歹（丑陋）
怎搞的（怎么搞的）
到哪咳（去哪儿）
得味（好玩、有趣）
围颈子（围巾）
荷包（衣兜）
手捏子（手帕）
嘀咯长（很短）
打光襟子（上身未穿衣服）
我的乖乖隆的咚（非常惊奇）
甩大（很大）

农业生产用语

饮牛水（拉牛去喝水）
打牛汪（拉牛下塘洗澡）
薀子（稻、麦瘪子、杂质）
山芋垄子(土堆的垄子用以栽山芋）
翻场（翻晒农作物）
板掀子（扬谷用的木掀）
闸样（推谷成堆的农具）
栽秧（插秧）
兜窝子（石臼）
歇盼（休息）
稻箩（箩筐）
簸稂（簸箕）
搗门（敲门）

把牛尿（让牛撒尿）
烤秧田（晒秧田）
塘缺子（塘埂上开挖流水的缺口）
漏子（塘埂上流水的洞）
泼老场（用水洒做打谷晒谷的场子）
推样（用来翻晒谷子的农具）
尿挽子（粪勺）
水舀子（水瓢）
掼稻（脱粒）
耖田（犁田）
筐子（粪筐）
条柱（扫帚）
石磙子（碾子）

机稻（碾米）　　　　　　　　　　　摸洋工（偷懒）

兜田埂（防田埂周边渗水）

俗语

三个臭皮匠，赛过诸葛亮。（比喻人多智慧多。）

用菩萨抬菩萨，不用菩萨甩菩萨。（形容用人时就求人，不用人时就不睬人。）

愿在世上挨，不愿在土里埋。（比喻人活着比死了好。）

巢县官，管得宽。（比喻有的人多管闲事。）

人向高处走，水向低处流。（形容人总是向好处想。）

人在家里坐，祸从天上降。（形容人的祸福难料。）

生姜还是老的辣。（比喻老年人经验丰富。）

望人吃豆腐牙齿快。（看别人做事不顺眼，轮到自己就不行。）

占着茅缸不窝屎。（比喻占着位子不做事。）

债多不愁，虱多不痒。（形容人欠债多了，反而不着急。）

大门不换向，媳妇照婆样。（比喻婆婆的生活方式和习惯会影响媳妇。）

不是一家人，不进一家门。（形容一家在一起生活久了，其生活习惯也趋于相同。）

一手招进来，两手推不开。（需要时叫人帮助，事后不好打发人了。）

用人不疑，疑人不用。（比喻用人时，就要放手让人去做事。）

平时不烧香，临时抱佛脚。（比喻平时不认真，用时靠突击。）

穷没有根，富没有苗。（穷富不是生来就有的。）

穷不过三代，富不过三代。（比喻穷人的孩子创业勤奋，富家子弟容易养尊处优。）

青菜豆腐保平安。（比喻常吃蔬菜身体好。）

家家都有一本难念的经。（比喻每个家庭在日常生活中，都有不同的烦恼和困难。）

闷闷发大财。（比喻处世低调的人能发大财。）

薄田丑妻无价之宝，肥田美妻祸害根苗。（比喻丑妻不容易招惹是非。）

吃人嘴软，拿人手短。（形容人不自立，易被人牵着鼻子走。）

不听老人言，吃亏在眼前。（强调多听年长人的话，不会做错事。）

惯子不孝，肥田收瘪稻。（比喻对孩子宠爱过度，反而害了他。）

打死会拳的，淹死会水的。（比喻为人做事要谨慎。）

上梁不正下梁歪，中梁不正倒下来。（比喻做主子的不正派，其下人也难正派。）

外有挣钱手，家有聚钱斗（聚宝盆）。（形容女人当家很重要。）

家有肥猪外有秤，家有黄金外有论。（比喻人家有钱或无钱，别人也能观察出来。）

人不到黄河心不死。（形容做事过于执着。）

家鸡一撵团团转，野鸡一打满天飞。（比喻亲情割不断。）

蛇有蛇路，鳖有鳖路，螃蟹有斜路。（比喻每个人有每个人的生活方法和门路。）

宁可冇一村，不可冇一家。（形容做事时，注重场合要面面俱到。）

人上一百，五颜六色。（比喻人多了，什么性格的人都有。）

人不走运，喝水都砬牙（塞牙缝）。（比喻运气不佳的人，不管做什么事情都不顺利。）

叫人不折本，舌头打个滚。（比喻尊重他人，不需要付出。）

棍棒底下出孝子。（比喻有才的人是通过严厉的教育而成才的。）

孬人有福，土地老爷住瓦屋。（形容老实人运气好，做本分人有好报。）

女婿哭丈人，叫老驴放屁，儿子哭老子，震天动地，女儿哭父亲，真心实意。（比喻真情割不断。）

晴带雨伞，饱带干粮。

寒从脚下起，病从口中入。

小洞不补，大洞一尺五。

耳听为虚，眼见为实。

好借好还，再借不难。

要想人不知，除非己莫为。

跟好学好，跟坏学坏。

农谚

庄稼一枝花，全靠肥当家。

儿子逗老子，粪不逗人。

肥是农家宝，种田少不了。

一粒下地，万粒归仓。

人黄有病，苗黄缺肥。

十成稻，九成秧。

养猪不赚钱，回头看看田。

谷锄深、麦锄浅，豆子露出半个脸。

人误地一年，人误人一生。

黄豆开花，田沟拉虾。

头三天割不得，后三天割不彻。

好种出好苗，好葫芦锯好瓢。

正月好过年，二月好赌钱，三月看小戏，四月才做田。

一天省一把，一年买匹马。

三年硬饭卖条牛，三年烂饭买条牛。

家有千条牛，不点双灯头。

七月枣子，八月梨，九月柿子红了皮。

气象谚语

乌云接日头，半夜雨不愁。

早上乌云障，中午晒死老和尚。

春雾雨，夏雾热，秋雾凉风，冬雾雪。

日落乌云涨，半夜听雨响。

日头拦中现，还有三天不见面。

雨雪年年有，不在三九在四九。

四九中心腊，河里冻死鸭。

吃了夏至面，一天短一线。

东虹日头西虹雨，南虹北虹干到底。

一场春雨一场暖，一场秋风一场寒，十场秋风穿上棉。

燕雀高飞晴天到，低飞雨天报。

早宿鸡，天必晴，晚宿鸡，天必雨。

秋前北风秋后雨，秋后北风干到底。

太阳反照，淹到锅灶。

霜前冷，雪后寒。

吃了端午粽，才把棉衣送。

虹高日头低，早晚披蓑衣。

水缸出汗蛤蟆叫，必有大雨到。

吃了冬至面，一天长一线。

春东风，雨祖宗，东风不换，晴不到半天。

早看东南，晚看西北。（东南晴即晴，阴即阴。）

天黄有雨，人黄有病。

春寒必有雨。

不怕初一下，就怕初二阴，初三下雨十三晴。

“九”尽花开，冻出尿来。

冬至百六是清明。（冬至后106天是清明。）

日晕长江水（要下雨），月晕起狂风。

三月还有桃花雪，四月还有麦楷霜。

正月雷打节，二月雨不歇，三月抄干田，四月秧上节。

冬至连久数，数单不数双。

霉已伏，热着哭。

三九心不冷也是冷，三伏天不热也是热。

霉天淹根，伏天淹心。（水稻在霉天要浅水，伏天要深水。）

麦要风，稻要烘。

一天一暴，田埂收稻。

小暑打雷、大暑破圩。（小暑那天打雷，以后雨水多。）

立秋打雷，瘪稻成堆。

立夏起南风，十场九场空。

麦怕张芒雨，稻怕夜东风。

立夏不下，犁耙高挂。

平秋三场雨，遍地出黄金。

一穗两穗一个月上砻（稻）。

白露下雨一场空。

三月清明晒得柳叶焦，一担大麦紧你挑（收成好）。

二月二猪打汪，十田坏了九田秧（二月二这天不能热）。

六月初一下一点，泥鳅黄鳝干瞎眼（不能下雨）。

物候谚语

三月三，南瓜葫芦要上滩。

小满栽秧家把家，芒种栽秧普天下。

麦到芒种刀下死。

夏至种芝麻，当头一枝花。

知了叫，割早稻，知了飞，堆草堆。

秋前秋后，鹰爪绿豆。

喝了白露水，蚊子肿了嘴。

椿树头一捧，家家要泡种。

蜂子锥屋檐，麦种要下田。

清明前后，种瓜点豆。

夏至种黄豆，长死一榔头。

头伏萝卜，二伏菜。

大暑前，小暑后，两暑中间种绿豆。

山芋栽到秋，强似挖荸荠。

寒露油菜，霜降麦。

“五九”“六九”，河边插柳。

清明泡种，谷雨栽秧。

清明要晴，谷雨要淋。

歇后语

小葱拌豆腐——一清（青）二白

过年娶媳妇——双喜临门

脊梁心贴画——热闹人

泥菩萨过河——自身难保

兔子尾巴——长不了

蛤蟆爬秤盘——自称自

马尾穿豆腐——没法提

哑巴吃饺子——心中有数

狗咬刺猬——无处下口

快刀斩乱麻——干净利索

老虎屁股——摸不得

擀面杖吹火——一窍不通

老猫上锅台——熟路

坛子里捉鳖——手到擒来

肉包打狗——有去无回

杀鸡用牛刀——小题大做

老鼠过街——人人喊打

芝麻开花——节节高

乌龟吃大米——糟蹋粮食

小鬼晒太阳——无影

锣鼓家伙——各打各的

高山打鼓——名（鸣）声在外

钟馗嫁妹——鬼混（婚）

小秃子打伞——无法（发）无天

四两棉花——谈（弹）不上

叫花子唱戏——穷开心

十五只吊桶打水——七上八下

老鼠拖板掀——大头在后头

一跤跌在煤堆上——倒霉（煤）

懒婆娘的裹脚布——又臭又长

棺材里伸手——死要钱

王八吃秤砣——铁了心

小和尚念经——有口无心

坐轿翻跟头——不受抬举

茶壶装饺子——有货倒不出

咸菜煮豆腐——有言（盐）在先

老母猪下豌豆田——老嫩一把掳

外甥打灯笼——照旧（舅）

坐飞机吹喇叭——空想（响）

黄鼠狼给鸡拜年——没安好心

竹篮打水——一场空

老鼠钻风箱——两头受气

老公公背儿媳过河——出力不讨好

巷子扛木头——直来直去

脱裤子放屁——多费事

江西老表——假好

三花脸做皇帝——没有正像

孔夫子搬家——尽是输（书）

聋子耳朵——陪送（摆设）

大姑娘坐轿——头一回

秃子头上虱子——明摆着

梁山的军事——无（吴）用

瞎子打灯笼——白费油蜡

丈二和尚——摸不着头脑

头上长疮，脚底流脓——坏透了

猪八戒照镜子——里外不是人

哑巴吃黄连——有口难言

做一天和尚撞一天钟——得过且过

三伏天穿皮袄——不是（识）时候

石板上钉钉子——硬碰硬

快刀打豆腐——两面光（两边讨好）

炮仗店失火——自己恭贺自己

脑壳上涂油——滑头

麻布口袋装菱角——里戳外捣

草帽坏了边——顶好

草帽无顶——顶坏

茶壶坏了把——只剩嘴

下雨背稻草——越背越重

骑在驴背上看书——走着瞧

糠箩跳进米箩——好福气

胸口挂钥匙——开心

黄牛角、牯牛角——各（角）归各（角）

拉虾子过河——谦虚（牵须）

狗脸无毛——翻脸不认人

癞蛤蟆吃天鹅肉——痴心妄想

手电筒照人——不照自己

老鼠啃书——咬文嚼字

狗咬耗子——多管闲事

公鸡阿屎——头节硬

黄鼠狼看鸡——越看越稀（少）

懒猫逮到死老鼠——巧遇

一粒老鼠屎——带坏一锅粥

狗咬叫花子——欺负穷人

九华山的菩萨——照远不照近

第七章

古迹 碑刻

第一节 古　迹

六丈古镇

六丈古驿道 元、明、清时期道路桥梁由兵部水官掌管，其所经行的干路为驿道。元时，驿制甚发达，有站赤（驿）和急递铺（邮）之分。

六丈古驿道

明驿邮，职掌于兵部车驾清吏司，驿邮有会同馆（在京师之站赤），水马驿（站赤），急递铺，递运所（管理运输）。

清驿邮掌于工部车驾清吏司，驿邮或称驿、站、塘、台、所、铺。（根据《古今图书集成·方舆汇编》："安徽驿八十一。"）

民国3年（1914），邮政局成立，驿站业务归邮传部，自此驿站就全部裁撤。

六镇距县城40华里，是皖东的千年古镇。六镇街道古老，原青石铺地，东西向。在东西两头的入口处，原各有一个关隘，题额分别为"人登古道"和"以固吾圉"（古称中国为"九州"又称"九圉"）8个大字。可惜在1960年被拆除。现"人登古道"石刻在县交通局保存。

半个世纪以来，古道遭到严重破坏，1959年，青石运到丰产水库修涵闸，剩下的运到小集铺路，六镇古道改为土路，群众受害匪浅。2013年，在市政府选派干部张伟的关心下，市政府拨款30万元，将古道修理一新，既解决了群众的实际困难，又恢复了古道的原来面貌。

六丈驿站 我国最早的旅馆称为"驿传"。西周早期，驿传已相当普及，统治者在通往都城的道路上广修客舍，便于各地诸侯入朝纳贡和朝觐时休息。

春秋战国时期，除了官用"驿传"，名为"传舍"或"逆旅"的商业性客舍也出现了，遍布各地。

秦朝统一后，开始在全国范围内建立“驿传”制度，汉承秦制，“驿传”得到进一步完善。据史书记载，西汉初期，各地均在交通要道上设立驿馆，每30里一处。

南北朝时，许多王公贵族发现经营旅馆存在巨大的商机，竞相建置，旅馆林立城中，望不到边。为了满足一些外来客商的特殊需求，还出现了“邸店”，“邸店”除了为客商提供食宿服务，还可以提供空间来储存货物，以便进行商业贸易。南朝谢灵运在《游南亭》中说：“久痗昏垫苦，旅馆眺效歧。”这是“旅馆”一词有据可查的最早记录。

到了唐朝，经济繁盛不衰，各国使者纷纷到大唐学习取经。为了彰显唐人风度，官方旅馆的建设被提上了日程。唐代的官方旅馆有两种制式，一种叫“鸿胪客馆”，由主管外事接待、民族事务的鸿胪寺管辖，主要接待外来使臣；一种叫“四方馆”，由中书省管辖。这两种旅馆都是官方背景，除了建设官方旅馆，民间旅馆的发展也相当可观。

据《中国古今地名大辞典》（商务印书馆香港分馆1931年出版）记载：“六丈镇在安徽省全椒县西四十里。唐置六丈驿于此。”六丈驿站始建于唐朝，皇家在这里建立了驿站，名叫六丈街。驿站位置处于老街中段，坐南朝北，门对庐陵驿道，占地面积约1万多平方米，共建了5个大宅子，每个宅子宽5丈，有五进房屋，房子大小不一，均有敞厅和厢房，每个宅子有41间房子，并有大小不等的院落4个，墙上还残留有当年的拴马铁桩。5个宅子共建有房屋205间，院落20个，内有古井2口，后有花园，并有消防池。民间相传这是当年金陵通向庐州古道上的最大的一个驿站，专供传递政府文书的人及往来官员中途更换马匹或休息住宿。

驿站遗址出土的房基柱石

宋朝，六丈地区商品经济最为发达的时期，皇家在这里设置了税收机关，置监官，掌火禁兼酒税事。当年的六丈私人旅馆临街而立，热闹非凡。

到了明初，全国要冲均设驿馆、递铺，数量只增不减，“10里一铺、60里一驿”的格局最常见。

明清时期，在旅馆的基础上衍生出会馆。康熙年间，于成龙任两江总督期间，将六丈驿站移交给杨琼庵家族。

可惜驿站毁于多次的战火动乱之中，特别是日军侵略中国火烧六镇时，损坏最为严重。中华人民共和国成立后，六镇驿站仅存的7户人家也拆迁到不同的地方。

六丈老街　六镇老街是一条东西走向的街道，据史料记载，唐代时就有六丈驿街。

六镇建在山下，从山川地形看，南北走向的地面还开阔些，古代人建房要看地脉，看风水。六镇的东边是小集（古代称三岔口），南边是二郎口，西边是黄庵，北边是龙、虎二山，六镇建在龙、虎二山的脚下，街道与龙、虎二山平行，按古代的封建习俗，后有靠山，必为子孙后代造福。从虎山最高处，俯视山下，六镇老街好像一条巨龙沉睡在大山脚下。

当地的老年人都说六镇街道很古老，街的市面很大。那时的街址西起程桥，东至姚桥，街长3里，南北街市还有4条巷子，南边街有大罗巷和枣树巷（通向项集方向），北边街有龙门巷和广场巷（都是通向北山方向）。整个街道像条巨龙，高高低低，弯弯曲曲，西关隘外是龙头，两关隘间是龙身，东关隘外是龙尾，四条巷子象征着龙的4条脚，难怪传说六镇是块风水宝地。这样好的一个古老街道，可惜历经战火毁之。

六镇老街西有商周时期建的烽火台，主要是用以报警和传达军事情报的。东有隋大业年间建的三塔寺，雄伟而古老。街内有琼花庵、人登古驿道、皇家龙门、储粮西大仓、凤凰桥、东岳行宫、七十二眼古井等，有庵、有庙、有宫、有寺，可想而知当年的六镇街容，市面应很大。阅览《滁州日报》（1986年7月3日第3版）可知，北宋的滁县地区历史沿革地图，全椒县境内除县城外，只标注了一个地名六丈镇。可见六镇在过去的岁月里，在周边知名度高、影响广。

街道的地面是大块青石条铺成。石条大的有3米多长，近72厘米宽，小的也有1.6米长，30余厘米宽。长年累月经车行人踏，青石的表面相当光滑，街中间的石条有一条深深的沟槽，这是历史的见证，也是古老沧桑的象征。

东西关隘内为六镇的主街，但最热闹的还是街的中段。主街两关隘间的距离约366米，人步行约有600步，老街宽约5米，街面很狭窄。

老街的两边全是砖瓦结构的建筑，大户人家都是四进或五进房屋，两边都是厢房相连，如同北京的四合院式建筑，临街门面房都是做生意，后面的厢房住人，庭院栽种名贵花木。街道两边的人家墙下都是砖砌的淌水沟，宽约33厘米，上面石片遮盖的称阴沟，裸露在外的称阳沟，整个街道是中间高两头低，淌水沟的流水随着地势分别流进街两头的几口大塘。

六镇集市街段的两边人家，临街的全是商铺门面或作坊，直至中华人民共和国成立初期，还有4家挂面作坊、3家豆腐作坊、13家钩称行、5家肉铺、15家之多的茶馆兼营酒馆，有7家饭店（包吃包住），有14家南货店和百货店，还有13家米行、2家浴室、2家糖坊、2家药铺、2家布店、2家印染坊以及木匠店、篾匠店、裁缝店，有闻名江北的黄佑臣大牛行和2家猪行。

农历每月各旬的二、四、七、九日是六镇的逢集日。逢集时，东至白酒、华兴，南至滁河沿岸，北至龙、虎二山脚下，西至大墅街，小商小贩云集。全街都是帐篷，晴天遮阳，阴天挡雨，小商小贩在街的两旁摆满了商品，摊位一个紧挨一个，一点空隙都没有。赶集的人群熙熙攘攘，十里八乡南来北往买东西的、逛闲集的，都来凑个热闹，街上人山人海，车水马龙。有玩杂技的（马戏团），最精彩的是“钻火圈”和“上尖刀山”，这两个节目最为惊险；有耍猴的，小猴做着滑稽动作，吸引人群观看；有摇着拨浪鼓挑着货郎担的老头，吸引孩子们的眼球，小孩们拿块猪骨头换几块小糖，拎双旧鞋子换几粒五颜六色的小糖豆，提点废铜烂铁换个糖稀做的小糖人；补锅补碗的匠人挑着担子来回走动吆喝喊叫；卖狗皮膏药的人上身裸露，赤膊上阵玩刀弄枪，招揽生意；唱大鼓书的几乎每集都有几场，那哑喉咙破嗓子却让人听了顺耳又舒心；还有讲评词的，《小五义》《天宝图》《三国演义》《水浒》《西游记》等故事情节曲折，扣人心弦，人听了舍不得走。看“洋画”的、玩皮影的、唱门歌的、膝行乞讨的、卖汤锅的、卖元宵的、炸臭干子的、卖瓜卖菜的、卖鱼卖肉的，来来往往。鸡行里的公鸡扑棱着翅膀打鸣；猪羊行里，猪仔羊羔发出怯生生的叫唤声；牛行里，拿着鞭子给买主看牛的老板，忙上忙下。生意做得最大的还是牛行，曾有位大老板黄佐臣最讲信誉，同情穷人，性情耿直，每集能上100多条牛，牛行生意很红火。

六镇老街逢集时很热闹，现在建了新街，老街的环境也在改变之中。

六丈茶馆 六镇老街上最值得一提的还是茶馆。旧时六镇因为商业繁荣，来往旅客甚多，能让人休息并怡情的茶馆便随之产生，据记载20世纪40年代，茶馆遍布六镇老街，茶馆多了，渐渐形成了一种独特的茶文化。

小小的六镇开了这么多茶馆，最大的茶馆要算杨继凯家，他家的房屋不仅是砖墙瓦屋，门高窗阔，为了扩大营业厅的面积，还将门面房一进的后沿墙和二进的前沿墙省去，改用圆粗的木柱支撑。用铁皮做成的水槽承接两屋相交的屋顶雨水，滴水经一端的竖铁筒，流入地下阴沟淌走。由于房舍宽敞，街上有时晚上演戏或搞什么集会，就在他家茶馆举行。

从兴办的时间看，办得最早的要算潘振兴家茶馆，人都称其老茶馆。最具有特色的是姚明和家茶馆，他不仅供宾客落座品茶，还对外供应开水，二分钱一水瓶。同时过往的行人如遇雨雪或天晚，可在茶馆留宿。

六镇及周边的人都有泡茶馆的习惯，常见到老少爷们围坐在茶馆里，喝茶聊天，自在悠闲。

茶馆天一亮就营业，有些人有早饮茶的习惯，只要客人一进门，伙计就会迎上前去，领到空座上，常客大都有固定的座位。这些人大多数是上了年纪的，在家有一定的地位，在当地的社会上也有一定的威望。他们每天很早就起床，洗漱后悠悠地踱着步子去茶馆，在这里传递新闻，小到家长里短，大到国家大事，都是他们交流的内容。他们遇到熟人就点头、拱手打招呼。

来吃早茶的人大都是空手而来，选择自己满意的位子坐下，口中高声叫道："来壶茶。"这时跑堂的伙计应声来到桌边，问清要什么档次的茶。旧时一般的一壶茶5分钱，西湖龙井价格就不一般了。在茶馆里只要壶中水不多时，客人就喊一声："添茶！"伙计就会提着长嘴催子（烧开水的铁壶）应声赶来加开水。

也有吃早茶的人自己带来茶壶，这都是老街坊，他们用的茶壶是紫砂的，造型各异，壶身雕刻的字画很精美。据讲，好的紫砂壶用久了，即使不放茶叶，倒出来的水同样有茶味。

茶馆里的茶点很丰富，早上除了油条、包子、锅巴、糍粑、马团、酥笏牌、烧饼外，还有糖坊制作的甜点，如焦切、寸金、董糖、花生酥、水桃酥等。还有叫卖的凉拌干丝、酱醋小黄瓜、甜的或咸的花生米、油炸干子等。在滚油锅中炸出的干子，浇上一二匙胡椒酱，能让人的食欲倍增。最有特色的是一位老奶奶卖的五香蚕豆和盐炒豌豆，那干蚕豆经水浸泡后，个个粒大饱满，掺点八角、茴香、椒盐、鸡汤烀煮而成，一枚枚张开皮香喷喷的蚕豆，既经济又实惠，是茶客难忘的好点心。

吃早茶的人也可以自己买好茶点带到茶馆，或者站在茶馆门口，向卖早点的摊子叫一声送几件什么什么来！摊主听到后，高声回道："好嘞！"如果卖早点的摊位离茶馆太远，茶馆的伙计会义务帮客人跑路去买。客人如果感到满意，找零的钱就不要了，算是给伙计的跑路费或叫小费。如果同在茶馆吃茶的人员中有平日不常见到的亲戚朋友或熟人，如一方先离开茶馆，会将对方的茶费、点心费付了。这时茶馆的老板或伙计就会高声喊某某先生的茶钱由某某先生付了。这时付账的人笑嘻嘻一边走着一边说"小事一桩，不足挂齿"这类的话，被付账的人就会站起来点头致意，表达"承蒙你破费了，太不应该"的歉疚之态，并说："我们下次再会。"

过去的茶馆有的还可以赌钱，如麻将、牌九等都可以在这里玩。在茶馆喝茶的除了一般主客外，还有因邻里吵嘴、欠债闹纠纷在茶馆请人调停的人。人与人交往，难免产生矛盾纠纷，比如邻家地界相争、遗产继承相争、债务纠纷权益受损、婚姻失和以及意外事故等，常常引起争吵。如要打官司，既要花钱，又要有关系，同时还要时间。在那个时代，一般平民老百姓是耗不起的。为了平息事态，又为了讨个公道，双方会确认自己的主事人，由主事人约好双方当事人、亲朋好友、调解人到场，通过双方充分说理，调解人从中劝导，予以评说，最后达成共识，理亏者赔礼道歉，财务受损者获得赔偿，双方重归于好。

旧时吃"评理茶"是利用公开场合调解矛盾，双方事先约好时间，定好日子，允许别人旁听，并且旁听者可以发表意见，俗称讲公道话。如遇到一方态度蛮横，威胁要挟，条件苛刻，以势压人，自会有人主持公道，旁听者会你一言我一语地批评谴责。如仍无效，还会有一些人起哄，逼其收敛。由于公共舆论的压力，调解大都能得到圆满解决。但也有例外，比如双方积怨很深，双方各执一词，互不相让，调解就会遇到难度。如果调解中发生恶语伤人，甚至动手动脚，弄得桌椅翻身、杯壶损坏，就会报告地方官吏插手干预，其结果多是两败俱伤。所以调解双方一般都不愿调解破裂。有时，一次调解不成，还可以进行第二次甚至多次调解。

为什么不采取喝酒的形式而用喝茶呢？因为酒性烈，能使人激动兴奋，喝多了还扰乱思维，易言语失度、仪态失检，反使事态扩大；而茶性平和，能让人冷静理智、头脑清醒、自我节制，再说茶馆是公共场所，有公众才有公理。所以碰到麻烦事调解都到茶馆，而不去酒馆。凡态度诚恳、善于退让、甘愿吃一点亏的一方常常赢得同情，博得好评，蛮不讲理的受到舆论责难，通过"评理茶"调解后，调解结果大家都知道，便于今后社会监督。有的人经调解关系变好，双方到酒馆喝和好酒，席散双方都争着付账，显示又开始友好。

下午的茶馆相对人会少些，有的茶馆中午和晚上做红案（酒馆生意），有的茶馆下午以赌钱为主，也有的唱小戏（清唱）吸引顾客，还有的茶馆下午说大鼓书或讲评词，老艺人戴瘸子（实名不详）常年在六镇茶馆说书，讲到关键时刻，惊堂木一拍“欲知后事如何，且听下回分解”，待众人交费后又继续开讲。过往的商客在这里品茗听唱，排解商场上的烦恼，蓄养精神，理清思路，养情怡情。

茶馆见证了人情冷暖，自身也经历着各种故事，遗憾的是，随着时光的流逝，和许多老习俗、老建筑一样，曾经风行一时的老茶馆，也如过眼云烟般飘散了。曾经的“吃茶”日子，给许多六镇人留下了美好的回忆，说起老茶馆时，他们脸上都有幸福的笑容，令人久久难忘。

古镇商贸　六镇是古代皖东的农商贸易中心。《中国古今地名大辞典》（商务印书馆香港分馆1931年出版）记载：“六丈镇在安徽省全椒县西四十里。唐置六丈驿于此。”可见六镇这个地方唐代就有了。北宋时期，皇家在六镇专门设了一个税收机关，说明当年这里的商贸很繁荣。

清末民国初期，这里的街长只有500米多点，店铺约百家，并有老字号商铺。因这里是庐陵古道和安庐滁和道（安庆—合肥—滁州—和县）的必经之地，是古代农产品的集散地，商贸十分繁华。

老字号商业　清朝末年和民国初期，东西向的六镇老街较为繁华，街道两旁都是店铺，还有个体商贩摆摊设点。

旧时六镇商业最出名的是牛行、猪行、赵正邦糖坊和章益大药铺、张道昇医疗门诊，杨继凯茶馆、潘家老茶馆、姚明和茶馆，葛元怀染坊、杨警木染坊，项文涛豆腐店、杨继升豆腐店、刘茂华豆腐坊，盛正金面坊、杨老六面坊、范德金面坊、王疯子面坊，小封子酒馆、杨官凤酒馆、潘振兴酒馆、胡德友酒馆，高立宗布店、潘开喜布店，老胥家大饼店、杨继谋大饼店、杨官生大饼店，杨庆林烟酒铺、章祥元烟酒铺、范茂海的烟酒铺，潘元富肉铺、江改之肉铺、罗广明肉铺，杨官庭油坊、杨德清油坊，潘振朗粮行、范茂德粮行、黄精义粮行，桑朝卿裁缝店、周明富裁缝店、杨步坤裁缝店等，都很有名气，生意十分红火。

旧时，六镇街的生活商品一般都是进口货，人们习惯地称洋货，如洋油、洋火、洋糖、洋烟、洋布、洋线、洋铁桶、洋钉、洋伞、洋锹等。有小商贩走乡串户，挑着担子，手摇小鼓，人们习惯称“货郎”。有的商贩挨家挨户地收鸡毛、鸡内金等，百姓在他们那里兑换针、线、糖果等。

鱼行：六镇周围村庄的百姓用私家池塘养鱼，逢集时挑到街上来卖，也有专门从事捕鱼的人运来，每集上市有百担之多，13家鱼行都很忙，以鲢鱼、鳙鱼、鳊鱼为主。

米行：中华人民共和国成立前，六镇米行有13家，其中杨官珍、潘振朗、范荣棣3家的米行最大，主要是售卖本地大米，地主收缴佃农的租粮或富户余粮也可存入米行，可以对外出售，米行老板从中获利。交易时用升、斗、石计量。量米师傅（又称“斗把子”）常和端斗师傅串通勾结，大斗进小斗出，从中克扣，农民吃亏也只能忍气吞声。

柴草行：旧时，六镇有钩秤行13家，虎山脚下的高岭村、封路村、蒋戴村、周庄、大张、小张等十几个村庄的人每天都挑草来卖，逢集时柴草更多，买家经常为买草争吵，因街上多家作坊需要燃料。卖草人按担数收取费用（每担约5分钱）。

糖坊：主要制作普通的糖食，如糕点、花生糖、焦切、寸金、花生酥、董糖、芝麻糖、欢团等，赵正邦家糖坊最大，有工人20多人，还有李作道、李伦其糖坊。

染坊：六镇有杨警木、葛元怀两家染坊。主要替周围老百姓染家织布，也有时从江南买回白布，用烧碱和染料煮染成蓝色、黑色、青色、灰色等供百姓选购。

油坊：六镇有杨官庭、杨德清油坊，周围有封路口的周家油坊、罗许范的范家油坊。用土法木榨油，用牛拉石碾盘，碾碎菜籽，经过熏蒸制成菜油，人工打榨（木制）榨出的菜油香气扑鼻。

面坊：用驴子拉磨碾粉，人工踩罗柜筛面，通过人工做成挂面，旧时六镇有5家面坊。

豆腐坊：原料黄豆通过浸泡后，用人工或驴子拉磨碾成粉浆，再通过过滤等，等浆水在锅中烧开，用石膏点卤后，制成干子、百叶（千张）等。当年六镇有杨继升、项文涛、刘茂华3家豆腐坊，逢集时外地还有来赶集的。

糟坊：用粮食酿的酒俗称烧酒。酿成的酒用大缸或坛罐装存，卖酒用竹筒做成量器，有1两、2两、半斤、1斤的计量，买得多的可用秤称，街北有武登科、胡广兴糟坊。

小猪行：六镇有黄家、范家两家小猪行，猪行老板手拿红竹筒，做猪买卖的中介，口报猪价，一锤定音，成交后猪耳打红并收取手续费。猪仔来源有的是本地，大多来源是肥东和定远等地。

黄烟店：旧时，六镇人抽烟是自制土造的黄烟丝，用烟袋或水烟袋作抽烟工具，用火纸或“符煤”点烟丝，抽吸烟气，吞云吐雾。六镇烟店收购烟叶，晒干后通过压榨用铁刨刨制成烟丝，称之为黄烟。六镇有范老奶奶（名不详）和老殷三（绰号）家黄烟店。

三塔寺

三塔寺，位于全椒县西部18千米的六镇境内。北靠312国道和宁西高速铁路，南临312国道附道，交通十分便捷。

三塔寺建于隋大业年间（605—618），北宋徽宗大观元年（1107），在寺前造塔3座，故名“三塔寺”。明洪武年间，塔被毁，寺仍存。据民国9年（1920）《全椒县志》记载：“三塔寺，（县）西四十里，隋大业间建，旧有三塔，宋大观元年造，故名。明洪武间，因谒泗、凤两陵，巡取塔砖，甃毛汤桥，塔久圮。（寺）天启年间重修，杨宏宇有记。”民国15年（1926）前后，住持僧了明四处化缘，清理庙产，又将遭兵燹破坏的殿宇重修一新，并在寺二进东首兴建大悲楼，今尚完好。

三塔寺

三塔寺原有殿宇五进，廊房回曲，各殿均塑有佛像，是全椒县规模最大、佛像最多的寺庙，曾有“江北第一寺”“皖东佛教圣地”之称。寺院中，原有古松一株，广十余围，高四五丈，传有白鹤栖于上。1958年被飓风吹歪，伐之，碎片焚之有异香。庭院中有百年以上的白色牡丹、芍药、天竺和千年的黄杨，花木繁茂，可惜黄杨在大悲楼下历经沧桑，由于种种原因枯死。大悲楼雕梁画栋，窗明几净，遍悬诗词书画，为游客休憩浏览之幽雅境地。历代文人墨客于春秋佳日多游宴其间，如清代的吴国龙、薛时雨、吴山尊，民国时期的王宗沂、汪文弼、鲁颂尧、张汝舟等在该寺留有诗书文字；寺中尚有一些碑刻，如正书“舍利宝塔”、《重修三塔寺记》（杨宏宇于明天启间撰）等，可惜被破坏于日军侵略期间。解放前夕，应群众迫切要求，由县籍在县、省的民主人士积极筹措资金，利用该寺房地产兴办一所“全椒县农业职业初级中学”。解放后，人民政府一度将该寺房产交给粮食部门使用。1981年，县政府公布三塔寺为重点文物保护单位之一。1986年，政府确定该寺为省级重点保护寺观，粮站迁出，交政府事务部门管理，并拨款修复殿宇，重塑佛像，从瑯琊寺聘请僧人觉慧来寺住持，于1987年元月对外开放。

三塔寺基本保留原有殿宇五进，每进3间。序列为山门殿（第一进），有两尊金刚力士塑像；天王殿（第二进），有四大天王、弥勒菩萨、韦驮菩萨塑像；大雄宝殿（第三进）佛像有释迦牟尼佛、十八罗汉；地藏殿（第四进）有地藏菩萨化金乔觉、闵公、道明和尚；三圣殿（第五进）有西方三圣的佛像，即阿弥陀佛、观音菩萨、大势至菩萨。另外大悲楼下有缅甸玉佛二尊，楼上有送子观音，满足求子者心愿。2012年，在原五进后新建600平方米的圆通宝殿，有千手观音像。

每年正月十五日是三塔寺的庙会，数十里的群众结伴到寺内烧香拜佛；寺外，观灯看杂耍，摊点林立，应有尽有，热闹非凡。近年来，常州、无锡、南京、上海等地的居士、游人纷至沓来，庙会期间，每天万人以上到访，盛况空前。

刘子善书　　高　升/摄

三塔寺牡丹花已有数百年的历史，其别具特色之处是一花多蕊，国色天香，享有盛名。1990年全椒县各界知名人士曾于三塔寺举办牡丹文会。会中，与会人员纷纷献出书画作品，有的赋诗，雅兴空前，增添了寺庙文化色彩。2000年3月12日又举行千年牡丹花会，盛况空前，会中还举行了安徽省名家书画展。

三塔寺住持僧惟慈率众弟子对三塔寺作全面规划，目前已扩建20多间两层楼的寮房、大山门、膳房、牡丹园、客房等项目工程，山门外铺设青石台阶及水泥路面，寺院内全部铺上青石古砖，三个塔的建设也在筹划之中。他们决心将三塔寺建成知名度较高的佛教观光旅游胜地。

千年黄杨 百年牡丹 三塔寺大悲楼前的小院内，有株生长千年的黄杨，还有天竺、芍药、牡丹等花木。其中白色牡丹为百年以上。开时朵大如盘，芬芳四溢，冰肌玉骨，冠绝群芳。和其他牡丹品种，如锦袍红、粉西施、佛头青等这些富丽堂皇的姐妹比起来，别具一番情态。白牡丹堪称牡丹家族的“老祖母”，仍“肌肤若冰雪，绰约若处子”。它与黄杨合称“千年黄杨百年牡丹”，为三塔寺的两绝。

黄杨为观赏木，木质坚韧致密，生长速度较慢，流传千年长一寸，雷打还要缩三分。1997年华东六省一市春节联欢晚会上，有两个澳大利亚小朋友说相声：“华东有个三塔寺，寺内有棵古黄杨”，可想而知三塔寺的古黄杨名气之大。当年，寺内住持僧觉慧在位，中国社会科学院曾两次来人考察这棵古黄杨，经过科学鉴定，证明这棵古黄杨的树龄比寺庙还早150多年。可惜2002年秋季出现病症，年末不治，现寺僧已将此故物制成植物标本，供奉在大悲楼内。

大悲楼与白衣道人 三塔寺内有大悲楼，为两层小木楼。楼下是住持僧接待客人的会客厅，楼上是寮房两间。大悲楼前有千年黄杨，百年牡丹，为文人雅士到三塔寺必游之所。晚清直隶州判、邑人王宗沂（剑寒）先生有大悲楼题联传世。联曰：

登楼发出世遐思，历劫沧桑，会见移桥仍造塔；

循壁觅先人题句，漫天风雨，我来含泪更看花。

大悲楼的主人是了明和尚。晚清全椒名士鲁颂尧曾有一联相赠：

了悟大千世界，明澈三万真言。

大悲楼是了明在原寺僧会客厅基础上所建。此处原来的主人叫白衣道人，壁间有一行书碑刻，为清名士邑人薛时雨的《白衣道人行》七言古诗。清咸丰年间，在桑根山旁，有位读书人叫方定国，读书而不应试，有古隐士之风。太平天国军兴，方定国母亲陷于太平军中。方定国“肝肠寸断血泪尽”，四处寻母不得，痛跃

大悲楼 刘子善题 高 升/摄

水中。家人将他救起，后入三塔寺，以三年工夫，修建倾颓的寺庙，辟谷啖果，渴饮山泉，乡人称之为“真仙”。薛时雨闻之，亲到三塔寺与之交谈，为方定国的孝行与道法所折服，于是感叹“生平不信赤松子，何幸吾身亲见之”。由于薛的影响力，白衣道人方定国和三塔寺闻名遐迩。白衣道人方定国死后，乡人在寺侧画一幅他的画像，为“科头白袷，持伞一袋，作寻母状”。

现白衣道人画像仍存线痕在大悲楼侧原会客厅壁间。

现有缅甸寺僧赠送的两尊玉佛供奉于大悲楼内，价值连城。

六丈琼花

传说主要是王母娘娘的侍女许飞琼来六丈播下琼花，六镇有了这棵琼花才名扬天下。

六镇人为了保护这棵琼花，在街南建了一个大池子，长宽数十丈，把这棵花移栽上去，后来这个池子就叫琼花池。明泰昌《全椒县志》记载，隋大业六年（610），这棵花被朝廷移到了扬州，供隋炀帝观赏，从此六丈失去琼花。但一千多年前的琼花池遗址至今仍然保存。

历代的大诗人都用诗歌赞美琼花。宋代在朝廷做副宰相的张璪是全椒县袁河村人（现在的六镇镇郑桥村），他和当年在朝廷做宰相的王安石同朝为相。张璪赞琼花：“此花已去不须嗟，亡国亡家总为它。父老不知前日事，逢人口口道琼花。”元代诗人王都中赞琼花：“六丈老人花满头，一枝流落在扬州。不知谁是栽花手，直到而今香未收。”明代诗人庄定山有诗：“六丈琼花烂漫开，扬州风月倦楼台。”历朝历代都有诗人赞美琼花，这些诗句已载入史册，留给后人。

传说在一千多年前，六丈这个地方来了一个奇女子，住在街西的娘娘庙里，她头上插着一枝花，周围的老百姓到庙上来烧香，问她从什么地方来的，她回答说是从上面来的（天上来的），问她叫什么名字？她说叫许飞琼，她见人越来越多，就顺手将头上的花拿下插到庙里的花坛上，顿时长成了一棵仙树，高达丈余，花开得洁白如玉，大如玉盘，微风过处，香飘十里，花香令人陶醉。因为这个女子说她叫许飞琼，是天上王母娘娘的侍女，六丈的人们为了纪念这位仙女，以她名字的最后一个字来命名，将这仙花取名琼花。街西这座娘娘庙改称为琼花庵。这棵奇花名声越传越大，朝廷上的皇帝都知道了。公元610年，隋炀帝决定到南方去看奇花异草，当时定的就是到江都，江都郡就是现在的扬州，全椒当时直属江都郡，听说隋炀帝到江都看奇花异草，特地派人到六丈来，把六镇的这棵神花请到了扬州，栽在扬州的后土祠里，这个祠是供奉土地神的。第二年，隋炀帝带着萧妃专门来赏花，看了琼花以后赞不绝口，称它是天下第一奇花。后来赞美琼花的诗人越来越多。明代全椒县令杨道臣编纂了全椒第一部县志——明泰昌《全椒县志》。他当全椒县令，爱动脑筋，他讲六丈的琼花这样有名，但没有哪首诗讲琼花是什么样子，什么颜色，什么形状。因此杨道臣在编写县志时，自己动手查找资料，发现有两个诗人的诗句都讲到了琼花的颜色和形状，一个叫韩琦，另一个叫宋子虚。韩琦有两句讲到了琼花的现状，诗为“中含冰霰芳，散乱珍珠缀”，“霰”就是水蒸气在空气中遇到冷气了，结成了粉末，还没有形成雪花；芳是指香，这个花蕊的香是从花蕊发出来的，它的花蕊形状就是雪粉一样，“散乱珍珠缀”说明这个花就像很多的珍珠攒在一起，缀在一起。宋子虚诗中的诗句说，“雪让玲珑巧，冰消刻缕瑕。”这就是写琼花的颜色像冰雪一样白，就像非常好的玉石雕刻出来的。从韩琦和宋子虚的诗句中，杨道臣终于找到了琼花的形状和颜色。琼花原来在六丈开得很好，到扬州也开得很好，但移到其他地方就不开了。在南宋时，人们曾经把它移到杭州，因为南宋时国都在杭州，结果花在杭州不开花，逐渐枯死，只好又移回来。金人完颜亮到这里，他把花移到了北京，也不开花。唯独就是在全椒六丈花开得很繁茂，成为天下独一株的神花，这花持续了七百多年，但是到了元代至正年间（1341—1368）花枯死了。

琼花庵　琼花庵原名图记庵，传说六镇街北虎山脚下小张村有一大户姓图，家有良田千亩，家缠万贯，只有一个儿子，经人介绍与龙山脚下柿子树村一大家闺秀吴氏结为伉俪。完婚第三天，图家公子不幸因急病去世。年仅18岁的图夫人虽然年轻丧夫，但却能在忍受悲伤之余更加孝顺父母，做事也很勤快。婆婆看在眼里，记在心里，一年后的七月初七晚上，婆婆把心爱的儿媳叫到跟前，深深地叹了一口气说：“你是我

琼花庵　　高　升/摄

们图家的好儿媳，我们全家都舍不得离开你，但也不能眼睁睁看着你过着守寡的日子。我们为你物色了一位好郎君，你还是趁早嫁出去吧！”此时此刻的图夫人虽然心情复杂，但她果断地说：“我与图公子相处时间虽然很短暂，但我们也有过海誓山盟。我活着是图家的人，死了是图家的鬼。”表示终身不改嫁，图家二老逝世后，她变卖其家产，在六镇街西建一庵堂，取名图记庵。

据传，古代天上王母娘娘的侍女许飞琼下凡来到六镇，见天色已晚，就暂住图记庵，在庵内花台上播下一棵仙花，顿时长成一株仙树，高达长余，花洁白如玉。仙女去后，六镇人民特地为此花建造了花池，即现在的琼花池。为了纪念仙女，便取仙女之名将图记庵改名为琼花庵。

琼花庵解放后一直为教育所用。1972年，为了扩大办学规模，拆迁至街东。2012年，为了恢复古迹，张玉芳个人投资30多万元建成了现在的琼花庵，著名书法家刘子善为该庵题字。后进的大殿在筹建之中。

六丈古井

六丈有古井72口，远近闻名。特别是琼花池旁的“核桃井”，从井口朝下望井底只有核桃大小，故名。“潘家大井”被称为响井，从井口摔下一砖块，响声回荡几分钟，投石如撞钟，响声清脆入耳。这两口大井最为有名。

井口直径约1.2米，古青石井栏，四周留有数条4厘米左右深的沟痕，这是古老沧桑的象征，也是劳动人民的历史见证。因六镇老街坐落在山头之上，所以井深一般都在30米左右。井底直径约5米，整个水井呈酒坛形状，底大口小。

井水冬暖夏凉，夏天喝“潘家大井”水感到冰牙，每到热天，人们都爱用这口井的水来解渴和降温。冬天的早晨，井口热气腾腾，古井冬天的水温均在15℃~20℃，每到冬季，人们洗衣洗菜常到井上用水，如在夏季淘井，必须穿棉衣才能下井。当地有古井泉眼直通长江之说。

六丈古井井水碱性大，也较咸，但水味甘甜清香，饮用有提神祛病之功效。古井常年不干，水源充足，如遇大旱之年，周围村庄的人都来挑水吃用。

炎炎夏日，南来北往过路之人纷纷到此歇脚，打水冲洗擦身，饮水解渴。

其他古迹

东岳行宫遗址 明泰昌《全椒县志》庙宇篇有记载，东岳行宫，县西六丈镇，唐时所建。清康熙《全椒县志》寺庵篇记载，东岳行宫在六丈街。民国9

年《全椒县志》县志点校注释本记载，全椒有东岳庙八个，其中六站市街有东岳庙。

清朝末年，六镇的东岳庙曾用名安和宫，到了民国时期，六镇人都称东头庙，因庙坐落在六镇街东。东岳庙坐北门朝南，一场五间，共两进两包厢，庙门前有一口古井。

1944年前后，国民党皖东大本营——古河一带的新桂系军队，大肆拆庙建筑碉堡，东岳行宫大部分被柏承君拆到古河盖司令部去了，只剩下两间厢房和里面的几十尊泥菩萨，由一位女斋公看守。1960年后，女斋公圆寂，两间厢房也拆除，此后，六镇的东岳庙彻底消失，遗址现在罗世余盖的大楼处。

龙门庙　据有关史料记载，六镇是明朝时期全国最大的驿站。皇家在这里养有马匹。街的中段靠北有一个龙门，皇家的马匹通过这个门进出，所以叫龙门。清朝末年驿站停用，改称为龙门庙。

龙门云龙古砖　　高　升/摄

龙门庙居街道的中段，坐北朝南，三间房子，开有两个门，里面塑有泥菩萨。庙的正中墙外边立有一块石碑，碑上刻有“泰山石”三个大字。龙门庙是街上的最高点和分水岭，“泰山石”东边的水流入东关隘外，进入太平桥，再流入凤凰墩大塘。泰山石西边的水流入西关隘外，再流入曙光组大塘，到现在仍然是这样。

可惜龙门庙毁坏于日本侵占期间。1938年日军火烧六镇，龙门庙随之烧毁。解放初期龙门庙的四面墙壁还在。1959—1961年，墙砖被地方拆去建公共厕所，从此龙门庙彻底消失。遗址在六镇团结组钱永昌住所和胡家贵住所之间。

明清时期的古建筑　　高　升/摄

六镇明清时期的古建筑　清朝康熙年间，于成龙流浪六镇时受到杨家救助，后来于成龙当了两江总督，为报答杨家，用自己的一生俸禄，为杨琼庵的五个儿子，共建了5套五进四包厢的房子，每套41间，共205间，可惜破坏于战火之中，现仅存的几间，是杨族后裔人杨官杰居所。

六镇凤凰墩 六镇街南边有一口面积约50亩的水塘，叫谷堆塘。水塘中央有一座墩，高约5米，土墩面积约半亩多。一年四季，不管风吹浪打，墩子从不减小。土墩上树木翠竹，郁郁葱葱，苍翠欲滴，从远处眺望，仿佛一颗硕大的绿色翡翠镶嵌在碧波荡漾的水中央。

据传曾有一只凤凰飞落在墩上，墩子中间有一块稍低一点的地方，相传是凤凰睡觉的窝。有人用泥将它填平，只要过一夜，又成为原来的样子，较为神奇。凤凰不落无宝之地，后来人们把这个墩子叫作凤凰墩。

2013年市政府拨款20万元重新修整凤凰墩，并扩大水面，增加蓄水量，使老百姓从中受益。

凤凰池 凤凰池位于六镇老街东北团结村民组内，占地面积约5亩，池水清澈、透明，能照出人影，现仍是六镇东半条街居民洗衣、洗菜等生活用水的来源。

凤凰池　　高　升/摄

凤凰池在凤凰桥的北边，桥与池相距只有50米，凤凰墩在桥的南边，桥与墩相距约500米，池、桥、墩三者成一条直线，凤凰池的水流向凤凰桥，凤凰桥的水又流向凤凰墩。

相传古代凤凰墩上的凤凰常到凤凰池来洗澡，洗毕后，到凤凰桥上来展翅晒阳，等身上的羽毛晾干后，再飞到凤凰墩上去休息。

六丈凤凰桥 六丈桥民国年间称太平桥，是全椒名桥。据史料记载为唐朝所建。桥为单孔石拱桥，单孔直径约1~4.5米，全长5米，高度2米，宽度4米。它是“安庆—合肥—六镇—全椒—滁县”古驿道上的一座巨桥，也是解放后赤马公路上的一座巨桥。

每年正月十五日，六镇男女老幼都走太平，取拔除不祥之意。《荆楚岁时记》记载：名曰走百病，谓之走太平。可惜，这座桥在1980年的小集镇建设中被毁坏。遗址所处位置在东关隘（关闸）外向东延伸约80米，钟先林家厢房所在地。

全椒储粮西大仓　清康熙《全椒县志》记载：“预备仓，在谯楼内，左屋七楹，右屋三楹；东仓，与预备仓相连；南仓，在黄水塘地界；西仓，在六丈街；北仓，在县北。俱明令留衢建，已皆久废”。

现六镇居民中上了年纪的老人都知道，原老街中段南侧的一块高地，名曰仓头上，就是当年的全椒储粮西大仓，现在和平村民组的干鱼塘就是当年西大仓的防火池，清晰可见。

古代社会中，官府能将在全县为数不多的粮仓建在六镇，说明在那个时代六镇的地理位置非常重要，也说明了曾经六镇的繁华程度。

中华人民共和国成立后，西大仓的地点成为六镇人民集会和娱乐的场所，现已被居民建房占用，但全椒储粮西大仓的遗址依然可见。

皇家龙门·养马岗　明朝洪武年间，国家十分重视养马，除皇家养马外，鼓励私人养马，并给予一定的奖励。

明代全椒有马厂19处：白汪塘、宁家庄、封家岭、甘家庄、黄思明家边、姚庙、马乡、阮思明家边、石山口、破山口、六丈街南、叔伯湖、叔伯湖南、青茂、双林寺、土桥、许家庄、盛家庄等。六镇村养马就有两处（六丈街南和姚庙）。

六镇在明洪武年间是全椒西乡的政治、经济、文化中心和商品集散地，也是全椒通向西北山区唯一的重镇，是国家军马供养重镇。

六镇街北山坡叫养马岗，六镇在文书传递中是换马换人的地方，所以皇家在养马岗养了很多马匹备用。

今天的养马岗变成了肥沃的良田，312国道和宁西高速铁路都从养马岗穿过，交通仍然很便捷。

六镇古墓遗址

卢记山古墓遗址　卢记山古墓位于六镇东南方和平村民组境内，也就是现在联通通信铁塔周围。

曹天坟古墓遗址　曹天坟古墓遗址位于六镇西南，曙光村民组境内，也就是现在的曙光村民组的门口大塘西南方100米左右，现已改成良田，民间传说曹天官死后葬在此处，因此叫曹天坟。

刘记榜古墓遗址　刘记榜古墓遗址位于六镇街北约500米的前进村民组境内，也就是现在的乌龟塘周围50米。解放后还存有古石桌和古墓碑，可惜在

1954年造“六马”桥时用了古碑，现在只存有古墓碑插座3块，古石桌2块。

碑文插座　　高　升/摄

墓前石桌　　高　升/摄

养马岗古墓遗址　养马岗古墓遗址位于六镇东北方的前进村民组境内，也就是现在的小林场位置。

街北古墓遗址　街北古墓遗址位于六镇街北方向，离老街人登古道不足100米，也就是现在的前进村民组境内，杨庆才、杨振玉、戴新生住所向东方位。

后庄古墓遗址　后庄古墓遗址位于六镇东南方的后庄村民组境内，也就是现在的后庄村东柿树林中，村民范茂成居住的位置周围50米。曾出土过陶罐和宋代时期的碗等。

第二节　碑　刻

古代碑刻

（民国9年版点校注释本）《全椒县志》卷二碑刻栏目中，注有篆书“南无阿弥陀佛”六字，无年月；“舍利宝塔”四字正书，无年月；“重修三塔寺记”正书，天启间杨宏居撰；“白衣道人行七古诗”行书，无年月，薛时雨撰并书。这四块古碑刻均在三塔寺遗失。六镇龙门庙前的“泰山石”和街西关隘上的石刻“以固吾圉”四字在六镇街失落。

现存的古碑刻有“人登古道”四个大字，横刻在长约1.5米、宽约0.6米的一块青石板面上，匾额上款为“大清道光九年（1829）三月吉日”，下款为“首事杨开太、陶如皋、杨工永、郜声成”。现藏于全椒县交通局。还有“张信界石”“遵勒严禁采买碑文”“三塔寺金刚殿重修碑文”“三塔寺界石碑文”“六镇前进组碾桩石”。

人登古道石刻

“张信界石”四字（行书，无年月，胡家全收藏）

遵勒严禁采买碑文（乾隆五十三年，藏六镇小学）

三塔寺金刚殿重修碑文

三塔寺界石碑文

六镇前进组碾桩石

现代碑刻

现代碑刻有“重修琼花庵记”，此碑在六镇村曙光村民组西大塘找到，在塘边做台阶，碑文字迹全磨掉，经搜集整理碑文内容是“民国34年（1945）抗战胜利了，绅士杨警木倡导全民捐资，重修琼花庵改做小学，培养地方人才，出资人有杨警木、张冬初、胡广兴、刘琢如、杨官庭、黄佑臣、范仲谋、杨官珍、杨德清、杨官凤、高立纯、杨庆林、杨世昌、潘振朗、赵正邦、蔡庆和、张道升等人”。现代碑刻还有“重修三塔寺序”“新建天风教学楼记”“建天风楼功德碑”。

“重修琼花庵记”碑文

"重修三塔寺序"(行书,1988年,盛型全撰、王洪儒书,庄□刻,在三塔寺)

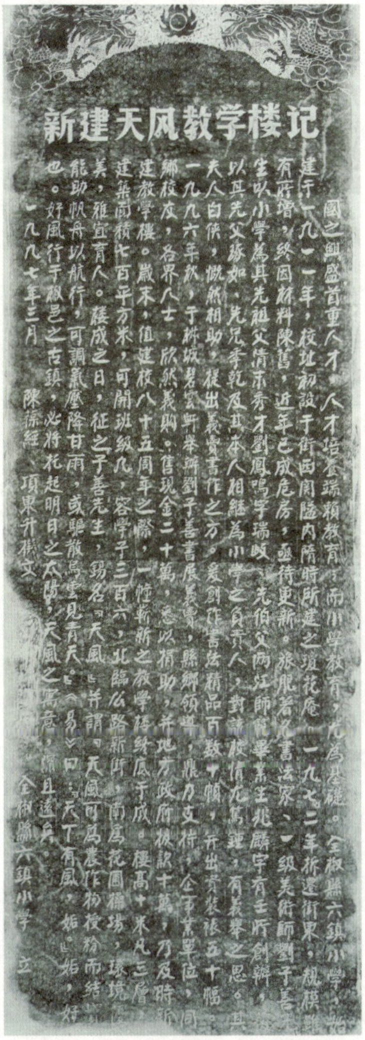

新建"天风教学楼记"碑文

建天风楼功德碑

第八章

军事纪要

六镇位置独特，地势险要，地处庐陵古道必经之地，古为吴楚之咽喉，今为皖东之要塞，历来是兵家必争之地。历史上战火纷飞。

第一节　地方武装

六镇团练

六镇民团是民国时期的地方武装，它多由地主组成，是国民党组织和领导的地方性武装。它的主要功能是看家护院，不列入军队，协助军警维护社会秩序，征收租税，讨收债息，保卫地方农民财产不受侵害。民国时期六镇民团团总（负责人）由潘开广担任。

红枪会

红枪会在六镇起源于民国15年（1926），盛行于民国28年（1939）左右，凡16~40岁的人员都参加这个组织。它原来也是民团武装组织，其主要任务是剿灭土匪，会员一天到晚吞符念咒，号称刀枪不入，后来由于反动统治阶级的弹压诱骗，被其利用变成了反革命的武装，不久便自行解散了。那时六镇地区红枪会会长是姚明仁。

六镇自卫队

民国25年（1936）至民国33年（1944），社会治安极为混乱，百姓的生命财产毫无保障，国民党和日伪官兵明火砸抢，无人敢过问。由于当时战争频繁，时局动乱，土匪十分猖狂，经常在社会上绑票、拦路抢劫，甚至谋财害命。为了维护地方安全，1941年春，六镇街绅士杨警木召集有关人士，决定成立六镇自卫队，购买枪支弹药，看家护院防匪，同时维护地方治安。当时购买枪支的有14户人家，他们是杨警木、杨官庭、杨世昌、杨德清、黄佑臣、刘琢如、张家治、杨官凤、潘振朗、潘开智、杨官珍、章祥元、杨福广、高立宗等，马厂联防区主任张冬初当时住六镇，也支援了4条枪。

自卫队成立后，由潘振铎担任队长，他为人耿直、义气、胆大。队员有黄精华、张家治、贺明友、盛正金、杨官凤、杨官清、杨世昌、杨继谋、高立宗、章祥元、杨德山、杨继觉、潘振德、吴志福等人。每晚集中进行夜间巡逻，有时到小集巡逻，当时小集属六镇管辖，后来小集成立乡政府，也成立了自卫队，但六镇自卫队仍存在。

自小集成立乡政府后，六镇与小集势不两立，经常发生摩擦，甚至打架。1946年秋，小集乡自卫队长胡已德使用暗计，说东王、小集、六镇三个自卫队联合起来去执行一项紧急任务。在六镇集中，站队时，六镇自卫队站中间，小集自卫队站前排，东王自卫队站后排，这是事先安排好的。乡自卫队胡已德开始训话，突然向空中鸣枪，这是行动信号，小集自卫队员听到枪声后立即向后转，和东王队前后夹击，将六镇自卫队的枪支全部缴械，并将六镇自卫队队长潘振铎带到小集，栽赃六镇自卫队平时有抢劫掳取不轨行为。正好当天马厂北边有大批土匪下来，小集自卫队只好将潘振铎就地“处决”。从此以后，六镇自卫队解散了。

六镇自卫队在抗战期间，一举歼灭日寇一个班，保家卫国，在全椒县抗战史上留下了光辉一页。

民兵组织

1949年元月，六镇解放了，在成立农会妇会的同时，也开始组织了民兵基干。那些思想好、品德好、历史和社会关系清楚的，16~25岁的青年都参加了基干，社会秩序安定了。后来六镇乡又成立了民兵中队，刘万城任民兵中队队长，刘明德任民兵中队副队长。再后来六镇村也成立了民兵中队。几年时间，民兵不断发展壮大。1950年1月，县、区成立武装部，加快民兵建设步伐。

1958年毛主席先后发出“全民皆兵”和“大办民兵师”的指示，地方适龄的男女青年都参加了民兵。从1981年起复退军人全部编入民兵组织中。1968年全椒县建立了预备役团，六镇村内有基干民兵参加。

第二节　知名战事

赵密六丈河之战

自古以来六镇是兵家必争之地，是军事要地。全椒一轮县志记载赵密六丈河之战，“绍兴十一年（1141）春正月，宋太尉刘锜和金兀术隔石梁河（滁河上游城西九十里）布阵、两军隔河对峙。兀术分兵犯滁、濠，宋统制赵密引军出击。同时命部下张守忠以五百骑伏于六镇竹林之中。金兵察觉，乘夜逃走。赵密见势，再引兵出六丈河断其归路，大败金兵”。

清军阻击太平军六镇之战

1853年，太平天国建都南京后，当时清朝政府在滁州的乌衣和肥西的三河都有驻军，直接威胁太平天国京都的安全。于是洪秀全派遣英王陈玉成率兵二十万攻打江北两处大营。咸丰十年（1860）四月八日围攻全椒城，与清军相持月余，五月再次攻城未攻下。太平军下达对江南发起总攻，陈玉成自全椒挥戈南下，过长江破清军江南大营，这时驻防定远的捻军南下时经六镇，与驻防六镇的清军杜宜奎遭遇，清军拼命阻击，于是发生大战，六镇地势险要，北边就是山，又是通向合肥的重要关口，太平军在六镇与清军展开一场大战。

六镇人民歼敌纪实

1937年抗日战争全面爆发后，上海、南京相继沦陷，十二月全椒县城被日寇占领，县长前三天就闻风逃跑，县政府及直属机关纷纷逃散，地方成了无政府的局面，社会秩序十分混乱。日寇所到之处，实行“三光政策”，奸淫烧杀抢劫，无恶不作。同时对县城周围的村镇，不断四处“扫荡”，广大的人民群众不堪其苦，处在水深火热之中，既仇恨日寇的滔天罪行，又痛恨地方政府对人民的痛苦毫不关心，广大的人民群众挣扎在死亡线上。

六镇地方有识之人杨警木先生，首先倡议集中分散在各家的武器，组织具有爱国爱乡思想的勇敢青年，组织自卫队抗击日寇，保卫家乡。广大青年积极报名，踊跃参加，当时组成的自卫队有近50人，拥有14支步枪和土造枪，其余都是大刀和长矛，推选杨继贵同志为队长，当时的六镇是六镇坊的一个保，坊的联保办

胜利井遗址　　高　升/摄

事处设在小集街。

1938年农历正月二十七日，县城的日寇以及伪军，共出动了五百多人，在近三十四马队的前导下，顺着北山向西进行扫荡，一路上不断开枪射击，耀武扬威，群众闻风逃跑，躲开日军的视线。在午饭前到了六镇，这天六镇正好逢集，各路商贩和赶集的群众云集此地，闻知日军来了迅速向街北和街南两方转移，日军到达后，烧了部分民房，杀了一个来赶集的群众叫李家金，事后才知道是黄庵李胡村人。日军在六镇烧杀后，又向黄庵方向窜去，当晚日军盘踞在黄庵西北大黄村一带，第二天继续向马厂方向扫荡。日军走后，六镇人民意识性和警惕性很高，由于怕日军从原路返回，就派了几个自卫队员，日夜监视日军的动向。到了下午约三点钟的时候，监视日军的侦察员回来报告说："发现有9个日军，赶着4条毛驴，上面驮着子弹箱、电线、衣物等，向六镇方向走来。"六镇自卫队接到报告后，迅速将队伍组织起来，召开紧急会议，队长杨继贵派人请来了六镇小学校长刘琢如（著名书法家刘子善父亲）以及杨警木、黄有臣等地方有识之士，进行研究、磋商。这时队员们思想紧张、犹豫，但大部分人的意见是日军人少，自卫队人多，同时地形熟悉，这是打击日寇的好机会。也有人认为自卫队子弹少，武器差，从来又未打过仗，没有实战经验。这时刘琢如先生果断地说："这是打日军的好机会，机不可失，只要大家听从指挥，沉着战斗，利用街外有利地形先打埋伏战，首先消灭几个敌人，守住街口，不让日军进街，否则对我们就不利了。"刘先生讲过话后，大家一致同意打。队员们热情非常高，于是队长杨继贵当机立断，将队伍带到三塔寺大庙前西南的山头上，选择了有利地形，布置了埋伏。这里两边高，中间路低，是日军的必经之路。参加这次战斗的有五十多人，十四条步枪，其余都是大刀和长矛，参加过那次战斗的幸存者六镇白酒敬老院百岁老人杨官凰说，他当时用的武器就是扬叉。队员们埋伏好约半个小时，9名日本兵大摇大摆地向埋伏圈走来，当他们距离伏击圈约400米时（现六镇村办公大楼处），情况突然发生了变化，因他们还未进入埋伏圈，队员杨德山由于心情紧张，未等队长下命令，突然枪走火了，日军闻到枪声后卧倒还击。伏击计划落空了，队员们只能和日军打了起来。

这时六镇人民考虑到，自卫队人虽多，但武器没有日军好，子弹没有他们多，打仗经验又缺乏，没有实战经验，要想把日军干掉，单凭这点力量是不可能的了，否则要付出极大的代价。于是就派人分头送信到小集联保办事处，以及邻近的东王、黄庵等地要求援助。不一会日寇撇开伏击圈，按原路窜到六镇的东北，并向街上靠近。这时自卫队迅速回到街上，凭借街后各家的后围墙，厕所墙作掩护，把日寇堵于街外，日寇因为不熟悉地形，又处于不利地势，几次用密集的火力射击，妄图攻上街来，均被打退。突然日军窜到一个干坑里(原是杨警木家浇花用的水池子，因天干旱无水了)。想利用坑的东南面菜地矮墙作掩护，以此作为窜到街上的突破口。为了不使敌人的阴谋得逞，杨继贵队长带了几条枪和十几名持刀矛的队员，跑到菜园南边，始终把日军堵在干坑里。这时，高塘、黄庵、封家岭各坊的自卫队，来了300多名，共同包围了日军，自卫队力量更大了，信心更足了。群众又自动跑来助威，一时枪声、呼喊杀鬼子声，惊天动地，日军急得像热锅上的蚂蚁，只听到叽里呱啦的声音，可能是在互相争吵，日军吓得龟缩在干坑里不敢乱窜。这时天色已晚，为了尽快消灭敌人，防止日军趁黑跑掉，队员们用梯子爬到房顶上，想利用居高临下的优势消灭他们，可是人刚爬上屋顶，架好枪还未来得及瞄准，人刚露头，就给鬼子开枪打死了。六镇自卫队的张木匠（黄庵小张村人）献出了年轻的生命。为了防止敌人逃跑，队员们用柴草燃起了几堆熊熊大火，把阵地照得一片通红。约一个小时后，日寇急了，几次露出身来要突围逃跑，都被排枪压了下去。为了快点杀掉这一小股日寇，自卫队又派人到古河弄来了两颗手榴弹，把仅有的两颗手榴弹拉弦扔向干坑里，尚未爆炸，就被日军扔了出来，这时，坊自卫队队长、临阵总指挥胡以德急中生智，想起了“火攻”战术，将本街东大地主杨世昌家的一堆稻草弄来，又从街上几家商店搞来洋油（煤油），派几名年轻、勇敢、活泼的队员，卧倒在地上，把稻草捆子浇上煤油烧着，用扬叉将草捆子扔进干坑，一个草捆接一个草捆，在排枪的掩护下扔进干坑，这个办法非常有效，这时坑里的日军难以存身，乱作一团，叫喊起来，拼命向外突围，在群众的呐喊声和密集的枪声中，日寇纷纷倒下，日寇枪声再也听不到了。经检查，坑上打死3个，坑内打死1个，稻场上打死2个。由于自卫队没有经验，未能及时进行清查搜捕，日军趁火光稍落时跑掉了3个。六镇人民考虑县城的日寇可能要出来寻尸报复，连夜将这六具敌尸埋进街东附近的一口古井里，由街上大力士张大（名不详）用大石磙子将井口封实，用大石块盖好。至今干坑和古井遗址犹存。六镇团结队老队长杨官武说，他在前些年清挖干坑时，清出子弹壳有几十个，还有一把刺刀。原六镇小学校长盛型全至今还藏有从日军身上搜出的“宽永”和“大朝鲜五百五周年”的钱币。

跑掉的3个日本兵，有2个跑到街西头大路边上的杨官山家，一个在床上睡觉，另一个在门口站岗。第二天早晨，附近的村庄群众来街上看看昨夜打鬼子的情况，封庄盛广兴和他的二儿子（名不详）走进街西头，发现了日军就边跑边喊叫，惊动了站岗的日军，当时盛的二儿子被日军开枪打死。后来2个日本兵向西逃跑，遇到封庄理发匠陈义才，强迫陈带路向北逃跑，在黄庵小张队武登科家酒坊，吃饱喝足后，还强迫陈义才挑着一担酒，准备回全椒饮用。陈对日军早就恨之入骨，将他们带到了原先设置的伏击圈内，借口解手溜掉了。一个日本兵被六镇自卫队和周围群众击毙于三塔姚桥南边的刘家坝。另一个日本兵逃到程家市街上，被当地武装所消灭。

在六镇人民歼灭8个日本兵的战斗中，六镇自卫队张木匠勇敢杀敌，献出了年轻的生命。队员孙洪圣（今六镇村何庄队人）在“火攻”过程中，被日军打掉了一只手指。还有杨德山（后在无为县被日军、伪军所杀害，县党史有记载），张洪喜、王结巴、张十哥等8人都负了伤。如今，他们虽然都已去世，但他们的英雄事迹将永远留在六镇人民的心中，在全椒抗战史上也留下了光辉的一页。

当8个日本兵在六镇被消灭以后，消息不胫而走，当年的三月一日早晨，天没有亮开，全椒的日伪军500多人已开到了六镇，因六镇早有防备，将姚桥的桥面板全部拆除，日军到达后无法过桥。这时因六镇两家商人起早到外地购货，发现了日军立即返回，通知六镇群众，乡亲们迅速向南北方向转移，当日伪军进村时，街上无一人。日伪军见无人，恼羞成怒，在街上大肆放火，进行疯狂报复，全街一片火海，好端端的古镇化为灰烬，整整烧了一天一夜，共烧毁瓦房140多间，草房200多间，各家的损失无法统计，六镇群众无家可归。后又有飞机来轰炸，至今北街后面还留有一个大弹坑，这是日伪军留下的罪证。

第三节 军民鱼水情

杨氏兄弟冒死保护新四军干部

1946年5月10日，蒋介石集团撕毁了停战协定，并集中了48军等一万多人，分七路向淮南津浦西大举进攻。随后几天全椒全境被国民党反动军队占领，他们在全县强制推行保甲制度，并大肆逮捕中共党员、干部，强迫其“登记”“自首”，血腥屠杀。同时地方上的地主、恶霸、地痞、流氓也纷纷出动，组织“还乡团”“自卫队”，疯狂地对人民进行反攻倒算，残酷地迫害、屠杀革命群众，全县处于一片白色恐怖之中。当时的时局十分严峻，广大群众处在水深火热之中。

一天，街北突然传来了紧急的枪声，原来是一群匪帮正在追捕一个人。这位新四军干部在执行任务时被发觉了，中弹受伤后拼命从北山向六镇跑来。这天正好逢集，街上的人很多，车水马龙。这个人迅速跑进赶集的人群中消失了。这群匪帮在街溜窜一阵后只好回老巢马厂。

这位中弹受伤的新四军已筋疲力尽，脸上惨白，来到了杨庆传家，喘着粗气说：“我是新四军干部，现在有人要杀我，你要想办法保护我。”话音刚落就昏过去了。这时，杨庆传毫不犹豫把他背到房里床上，给他止血、喂水后，这人慢慢苏醒过来。

杨庆传是位老实巴交的农民，平时除种几亩地以外，还开了一个小茶馆。但他深知此事非同小可，如果外人知道了，全家人都要被杀头的。他考虑再三，经过全家人商量，对外严加保密，全家口径要一致，万一泄露，就说是家里表叔来走亲戚。就这样，全家人冒着生命危险保护了这位新四军干部。

全家人省吃俭用买来营养品给他补养身体，每天到药店买来药品给他换药治疗伤口。后来为了安全又把他转移到弟弟家，因弟弟杨庆如家住六镇琼花池南岸，单家独户，很少有人去那里。就这样，经过四十多天的精心照料和护理，负伤的新四军干部身体和伤口渐渐痊愈了。他和杨家二兄弟建立了深厚的感情，依依不舍地离开了杨家回到了部队。

解放后，这位新四军干部经常写信来，他供职于南京军区。这时六镇人才知道这件事。1956年，杨庆传到南京矿山上班，儿子杨福康在小学读书。那人经常来看望杨家父子。

1962年，农村责任田到户，杨家父子告别了南京，回到家乡六镇。这是一个真实的故事，当年杨家父子冒着生命危险救了这位新四军干部，这位干部也帮助他们渡过了难关，真是军民鱼水情，军民亲如一家人。

六镇人民奋力抢救军火汽车

1969年腊月二十八日晚约八时，正临近春节期间，六镇家家户户都在做春节前的准备工作。就在这天晚上，曙光生产队的干部正在盛型才家召开队委会，研究如何做好春节的安全保卫工作。参加会议的人员有队长杨庆贺、副队长盛型发、贫协组长张朝富、民兵排长盛型才、会计章大和、保管员项学泉、生产委员武登玉等。

会议正在进行中，突然从西边传来了大喊大叫的声音，一群人边跑边呼叫："快来救火呀！车上有枪支弹药呀！"参会人员听到后，立即停止了会议。只见西边火光冲天，约有20多人向六镇边跑边喊叫救火。在这千钧一发的时候，队长杨庆贺、副队长盛型发毫不犹豫地同时吹响了救火的哨声，呼喊老街的群众去西边抢救军火车。

天黑得伸手不见五指，北风呼啸，天寒地冻，滴水成冰。六镇老街四个队的群众听到哨声后，都不约而同地带着救火工具，从四面八方迅速地冲向救火地点。年近60岁的武登玉老人奋不顾身地第一个跳进路边的水田，砸开冰冻取水救车，手和脚多处被冰块划破，鲜血直流，他丝毫不顾。也有的光着脚，连衣服都未来得及脱，站在刺骨的冰窟窿中，把一桶桶连泥带冰的水洒到火光冲天的车头。这时有人高喊："车上有枪支弹药，危险！"队长杨庆贺大声喊叫："为了国家财产，不用怕，谁不上就是孬种。"车上浓烟滚滚，火苗冲天，汽车油管的爆炸声和人们的喊叫声混作一团，一桶又一桶的水喷洒到车头上，人们拼命向车头喷水。这时救火的人也越来越多，力量也越来越大，借着火光，人们发现车驾驶室里还躺着一个人，昏迷不醒，一动不动，原来他就是本车的驾驶员。队长杨庆贺派人将他抬到自家进行救治。

经过半个小时的紧张战斗，大火终于被扑灭，救了汽车，救了驾驶员，更重要的是保护了国家的枪支弹药，使国家的财产没有受到丝毫损失。

原来，乘坐这部车的是马厂区9个公社的有关干部，来参加全椒县革命委员会第五次全委扩大会议，这次会议在向阳公社文革大队（今十字乡杨岗行政村）召开，出席会议的有县革委会全体委员，区、社（镇）大队和县直各单位革委会（或小组）负责人及部分生产队干部。会议贯彻了中央“打击反革命破坏活动”和“反对贪污盗窃、投机倒把”的指示。在此之前全椒成立了基干民兵独立团，全县下设40个基干连和部分专业技术分队，独立团是民兵值班部队，平时劳武结合坚持训练，一旦战争爆发，可以编为地方部队，必要时上升或补充野战军。这次会议闭会后，马厂区的部分干部乘坐这部汽车回来。随车押运部分武器，有机枪、步枪等枪支弹药，目的是加强民兵建设和山区武装力量。

后来，太平区委书记陈家声曾多次在会议上表扬六镇人民奋不顾身、不怕牺牲、勇敢爱国的精神。

第九章

人　物

六镇物华天宝，人杰地灵，杰出人物众多，人才辈出。刘氏家族被全椒县人民政府和滁州市人民政府称为教育世家。此外，有在革命斗争中献身的先烈，有为国家立下不朽功勋的志士仁人，有在社会主义建设事业中做出巨大贡献的普通劳动者，有名扬国内外的科技精英和新时代的人才。

第一节　人物传略

革命烈士

陈殿仁（1919—1944）　男，全椒县六镇镇六镇村小何村民组人，1919年出生，1943年参加革命，曾为新四军二师战士，1944年1月在周家岗与国民党作战中牺牲。时年25岁。

张雪松（1975—2018）　1975年出生在全椒县六镇镇六镇村曙光村民组。少年时代在六镇小学读书，1986年小学毕业，在本镇初中就读，后入全椒中学。

1995年，21岁的张雪松从安徽省人民公安警察学校毕业后，被分配到合肥市公安局工作，先后在刑侦、派出所、视频侦查支队一大队做民警，他是中国共产党党员，佩三级警督警衔。他从警23年来，长期坚守在打击犯罪第一线，牢记使命、忠诚履职、顽强拼搏、无私奉献，在平凡的岗位做出了不平凡的业绩。他始终以强烈的事业心和责任感全身心投入工作，勤奋好学、刻苦钻研，练就了过硬的侦查办案本领，迅速成为单位的业务骨干，每逢急、难、险、重任务总是冲锋在前，先后参与侦办各类刑事案件数千起，抓获犯罪嫌疑人数百名，为严厉打击违法犯罪活动、保卫人民群众生命财产安全做出了突出贡献。

2018年10月23日，张雪松在执行抓捕任务时，面对持刀拒捕的犯罪嫌疑人，英勇无畏、冲锋在前，与犯罪嫌疑人展开殊死搏斗，在身中数刀严重负伤的情况下，仍强忍剧痛奋力将犯罪嫌疑人摔倒，并与战友一起将其制服，自己却因伤势过重，经抢救无效不幸牺牲，年仅44岁。

张雪松牺牲后，人力资源和社会保障部、公安部，追授他为“全国公安系统一级英雄模范”，并号召全国公安机关的广大公安民警向张雪松学习。安徽省退役军人事务厅追认张雪松为革命烈士。

历史人物

黄佑臣（1887—1960） 男，全椒县六镇镇六镇村黄店自然村人，祖籍湖北省黄石市，古文功底较深。

民国时期曾任六镇乡六镇保副保长、乡参议员。他是六镇街绅士，德高望重，办事公道，为人耿直，深受众人尊重。

曾经营六镇和小集两家牛行，生意兴隆，市面较大，很讲信誉，在群众中威信较高，人称黄大老板。

刘兆琪（1896—1951） 字君谋，全椒县六镇人，民国6年（1917）保定陆军军官学校肄业。长期担任黄埔军校教官，从事军事教学工作，曾供职于国民党国防部。抗日战争时期，任国民党31军参谋长。抗日战争胜利后，任国民党军队后勤部军需采买专员，少将军衔。他的很多学生在中国共产党的军队中任高级将领。解放后，1951年病故于南京，葬于六镇村曙光村民组窑上山头。

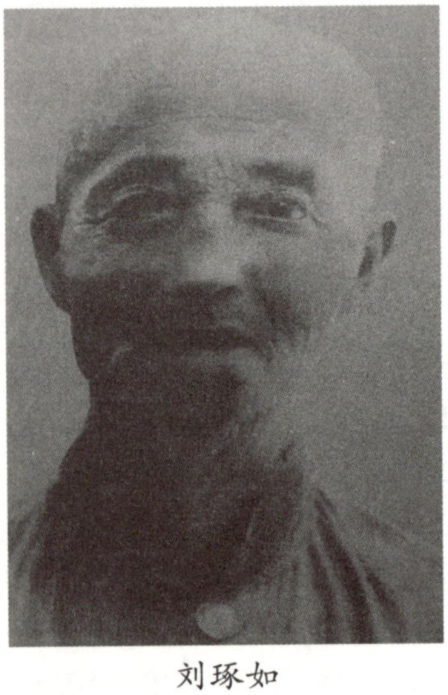

刘琢如

刘琢如（1902—1990） 全椒县六镇镇六镇街人。1902年出生在一个书香门第家庭，因排行老四，所以当地人都称他刘四先生。

刘四先生毕生从教，曾担任过六镇小学教师、校长，也是六镇小学的创始人之一，是地方上的绅士，曾任六镇乡六镇保保长，中国国民党党员。

他擅长书法，是民间很有名气的书法家。

刘琢如先生善良、忠厚、谦虚、谨慎，德高望重，终生呕心沥血，教书育人，桃李满天下，受到众人尊重。

旧社会时六镇的帮派宗教势力复杂，村民经常打架

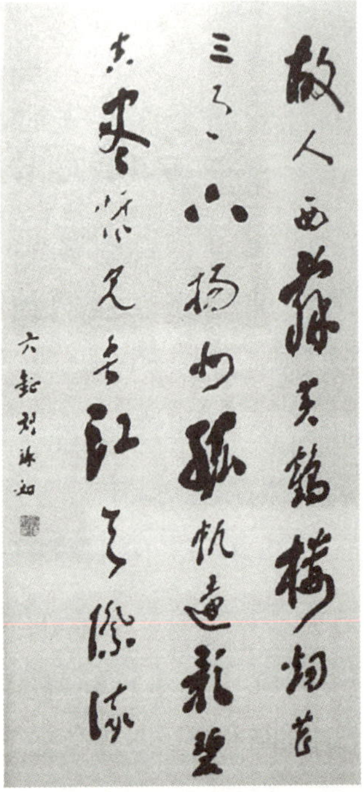

刘琢如书法 高 升/摄

闹事，矛盾激化时，只要他到场，一切和好如初。他处理问题干脆利落，讲公道话时采取摆事实讲道理、以理服人的方法，众人口服心服。

刘琢如对日寇恨之入骨，当年在他的指挥和谋划下，六镇自卫队一举歼灭了日寇一个班，他爱国为民的情怀令人敬仰。

范华珍（1906—2004）　女，原广平新河村人，后移居六镇村洪庄村民组，中共党员。她长期保持劳动人民本色，曾多次被省、地、县评为劳动模范和军属模范，被全国妇联命名为全国“三八红旗手”。

生前曾任生产大队大队长、公社副主任、县妇联副主任、市妇联常委、省妇联执委、公社党委委员、县政协委员等，荣获各项奖章32枚。

1951年，她被推为中国人民慰问志愿军代表团成员，赴朝鲜慰问中国人民志愿军，受到金日成的接见，获金日成金质奖章1枚。1956年，被评为全国劳动模范并出席全国劳模代表大会，见到了毛主席并和国家领导人集体合影。2004年逝世，现葬于六镇村洪庄村民组西山头上。

杨警木

杨警木（1916—1951）　曾用名杨继德，男，全椒县六镇镇六镇街人。祖籍江西省华亭县蓼子沟，高中文化程度，中国国民党党员。

民国时期，曾任过六镇乡六镇保保长，六镇小学教师、校长，小集小学教师，教授小学高年级数学、英语、音乐。1943年任小集乡副乡长兼经济主任，主管乡财政工作，也任过三塔寺粮食仓库、晋集粮食仓库主任，同时负责兼收全椒西乡税务，也就是现在的古河、大墅、马厂、二郎、太平庵、东王、小集、六镇、黄庵等地的税收。

杨警木在六镇的影响力较大，说一不二，办事耿直、爽快、公道，能同情穷人。1936年，在他的倡导下，六镇成立了自卫队，主要任务是看家护院、保护六镇地方安全，在后来的抗日战争中起到了很大作用，一举歼灭了8名日寇。

解放前夕他与新四军有联系，暗地支持地下党员刘志平同志在六镇开展工作，给予钱、物援助，迎接大军过长江。

解放后，在反匪反霸斗争中因与刘志平失去联系，1949年他进入县公安局感化班，后又进入滁县感化班。加之因对黄精义（原国民党县长潘禹三警卫员）在全椒解放时私藏枪支问题知情不报而受到牵连，1951年春，在太平庵受到严惩。

柏　青

柏　青（1919—2010）　曾用名许自展、许贵卿，1919年7月出生于六镇村潘阳组的胡氏家族。胡茂华之女，原名胡建中，从小被小集金槽坊村许姓人家抱养做童养媳。

1938年7月，柏青从全椒中学毕业，参加了革命工作，1939年7月加入中国共产党。曾任陕甘宁边区卫生署医政科科员、东北局秘书处秘书、四平市辽北军区卫生部材料科科长、嫩南军区卫生部材料科科长、政治协理员，齐齐哈尔市五区区委组织委员、齐齐哈尔市妇联副主任，齐齐哈尔市总工会组织部部长、秘书长、党组副书记，黑龙江省妇联党组副书记、省妇联主任、党组书记，哈尔滨锅炉厂社教工作团副团长，省革命委员会群工委妇女组组长，省革命委员会群工委副主任，省民政劳动局党组副书记，省民政局局长、党组书记。1960年夏曾和丈夫黄生一起回故乡潘阳村看父亲胡茂华。1983年8月离休。

柏青是中共八大、十二大代表，第五届全国政协委员，中共黑龙江省第二、第四届省委委员，黑龙江省人大常委会原副主任。

柏青因病医治无效，于2010年4月18日在哈尔滨逝世，享年91岁。

刘季乾

刘季乾（1921—1984）　1921年出生在六镇一个教育世家，他的祖父、伯父、父亲都从事教育工作。

他高中毕业后未考取大学，先后在油坊集示范中心小学、楼子王小学、六镇小学当教师，1946年担任六镇小学校长。后到南京中央大学补习，于1947年秋考取上海光华大学法律系。1949年秋和妻子赵锡芳一同回到家乡六镇。

1950年，刘又到六镇小学当教师，未满一年被辞退，于是在六镇街上摆布摊开布店，因不会经营而亏本，只好停止布摊生意。1952年协助杨德善办互助组，接着又到六镇猪行交易所当记账员。1953年至1955年，六镇与小集的两个牲畜部合并，他又当起了交易员，1955年冬，他辞去交易员，帮助杨继升筹办高级农业社，1956年高级社成立，他任高级社统计员兼副业会计（负责行业小组）。当年秋，通过考试被县文教科选拔录取，到县城实验小学当教师。在此期间被选为全椒县第二届人大代表。1957年暑期被调到县文教科任函授教师，在整风运动中因发表的言论被划成“右派分子”。1958年春，被县文教局调回实验小学监督教学，暑期后县文教局决定送他到家乡农业社监督生产，于是他便在太平公社监督劳动3年。1962年县甄别办公室和县法院宣布摘掉刘季乾的“右派分子”帽子，但一直没有安排工作，后他被派到大何点收粮并看守仓库，接着回曙光队参加生产。1963年帮助杨庆炳开集，当商业经理，下乡收肥猪，在肉案上开卖肉单据、收钱等。1964年春在六镇办了一个民办幼儿班。秋又创办了六镇“农中”。1969年春，农中并到小集初中，刘季乾又回到六镇大队当民办教师。直到1978年12月16日，根据中共中央〔78〕55号文件有关政策规定，才恢复他的工作。不久调到三圣中学当教师，后调到县“五七大学”搞后勤工作直至退休。

刘季乾是六镇村解放前唯一的一个大学生，人品忠厚老实，为人热情，耿直无私，助人为乐，在地方上深受群众爱戴，还是当地著名的书法家和画家。他一生坎坷，身体和精神遭受打击，64岁时离开了人世。

潘 飞（1923—?） 曾用名潘振声，生于1923年6月，祖籍全椒县六镇镇六镇街，中共党员。1940年2月参加新四军，中华人民共和国成立前主要在部队卫生部门从事财务工作。中华人民共和国成立初，任中南空军后勤财务处科长。1957年被国家授予三级独立自由勋章和三级解放勋章各一枚。1958年5月转业至开封，先任化肥厂科长，后任开封地区统计处副处长。“文化大革命”期间，被下放劳动。1977年12月后，历任开封地区基建计划委员会副主任、统计局副局长等职。1982年10月离休。

杨继升（1923—2013） 六镇农业合作化的带头人，1923年出生于六镇一个农民家庭。1941年国民党反动派皖东司令柏承君杀害了他的父亲杨步街和弟弟杨继洪。在万恶的旧社会，因家庭人口多，土地少，杨租种了大户人家的几亩薄地，养家糊口。

1949年春，全椒和平解放，百万雄师屯兵江北，准备发起渡江战役，打过长江去，解放全中国。年轻的杨继升热血沸腾，满怀革命激情，毅然决定参加

杨继升

支前担架队，给部队运粮运草，直到6月10日胜利完成支前任务后，才回到家乡。

杨继升完成支前任务后回到家乡，不久便秘密参加了中国共产党。在地方政府的领导下，他带领群众积极开展反匪反霸、土地改革运动；领导群众分田分地。因工作热情高、干劲大，表现优秀，上级政府指派他到张罗乡任指导员。但由于母亲年迈，家庭确实离不开他，他选择了留在家乡。

广大农民分得了土地，生活有了依靠，不再担心挨饿，人民真正当家做了主人。但农民有了土地后，要想过上好日子仍有困难，于是他积极带领群众在六镇建立了第一个互助组——杨继升互助组，这是农民的一种集体劳动组织，不改变农业生产所有制和分配制。在他的影响下，六镇先后又成立了杨德善、张家治、杨福如三个互助组，互助组像雨后春笋般地在六镇周围兴起。

1952年秋和1953年春，杨继升在上级领导的指引下，把六镇以及周围的互助组联合起来，成立了六镇农业初级合作社，他当了初级社的主任。初级社是村民以土地入股，统一经营，按劳动和土地分配报酬，仍然保持土地和生产资料私有。到了1955年冬和1956年春，他又把六镇周围的九个初级社联合起来，成立了丰产高级大社，取消了土地报酬，实行了按劳分配，多劳多得，少劳少得，不劳动者不得。土地和生产资料由私有变成了集体所有，他又当上了高级社的监察委员会主任。

在农业合作化运动中，他吃苦在前，没有工资，没有食堂吃饭，也没有办公住房，他从不计较。为了解决办公用房问题，他想办法筹经费，把自家磨豆腐的小驴卖掉，改为人力推磨，凑钱来盖办公室，并亲自到古河买回几车木料在东头庙原址盖了前五间、后五间、两包厢的14间办公用房，这在当时是一件很了不起的事情。这时的高级社已改为生产大队，那时的一般生产大队只有两间草房，或租公益房做办公用房。

高级社改称大队后，他历任管委会主任（大队长），支部副书记，山沿连队支部书记。在农业学大寨运动中，任生产队长多年，还任小林场副场长，每棵树的种植都留下了他的汗水和辛劳。他从不计较个人职位高低，他的一生，青年时入党求进步，积极上进，勇挑重担，不怕吃苦；中壮年时党指向哪里他就奔向哪里，服从命令，听从指挥；年老时仍不忘为党发光，发热，贡献余热，这是他留给我们后人的宝贵精神财富。

范仲谋（1924—2007）　范仲谋，曾用名范切平，1924年出生于六镇村后庄村民组。从1941年起，一直担任六镇保保长。在任职期间与六镇地下党刘志平有接触，多次冒死保护地下党刘志平。

1949年6月，范仲谋接到刘志平的来信，立即奔赴皖南，经刘志平介绍，范仲谋参加了中国人民解放军，任某区人民武装部政治干事，在1955年的“肃清反革命”运动中，因历史问题受牵连被捕入狱。1982年得到了平反昭雪，恢复公职，享受离休待遇。

胡广兴（1924—2009）　胡广兴，1924年出生于六镇村洪庄组的小董庄，家庭较为富有，当时他家在董庄后面的小柏庄买了块地，开办了一个糟坊（制酒的），同时也开设了一个酱坊，是地方上一个既有钱又有地位的家庭。

胡家平时很同情穷人，很多穷人都乐于在他家帮工，他家每年春节前几天定期邀请周边要饭的（乞丐）到家吃饭，杀猪办宴席，吃过饭后，每人发一元钱，另外允许每人带一葫芦仓（过去盛水的东西）酒离开。年年如此，形成惯例。

1942年，胡广兴在巢县油坊集七县联中毕业后，被送到安徽历皇受训，毕业后任国民党军平塘团山特工队中队长，21岁时曾在和县西埠等地任特工大队副大队长兼联防区主任，后到全椒小集、晋集、东王等乡任乡长等职。1949年春，全椒解放，他和县长潘禹三一起投诚，任城东区区员，1949年秋辞去工作，逃往台湾省台中市，时年26岁。

胡广兴逃到台湾后，被临时安置在台中市的外围小棚子里达一年之久，接受台湾有关方面的严格审查。因被同乡检举，胡广兴被台湾国民党逮捕入狱，坐了两年多的牢。后被胡的妻弟田应洪出面担保，将胡广兴释放。

释放后的胡广兴，在台中市某山边建一个临时居住的小棚子，开始开荒种地，后经田应洪介绍，到某单位任文职工作。后来台湾建铁路要经过他居住的地方，并在他居住的地方建火车站，当时建了一栋10间屋的楼房，第一层10间房归胡所有，楼上是火车站办公用房，后来这个地方越来越繁华，胡的第一层房子也越来越值钱，胡先后将房子卖出，在他36岁时又在台湾成家，育有二男四女，均大学毕业。

大陆和台湾通航、通邮、通商后，胡广兴带领全家在香港与大陆的儿子、儿媳见面。1988年胡广兴回大陆探亲，回到家乡六镇。他高兴地说："我做梦都想回到家乡，没想到今天实现了。"2009年，胡广兴在台湾过世，享年86岁。

王郁昭（1926—2016） 王郁昭是山东文登人，1941年参加革命。1948年来到安徽，1949年在芜湖以军代表的身份接管安师大。在这所学校里，他任过教务长、宣传部部长、马列主义理论研究室主任、政教系主任。曾参加党中央对苏共中央公开信的起草工作。

王郁昭一生富有传奇色彩，当过兵，打过仗，上过大学，研究过马列主义理论，做过高校领导。"文化大革命"中，他被下放当过社员，当过县委书记、地委书记、省长，直至全国政协常委。众所周知他在安徽的农村改革上起了举足轻重的作用，他所领导的凤阳农村包产到户责任制的推广，曾带动全国广大农村的改革，他一马当先、大刀阔斧的开拓精神，给人民留下了难忘的印象。

六镇村袁岗队在20世纪70年代曾是全县"农业学大寨"的榜样，王郁昭曾长期在这里蹲点。他带领袁岗群众战天斗地，改岗治湖，指导群众科学种田，推广杂交水稻，旱育秧普遍推广"广场薄膜育秧"。指导袁岗人选做苗床、浇塘泥、撒稻种、铲苗移到大田，还教袁岗人采用"二合一"方法混合做基肥，使秧苗返青快、不害黄、穗头大，使该队粮食产量连年上升，1971年粮食平均亩产超过"四五"计划纲要要求，1972年，成为全县农业学大寨的先进队。

多年来，他一直把袁岗作为他的第二故乡，虽然工作调到中央，但只要回全椒，他总是到袁岗去看看，他深爱着这第二故乡。2003年9月27日下午3时，他再一次踏上了第二故乡，刚一下车就被众多的村民簇拥着，群众亲切地高喊："老王又回来啦!"掌声、欢呼声在袁岗的上空久久地飘荡回响。

他紧紧地握着当年的村老书记金太康的手久久不愿放下。临别时，他热泪盈眶地说："乡亲们，大灾之年，你们受苦了，希望你们依靠自己的双手战胜自然灾害，现在的科学日新月异，希望你们能多走出去，看看外面的世界，多接触一些新的东西，发展致富。"

王郁昭魂牵第二故乡的热土，时刻牵挂眷恋和关心着袁岗人民，他虽然离我们远去了，但袁岗人民永远也不会忘记他。

罗喜明（1925—2014） 1925年9月14日出生于六镇村大罗队。1941年因抽壮丁，参加了国民党军队，在皖东司令部柏承君独立师警卫排任职，任柏承君司令的警卫员，后调任国民党全椒县政府自卫团，担任县长潘禹三的贴身

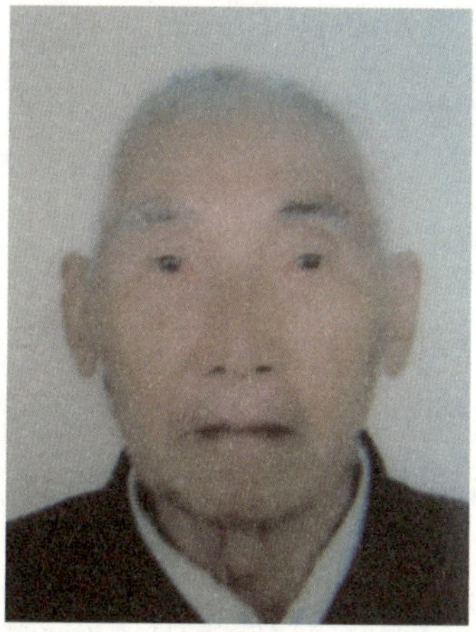

罗喜明

警卫。从那时起，他参与了共产党的地下工作。1949年1月26日随潘禹三县长在全椒红庙宣布全椒政府起义投诚，1月27日全椒县和平解放。后罗喜明调任中共巢湖军分区四分区继续工作。为了照顾年老多病的母亲，于当年辞去公职回乡务农。他为全椒的和平解放做出了重要贡献。1985年5月15日，中共南京军区给罗喜明补发了起义人员证明书，由全椒县委统战部按月发给生活补贴。

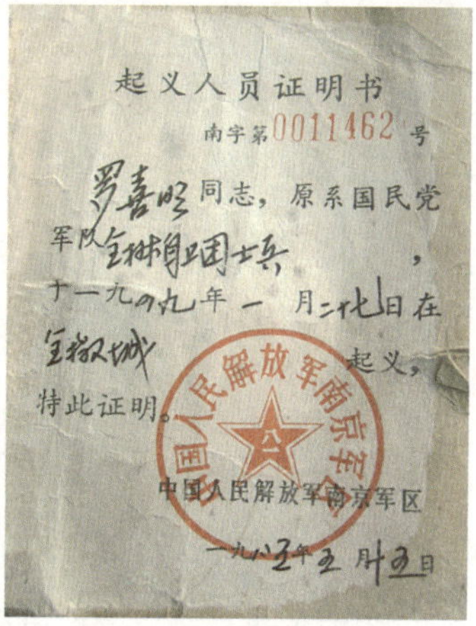

起义人员证明书

南字第0011462号

罗喜明同志，原系国民党军队全椒自卫团士兵，

一九四九年一月二十七日在全椒城起义，

特此证明。

中国人民解放军南京军区

一九八五年五月五日

起义人员证明书

杨振邦

杨振邦（1933—2018）　男，皖南医学院心内科教授、主任医师，中国致公党党员。1933年农历五月二十五日出生于全椒县西乡六镇，1946年从六镇小学毕业后入全椒中学。1949年他考入滁州中学，1951年考入安庆卫校药剂科，1953年以第一名成绩毕业，留校任教。1956年，他被调入安徽医学院医疗系学习，在校曾任61级甲班大班班长，团总支副书记等职。1961年他毕业分到皖南医学院（原芜湖医专）内科教研室，在附属弋矶山医院从事临床教学工作，1984—1988年任内科及诊断学教研室副主任，1992年晋升主任医师，1993年晋升教授，1988—1996年任诊断学教研室主任，1996年退休。

他教学严谨，刻苦钻研教学方法，教学效果突出。1983年卫生部组织的医学院校统考中，他所辅导的心血管专业学生考试成绩列全校各专业和省三所高校该专业之首。无论在学院授课还是在市内和全国性学术会议上讲座，他的学术水平得到同行们高度评价。1993年，他被授予安徽省教育系统劳模称号，并开始享受省政府特殊津贴。

在医疗、物理诊断和临床药理方面，他造诣很深，经济花费少、诊疗水平高为其突出医疗特点。他诊治了大量疑难危重病人，对心衰、心房颤动等病的治疗技术高超，是皖南及沿江地区著名的心内科专家。《人民日报》海外版曾报道过他的事迹，1999年世界华人名医成果博览会邀请他参加，他在国内外享有一定知名度。

杨振邦在科研方面善于将医疗、教学与科研工作有机结合，以医疗实践为基础，刻苦研究，勤于笔耕，已发表医学论文40篇，合作主编教材《内科学》《内科学复习纲要》，独自编著《心血管病的床边诊断与内科治疗》一书，1994年由华夏出版社出版。1974—1993年，他主持“提高洋地黄疗效与安全性研究”，20年内共发表具有重要价值的论文21篇，实现了洋地黄学由经验到实验学科这一质的飞跃，使洋地黄的药效由80%提高到95%，中毒发生率由20%降至5%，并杜绝中毒致死，达到国际最先进水平。在此基础上，他独自编著了22万字的《现代强心甙与心力衰竭》一书，于1999年出版。这是第一本由临床医生所撰写的强心甙临床药理与内科治疗学专著，引起心内科同道的关注。

杨振邦是芜湖市政协第七、第八届常委，致公党安徽省委委员，其简历已载入《中国当代中西医大辞典》、《中国当代医药名人》第三卷、《现代名医大典》第三集、《中华人物大典》第一集和《世界名人录》等十几部辞书。

倪崇夔（1933—2014） 生于1933年11月，全椒六镇西南倪庄人。从小就读大镇小学，1958年清华大学机械系毕业后，留校任教。1963年调到青岛化工学院任教，1978年被评为讲师，1983年晋升为副教授。1966年创造了薄膜蒸发器在水玻璃生产中的应用方法，每年为国家节约110万元。1984年又创造了恒力臂回零凸轮。曾在《机械设计》杂志上发表论文《计数器回零机构》，并在全国机构发明创造学术会上发表论文《回零凸轮廓线》。

周广文

周广文（1934—2000） 男，全椒县六镇镇六镇村大罗村民组人。1941年至1950年8月，先后在山畈村私塾、六镇小学、三塔农职中学、全椒中学读书；1950年9月至1954年6月在家种田；1954年7月至1955年11月先后任太平乡、八里乡、新兴乡办事员；1956年2月至1956年6月，任中共太平区委干事；1956年7月至1959年11月，任县委宣传部干事；1959年2月至1960年3月，随同吕殿玉下放到马厂、赤镇公社工作，任干事；1959年11月至1964年11

月，任县委宣传部秘书；1964年11月至1968年，任县委宣传部副部长；1968年7月至1969年4月，任县革命委员会委员；1964年4月至1970年3月，任县毛泽东思想宣传站主任；1970年3月至1976年，任武岗区革命领导小组副组长、组长、武岗区委书记；1976年至1983年任县委宣传部副部长、部长、县委常委。1992年1月至1995年3月，任全椒县政协主席。1995年退休。

蔡善武

蔡善武（1938—2007） 男，1938年8月16日生于全椒县六镇小何村，曾用名蔡绍，字元夕，号静思斋主，祖籍安徽省合肥市。1953年他从六镇小学毕业考入全椒中学。1956年从全椒中学参加中国人民解放军空军特种部队，先后在机关和营连担任文书、文化教员和有线、无线电员，1959年加入中国共产党。1960年5月，国防部授予蔡善武少尉军衔，晋升为正排级干部并保送“空军高等数学师资训练班”学习，后入“空军高中语文师资训练班”深造。从1956年自学开始到1964年教学工作结束，蔡善武在自学中度过，在教学中成长，教学相长使他逐步走向成熟。

1964年初，蔡善武被部队党委任命为新闻干事，专职从事新闻采访报道工作。同年8月，他被南京空军宣传部送到北京参加“全军新闻干部学习班”深造。1965年5月，经中共中央批准，新华社和中国人民解放军总政治部为适应援越抗美的需要，调蔡善武到新华社当记者，并到广西前线，深入部队进行采访报道。1965年9月，新华社空军分社在北京开始筹备，蔡善武又回到空军分社当记者。1975—1976年，毛主席、周总理和朱德委员长先后逝世，此后，党中央又为刘少奇平反昭雪。在这些重大事件的报道上，蔡善武怀着悲痛的心情，根据新华社和《人民日报》的要求，先后写了《沿着毛主席指引的航向飞翔》《旭日照蓝天》《怀念周总理、学习周总理》《深切思念》《朱德总司令关怀人民空军》和《随少奇同志去飞行》等几十篇新闻、通讯和报告文学。1979年2月7日，蔡善武由北京飞赴云南蒙自机场参加执行对越反击战报道任务。在前线的四个月时间里，他先后向新华社、《人民日报》、《解放军报》、新华社内参组及《空军报》发稿70多篇，这些文章成为部队进行英雄主义教育的好教材。1983年4月，空军党委任命他担任分社采编主任，次年年底全面负责新华社空军分社的工作。1985年2月，分社改为记者站，他被中国人民解放军总政治部任命为记者站站长。蔡善武在新闻采访上所取得的成绩引起了新闻界和出版界的重视。从1989年开始，他先后应蓝天出版社、中国妇女出版社、中国华侨出版社和文化艺术出版社之邀，编撰了《蓝天笔耕录》《蓝天女英豪》《蓝天铺路人》《蓝天伟大的战士》《蓝天寻访录》和《蓝天凯歌》等六本系统反映人民空军壮大成长的新闻、通讯和报告文学集。1991年4月，蔡善武担任《空军政治工作简明辞典》和《空军大辞典》的编辑组长，这两部辞书共200多万字，前者是人民空军从1949年12月11日成立以来政治工作的总结，后者是中国大百科全书系列丛书之一，也是三本军事大辞典之一。

蔡善武投身人民空军新闻报道工作以来，共发表了近5000篇作品，特别是党的十一届三中全会以来，他的作品先后两次被评为中国人民解放军特等新闻奖，三次被评为一等新闻奖，有53篇稿件被新华社、《人民日报》和《光明日报》等报刊分别评为好稿奖或征文奖。他还先后为部队代训10多批近20名通讯员，几十次为军区空军新闻干部讲课。

党和人民没有忘记蔡善武的工作成绩和所做的贡献，不断给他以信任和荣誉。1988年8月，中共中央军事委员会给蔡善武授予大校军衔。1988年12月，空军聘任他为“空军新闻（出版）专业职务评审委员会主任委员”。从1988年开始，他先后被中国人民解放军总政治部和空军评为高级职称。1992年12月，空军晋升他为“高级技术5级”（工资待遇相当于副军职）。1995年9月，空军批准他申报高级记者。1995年11月，中共中央宣传部聘请蔡善武担任新闻阅评员，为党的宣传事业积极工作。

蔡善武活到老，学到老，工作到老，为党为人民做出了应有的贡献。

杨庆祝

杨庆祝（1939—2002） 1939年7月出生，六镇曙光村民组人。1964年合肥师范学院历史系毕业，为了响应祖国号召，支援边疆建设，到黑龙江省体育运动委员会任秘书、研究室主任、群体处处长，曾出访过加拿大、日本、澳大利亚、菲律宾、老挝、柬埔寨等国。

第二节 乡贤简介

军旅人物

詹华国

詹华国 1949年12月10日出生于六镇村的一个贫苦农民家庭，后成为孤儿，1963年在中学读书，1964年参加了中国人民解放军。

当时部队驻守苏北，承担战备任务，防范美蒋UI型飞机夜间窜犯大陆搜集军事情报。1966年4月，部队形势突然发生变化，营、团机械所的人员检验维修火炮，更换配件，增添弹药，牵引炮车更换轮胎，同时还喷漆，每车都配备帐篷，并安装夜晚防空灯。

1967年4月，部队通知所有人员，把不需要的棉衣等物打包，并写上寄往地点和收寄人姓名，·切整装待发。

援越抗美战争历时7个月零19天，参战部队共设五道防线，詹华国被分配在第一道防线，他的主要任务是测绘，根据敌情，迅速算出火炮的射程角度，头脑反应要敏捷，精确度要准，这是火炮射出的关键，也是一项很艰巨的任务。在这场战争中，詹华国被评为国际主义“五好战士”，回国时越南发给友谊纪念章和“八五纪念章”。

张传江

张传江 1949年10月出生，全椒县六镇村洼刘村民组人，中共党员，大专文化程度。1968年入伍，1978年曾到南京陆军步兵高级学校学习两年。历任战士、班长、排长、中队指导员、大队教导员、支队保卫股长、上海武警总队保卫处处长、支队政委等职。

1996年张传江转业到上海地方工作。先后任上海锦江集团龙柏饭店党委办公室主任、工会主席、联合党总支书记等职。2009年退休。2010年，任湖南路街道东湖居委会支部书记。

詹德华

詹德华　男，1951年2月出生，安徽全椒县六镇人。1964年他从六镇小学毕业考入全椒小集农业中学，1969年2月从该校参加中国人民解放军空军技术特种部队，1969年4月进入空军某团教导队学习外语专业，1971年2月以优异成绩毕业分配到该团从事无线电技术侦察工作。1972年5月，他加入中国共产党，同年8月被破格提拔为正排职（23级）干部，1981—1988年任空军副团职教官，1988年8月被国防部授予空军中校军衔，1990年被授予上校军衔，晋升为正团职干部。1994年他被授予大校军衔并同时晋升为副师职干部，1998年被晋升为正师职干部。1988年，他从西安空军工程大学外语系毕业，获得大学专科学位，1991年从郑州信息工程大学外语系毕业，获得大学本科学位。自1988年开始，他先后被中国人民解放军总参谋部和空军司令部评为翻译和高职技术6级（工资待遇相当于正师职）。他从事技侦工作以来，平时注意专业知识学习，资料积累和业务研究，先后授课600余次，2000多学时，具有较高的翻译水平和系统的专业知识。

1974年至1983年，他撰写业务手册10本约50万字，1984年编写一本约3万字的《百题问答》，1985—1987年参与编写业务手册3本，约15万字，1990年参加空军技侦对口业务大赛的出题和译审工作，1990—1995年录60盘磁带，约3600分钟，用于本科和专科生的听力训练，因在工作中成绩突出，完成任务出色，1984年他被空军评为优秀工作干部，1991、1992年连续两年被评为优秀共产党员并出席空军第四次党代会，1991、1996年两次荣立个人三等功，1989、1992、1995、1997、1999、2001年6次获全军技侦成果奖。

项学东　男，1954年11月出生在六镇村曙光村民组一个贫苦农民家庭。中共党员。1974年元月入伍参军，1976年所在部队改为中国人民武装警察部队，历任战士、班长。

1978年3月被选调北京，在公安部武装警察大队任小队长（排职）。曾在公安部国家一号监狱担任警（守）卫任务，参与了公审林彪、江青反革命集团。

1981年6月完成任务后，调回到中国人民武装警察部队安徽省总队，在武警巢湖支队担任连指导员。1983年又调到安徽省总队武警医院任政治处干事。1984年底调入武警安徽省总队后勤办公室任副营职参谋，后又任正营职参谋。被授予少校警衔。

项学东

1993年转业到安徽中医药大学办公室工作，曾任秘书、主任助理等职。2000年任校保卫处副处长，主管大学生的军训和征兵工作。2008年调入校离退休工作处任调研员（处级）。

在书法艺术方面，项学东曾在家乡受过刘琢如老先生的书法和古文指教，后来又受到刘子善先生的书法指教，加之自己刻苦研习传统书法精华，临唐代颜真卿、柳公权、宋代赵孟頫等名家法帖，先后在部队书画获奖，受到好评。1977年先后在《安徽日报》《新安晚报》刊载篆书作品和草书作品等，在《中华国粹》发表征稿作品。从2011年起参加全国各项书法展览活动，曾获全国“兰亭杯”大赛金奖。庆祝“天宫一号”发射成功、抗美援朝胜利60周年全国书法大展赛一等奖，被中国名家书院授予“中国当代艺术名家”荣誉称号。1998年被吸收为安徽省书法家协会会员，2014年加入文化部中国文化遗产保护研究院书画委员会会员。

陈绍发　男，1955年出生，安徽全椒六镇村人，中共党员，大学学历，1974年参军入伍。历任安徽省军区政治部电影放映员、电影组长、电影队长、俱乐部主任、宣传文化干事、国防教育办公室副主任（副团职）。1995年转业到安徽省公安厅工作，历任省公安厅纪委综合室主任、案件审理室主任、省公安厅纪委监察二室主任（正处级），佩三级警监警衔。作为高级警官、领导干部、公安机关党风政风建设工作者，多年来，他不忘初心、牢记使命，履职尽责、成绩卓著。他撰写的《浅析公安机关行业不正之风的现象、成因和对策》一文被中央党校社科部和全国报刊理论宣传研究会评为优秀文章，并被中央党校编撰的大型工具书《中国社会主义精神文明建设宝典》收录出版发行；撰写的《加强反腐倡廉工作，促进公安队伍建设》《当前遏制公安民警违法违纪案件上升趋势的几点思考》《关于对肥东县公安局经费管理情况的调查》《预防、遏制公安民警利用职务违法违纪和犯罪问题初探》等调研文章被公安部纪委、新华社安徽分社、省委政法委的简报、刊物转发引用；圆满完成了省公安厅

《金盾之光》“队伍建设成就篇”撰写任务；调研文章《关于对部分市县区公安经费保障情况的调查报告》《关于对部分市公安局贯彻执行“五条禁令”、开展“执法为民”专题教育、落实“便民措施”情况进行专题调查的报告》受到省部领导的高度评价。退休后至今任安徽省社会学学会理事。

陈绍发自幼受父亲影响，酷爱书法艺术，多年临池不辍。初习颜柳楷书，继追汉隶、魏碑，近年尤喜“二王”、怀素、孙庭坚、赵孟頫、文徵明、王宠等行草书。作品多次入选省、军级以上单位的书法展览并获奖，系中国书法家协会安徽分会会员，江苏无锡书法研究会会员，安徽老年书画研究会高级书画师，环巢书画院特聘书画师。现任安徽皖韵书画院副院长、安徽省公安厅老干部书画联谊会秘书长。书法作品《李白·早发白帝城》被德艺双馨安徽组委会永久收藏，荣获“喜迎十八大——全国离退休老干部书画邀请展”金奖；作品“梅香竹影”在中华诗书画大赛活动中，被评为“一等奖”。

周万才

周万才　男，中共党员，1956年8月出生于六镇村中刘村民组一个贫苦农民家庭，祖祖辈辈帮工要饭，共产党来了翻身解放了。他于1976年应征入伍参加了中国人民解放军，在浙江省军区独立团某部队看押犯人。后来调到军区卫生教导大队学习，当卫生员一年，接着又送到地方医院进修实习一年，留团部卫生队当卫生员。

1979年初，越南在苏联的支持下，对我中越边境进行不断挑衅，形势非常紧张，眼看一场战争就要来临。1979年1月份，根据中央军委指示精神，各部队抽调战地救护技术过硬人员奔赴战场，周万才在2月被抽调参加对越自卫反击战。

在这场对越自卫反击战中，周万才同志受了伤，不久退伍回乡，被安排在公社（镇）农具厂当工人，同时享受国家民政部门按月发给的生活补贴。

张宇宝　男，1966年10月出生于全椒县六镇镇六镇村大乐村民组一个贫苦农民家庭，祖籍肥东。

小学时就读于袁岗小学，后在六镇小学附设的初中班读书，成绩优异。解放军广州通信学院毕业后在部队任过团政委、江苏省南通军区政治部主任，现任上海市杨浦区委常委、人武部政委，军衔大校。

陈绍宏 男，汉族，1968年7月1日生，全椒县六镇行政村坝刘队人，本科学历，1987年7月加入中国共产党。

1986年10月至1989年9月，武警阜阳市支队太和县中队战士、通信员、班长，先后被评为学习标兵、训练标兵和执勤能手，5次荣获连队嘉奖。

1989年9月至1991年7月，武警合肥指挥学校排职学员。

1991年8月至1993年7月，武警阜阳市支队政治处干事、安徽省第一监狱驻警二中队一排排长，被评为优秀排长。

1993年8月至1995年7月，武警山西夏县专科学校学习，被评为优秀学员。

1995年8月至1997年3月，武警滁州市支队工作，先后担任过支队宣传干事、来安县中队副队长、天长市中队副队长。

1997年3月至2008年6月，在武警安徽省总队先后担任司令部秘书、战勤参谋、勤务参谋、训练参谋，荣立三等功两次。（1995年至1999年在滁州市委党校、安徽省直党校学习。）

2008年6月至2009年7月，在武警蚌埠市支队（旅级）任副参谋长；曾带队驰援阜阳火车站，出色完成春运执勤任务，日送旅客量达10万人次。荣立三等功一次。

2009年7月至2010年10月，武警亳州市支队任副支队长。

2010年11月至2013年10月，在安徽省卫生厅历任主任科员、副调研员。

2013年11月至2018年10月，在安徽省卫生和计划生育委员会任副调研员。

2018年10月至今，在安徽省卫生健康委员会任副调研员。

吴志忠

吴志忠 男，1974年9月出生，全椒县六镇村人（中刘组），中共党员，大学文化，1992年参军入伍。

1992年12月，任武警安徽总队一支队战士；1995年9月至1997年7月，武警沈阳指挥学院学员；1997年7月至1999年9月，任北京武警总队支队排长；1999年9月至2010年7月，中国刑警学院学员；2001年7月至2011年6月，历任武警交通指挥部政治部副连职、正连职、副营职、正营职、副团职干事；2014年1月至2015年3月，武警交通指挥部秘书处副团职干事；2015年3月至2016年4月，任武警交通指挥部秘书处负责人，

2016年4月至2018年3月，任武警交通指挥部政治部组织处处长；从2018年3月起，任武警机动总队交通支队副政委兼纪委书记。

2003年12月、2016年1月、2016年12月，各立三等功一次。在2015年4月和8月，曾两次赴尼泊尔参加抢险救援，任前线指挥部政工组组长。2016年1月，参加深圳光明新区特大山体滑坡抢险救援，任前线指挥部政工组长。

贤才俊彦

杨官凰

杨官凰 杨官凰老人100岁了，他是六镇村的老寿星，他1919年出生于六镇村曙光村民组。

杨官凰老人年轻时因抽壮丁参加了国民党军队，他忍受不了军队的虐待，在湖北省当兵时乘机逃跑，一路讨饭帮工，经过一个多月的千辛万苦终于回到了家乡，后来跑到南京下关帮工学手艺，直到解放了才回到家乡。

百岁老人平时性格与众不同，倔强、正直。平时他说话嗓门大，声音洪亮，红光满面，走起路来步伐很快，他每天都是天还未亮就起床散步，每日两餐，晚饭从来不吃，这也许是他健康的秘诀。

现在，他在六镇镇白酒敬老院里，享受优抚待遇（1937年因参加六镇歼灭日寇战斗，是如今唯一健在之人），今天生活得很幸福。

冯启元

冯启元 男，原六镇大冯村人。1935年7月14日出生，解放前夕毕业于六镇小学，是全国著名的激光物理学家，曾留学苏联莫斯科大学，现任内蒙古大学物理学教授。

冯启元是我国一位卓有成就的科学家和教育家。他在激光物理学这一先进学科的发展过程中，发挥了重要作用，产生了较大的影响。他热爱教育事业和科研工作，曾主编全国《激光物理学》教材，在1990年主持召开了为纪念激光科学诞生30周年的第十届激光学术报告会。他长期担任内蒙古大学物理系教授，激光物理教研室主任，培养出大量的激光物理学人才。他是中国光学学会理事、激光专业委员会会员、《光电子·激光》杂志副主编、中国电子学会光电子学分会委员、中国物理学会物理教学研究委员会会员、《大学物理》杂志常务编委和《物理通报》杂志常务编委。他善于引进国际先进的科学理论，结合我国国情，使其在国内发挥积极作用。他在科学研究工作中具有远见卓识，曾被英国剑桥国际传记中心推荐为“当代卓越的激光物理学家”而载入国外版《世界名人录》《当代世界名人录》和国内版的《当代中国科学家与发明家大辞典》《中国当代自然科学人物总传》和《内蒙古优秀科技人物与成果》。他又是国际光学工程学会、国际激光研究中心成员。他应邀赴国外讲学，是俄罗斯莫斯科国立大学物理系客座教授，激光物理博士学位研究生导师，圣彼得堡大学物理系客座教授，激光物理学博士学位研究生导师，乌克兰基辅国立大学物理系客座教授，激光物理学博士学位研究生导师，立陶宛维尔纽斯国立大学物理系客座教授，激光物理学博士学位研究生导师。他应邀在国内讲学，华中理工大学任兼职教授、激光物理学硕士学位研究生导师。

冯启元教授集智慧与勤奋于一身，时时处处言传身教，为人楷模，对科学永不休止地追求，顽强地拼搏，是一位为我国科技教育事业做出突出贡献的科学家，受到国务院的表彰，享受政府特殊津贴。

薛文广

薛文广　薛文广是同济大学教授，国家一级注册建筑师，研究生导师，国内著名室内视觉艺术设计专家，同济室内设计工程公司总经理兼总设计师。1935年他出生于安徽省全椒县六镇北边的宋庄队，家庭出身贫寒，从小喜欢绘画，解放前夕毕业于六镇小学。1955年他考取上海同济大学建筑系，毕业后留校任教。

1959年，薛文广跟随同济大学著名建筑专家冯纪忠教授和傅信祁教授参加武汉东湖高干疗养院的设计工作，其中供毛主席游泳的游泳池需要制作一幅大型马赛克壁画。当时由清华大学、天津大学和同济大学部分建筑和美术专家进行方案设计竞赛，薛文广以“一行白鹭上青天”的独特构思，得到好评并被采用，从此开始展露他在建筑艺术方面的才华。1966年，正值“文化大革命”时期，他联系了上海的知名画家，在上海美术馆筹办歌颂毛主席的大型画展，他被推任为画展筹办主任，展出轰动了上海市。薛文广逐步走向国际社会，也逐渐得到认可。1984年他从也门萨那市回国后，又被国家教委派往联邦德国考察西方现代室内设计。在慕尼黑市高等建筑学院进修学习期间，他又先后考察了法国、奥地利、荷兰、瑞士和意大利等国，并深入研究这些国家的建筑艺术和设计手法。在欧洲的一年多时间里，他还挤出时间参加交流活动。在慕尼黑文化中心，他举办了个人水彩画展，参展的40多幅画，很快就被预购。他珍藏的100多幅作品，在“文化大革命”中流失了很多，参展的作品都倾注了他昔日现场写生的心血。他舍不得将画留在欧洲，但最后盛情难却，只得含泪留下近10幅作品。归国途中他考察了俄罗斯、捷克、波兰和匈牙利等东欧国家。欧洲大量的古典和现代建筑艺术，使他叹为观止，他的视野由国内转移到了国外，由亚洲延伸到了欧洲。

薛文广教授的建筑文化修养扎根在中国。他绘画的基础是中国水彩画，学生时期大量测绘的也是中国园林。赴欧进修和考察，又使他有机会吸取了西方建筑艺术的精华。中西方建筑艺术的交融，使薛文广的设计构思得到了新的升华，艺术创作更加丰富多彩。1988年回国后，他更是全力以赴地投身于上海的建筑装修设计热潮。他还先后编写了《居室室内设计》《现代家庭居室设计100例》《世界近现代建筑画册》《中国古代建筑画册》等著作和《居室室内设计》全国电视教学教材等。他为国内室内装饰业的发展和教学做出了积极而又重要的贡献。他是中国建筑学会室内协会会刊——《室内》杂志和上海市《远东经济》等杂志的协办主任。同济大学曾先后三次给予他记大功奖励。

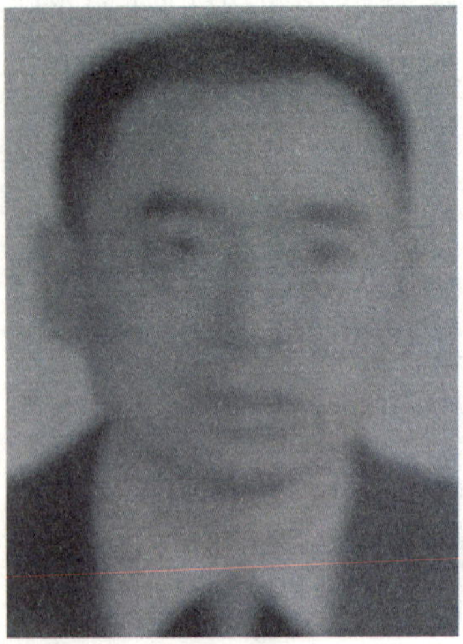
赵德禹

赵德禹 1939年12月出生于全椒六镇村大孙组的一个农民家庭，小学时代就读六镇小学，上海外国语大学毕业，正高级译审、中国知名书法家。1963年大学毕业后分配在解放军铁道学院任英语教员，1971—1981年在国防部外事局工作，先后派驻坦桑尼亚、赞比亚等国当翻译。1981年后转业到北京外企服务总公司工作，2000年1月退休。

赵德禹自幼酷爱书画，1945年开始习书法，随后学画。退休后不断提高书法水平，获P8Q9000A国际标准艺术体系资格认证。书法作品先后赴俄、日、韩、越、澳、美、法、巴（西）等国展出，多次参加文化部等单位举办的全国大展赛，获特等、金、银、铜等奖项60余次。参加

《人民日报》举办的“艺术名家金杯奖”获金奖。参加“纪念颜真卿诞辰国际书画名家交流展”获一等奖，获“国际文化交流贡献奖”。参加“祖国颂”名家作品大奖赛，获“百杰艺家”称号，参加“嘉华杯”海内外书画大赛，获“国际金奖艺术家”称号，参加全国书画“双评”大展赛，获“百佳书法家”和“德艺双馨书画家”称号。履历入编《中华名人大典》《世界优秀专家人才名典》，作品入编《当代中国书画名家精品大典》《中国书画典藏》《中国书画宝典》等。作品被国内外多家收藏。

范茂明

范茂明　1943年7月出生在六镇村大何组的一个贫苦农民家庭。由于家庭贫寒，人口众多，生活困难，他未上过一天学，但他从小就聪明好学，在青年时代学会了木工手艺，技术精湛，服务于六镇村周边群众。

在“农业学大寨”运动中，队里无人当队长，他看在眼里，急在心中，在那大集体的年代里，他主动放弃木匠活，减少个人收入，回队当队长。在那艰苦的年代里，带领群众战天斗地，队里的农业生产搞得非常出色，年年丰收，社员收入逐年增加，并高于周边村队，成为全公社的先进样板队。当年的县委书记王杰经常带人到他队里来参观，还经常请他到全县各公社去介绍经验。

从20世纪70年代起，全县大办社队企业，由于他工作出色，被抽调到村里当副业主任、大队党支部委员，六镇村综合厂又成为全县企业先进单位，全椒乡镇企业局将六镇村的企业管理经验专门下文向全县推广，号召全县向六镇村企业学习。

80年代初，范茂明办起了个人运输专业队。当时个人买汽车在全县还是少见的，在他的带领和影响下，全村有近20家买了汽车搞运输。他先后办起了米厂、配合饲料加工厂、棉麻公司（轧花厂）、粮食收购、油料加工厂等多家企业，现又投资上千万元办起了光伏发电厂。

党的十一届三中全会后，改革开放的春风吹遍了祖国大地，范茂明紧跟改革开放的步伐，勇往直前，成为全县最早的富裕户，乡村第一有钱人。即便他有钱了，也时时不忘国家，不忘人民，希望工程、福利事业、修桥铺路，哪里有困难哪里就有他，受到社会各界的一致好评。

范茂明从一个放牛娃，成长为当地有名的企业家，但他仍然保持艰苦朴素的本色。他曾当选中共全椒县第十二次党代表大会党代表，全椒县第五、第六、第七届政协委员，滁州市第三、第四届人大代表，多次被评为县、市企业先进个人和县先进政协委员。

朱家明

朱家明　生于1943年，六镇朱小村人（该村后并到团结队）。1951年就读六镇小学，1958年入古河初中，1961年考入安徽省科技学校，此校当时是省重点中学，专为国家高等学校培养高科技人才。1964年毕业于安徽大学外语系英语专业班。1968年入荒草圩军垦农场，1970年分配到蚌埠二中任高三英语教师，1980年调至长丰县城东中学任校长，中学高级教师，曾两次参加全国高考英语试卷出题。2004年退休。

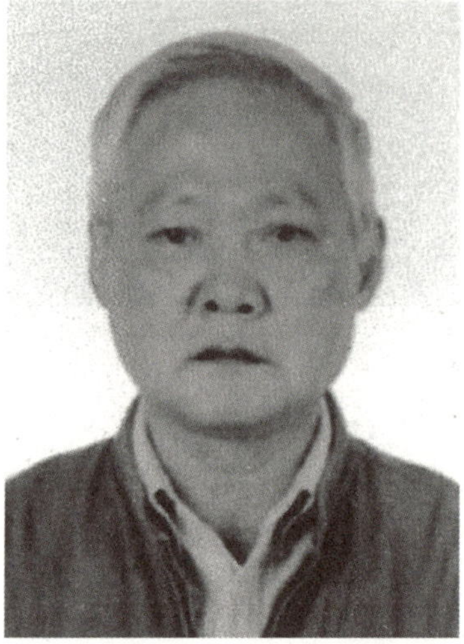
杨官年

杨官年　六镇村和平组人，1968年毕业于安徽大学中文系，中共党员。毕业后到六安地区独山军垦农场“学军”两年，1970年分配到铜陵市自来水厂工作半年后，调至铜陵市轻工业局印刷厂做校对工作。1974年任轻工局干事、宣传科副科长。1984年调市人大，先后任调研科副科长、研究室主任、办公室副主任等职，2005年退休。

梁　勇

梁　勇　1969年10月5日出生在安徽全椒六镇村的一个教师家庭。1988—1992年毕业于合肥工业大学土木工程系土建结构工程专业，大学本科学历，学士学位。

1992年7月任滁州市审计局科员，1997年任滁州市审计局财金基建科副科长，（2001—2005年主持工作）；2005年5月任审计局固定资产投资科科长；2006年11月—2009年11月，选派三年挂职南谯区腰铺镇党委副书记、范桥村第一书记；2004年9月—

2007年1月，合肥工业大学公共管理硕士学习；2008年6月—2010年4月任审计局副调研员（挂职市招标局）；2010年4月—2015年4月任市招标局党组成员、副局长（在2013年9月—2014年11月期间，抽调主持市高铁站区建设办公室工作）。2015年5月—2016年5月任市重点工程建设局党组成员、副局长；2016年6月—2017年3月任来安县委常委、副县长；2017年4月任滁州市交通局党组成员、副局长。现任滁州市公共资源交易监督管理局局长、党组书记。

周万龙

周万龙　男，1972年7月出生于六镇村中刘村民组，北京大学金融学硕士，中国安邦财产保险总公司副总经理、总精算师。中国高级经济师、中国寿险精算师、中国产险精算师。

周万龙，1991—1995年天津大学机械电子工程专业学习，获学士学位。1998—2001年，北京大学中国经济研究中心（现改名国家发展研究院）金融学硕士。1995—1998年在北京客隆总公司财务部工作；2001—2002年在中国太平洋财产保险公司车险部工作；2003—2007年在中国太平洋财产保险公司精算部准备金处任副处长（主持工作）；2007—2013年，在安邦财产保险公司任精算责任人；2013—2015年在安邦保险集团任集团总精算师、集团财务部副总；2015—2016年在安邦人寿保险公司任集团总精算师、集团财务部副总；2016—2018年在安邦财产保险公司，任产险副总、领导班子成员、总精算师。

陈绍山

陈绍山　男，汉族，1972年9月生，全椒县六镇行政村坝刘队人，中共党员，研究生学历，哲学硕士。1991年7月毕业于安徽农业大学，2003年9月—2006年6月在安徽师范大学攻读硕士学位。1991年7月参加工作，历任申滁食品公司科长、滁州学院人事处科长，2014年至今任滁州学院组织部副处长、党总支副书记，主持滁州学院校级科研项目1项、滁州市首届社科联课题1项；参与省厅级研究项目多项。在《内蒙古社会科学》《昆明理工大学学报》等学术刊物上发表论文近10篇，其中2篇在学校思想政治教育研究会论文评选中分别获一等奖、二等奖，1篇论文获教育部关工委征文一等奖。多次获“安徽省高校师资培训优秀工作者”、滁州学院“优秀共产党员”、“优秀党务工作者”等称号。作为高校教育管理工作者，他不忘初心、牢记使命，履职尽责、主动作为，以敢于担当、奋发有为的精神风貌，为学校全面建成国内知名、省内一流、特色鲜明的地方应用型高水平大学做出积极贡献，努力写好新时代滁州学院人的“奋进之笔”。

姚继超

姚继超　1972年9月出生于全椒县六镇镇六镇村三塔村民组。1993年7月毕业于安徽省第一轻工学校食品工程专业，当年参加工作。1993年10月—2000年3月任滁州市酿酒厂技术员、业务员，期间取得安徽大学法律专业自考专科学历。2000年3月—2001年6月任滁州市政府法制局办事员，2001—2004年任滁州市政府法制办科员，2004—2005年任滁州市政府办公室科员，其间取得安徽大学法律专业自考本科学历、法学学士学位。2006—2009年任滁州市政府办公室主任科员；2011—2012年任滁州市政府办公室秘书三科科长；2012—2016年任滁州市政府应急办公室主任；2017年后任滁州市政府办公室副主任。曾任天长市委常委、纪律检查委员会书记，现任定远县委副书记。

杨　玲

杨　玲　女，1972年出生，全椒县六镇镇六镇村人，1979年在六镇小学读书。1990年考入安徽大学外语学院，1994年获英语学士学位，并留校任教。1996年获安徽大学英语硕士学位。2003年获上海外国语大学博士学位。2009—2010年到美国加州大学做访问学者。现为安徽大学外语学院教授，博士生导师。

迄今为止，在国内外学术刊物发表论文近20篇，2014—2015年主持教育部人文社科项目一项，2016年主持国家社会科学基金项目一项。

出版专著《汉英篇章结构对比研究》，译著有《中级宏观经济学教程》《心灵鸡汤》，主编21世纪高等院校英语专业系列规划教材《英语写作基础教程》。

杨　超　1975年出生于六镇村曙光村民组,父母均为农民。1982年就读于六镇小学,成绩一贯优异。1990年考入滁州一中,1993年考入清华大学机械工程系。

1997年清华大学毕业后，进入广东省轻工业集团工作。后于2005年进入华为技术有限公司深圳总部工作。历任华为公司产品管理，战略规划部高级工程师、营销专家及战略规划总监。

秦德著

秦德著　男，1963年7月出生于六镇村五一村民组，安徽师范大学中文系本科毕业，文学学士学位。具有高中语文教师资格，名入安徽省人才资源库。1994年3月调入县委宣传部工作，历任宣传科科长、理论科科长、县委理论中心组学习秘书、县委宣传员、县教育局党组成员、纪检组长，县旅游局副局长、主任科员，现任县文化和旅游局主任科员、滁州市儒林外史文化艺术协会副会长，系安徽省诗词学会会员、《西北作家》杂志签约作家、《旅游作家》专栏作家、全椒文化名人。

读书与工作期间，曾在《新滁周报》《滁州日报》《党员生活》《江淮风纪》《安徽宣传》《后勤导刊》《安徽吟坛》《江淮文艺》《东南文艺》《天府散文》《旅游作家》《华东旅游报》《中国水利报》《底线文学》《西北作家》《中国乡村》《今日头条》《百度》《凤凰网》《世界作家导刊》《半月谈》《人民日报·时代潮周刊》《人民日报·大地月刊》等省内外知名报刊和出版物发表诗文300余篇（首），并主编《行走全椒》（全椒旅游文化解读）一书（该书于2019年3月由安徽美术出版社出版发行）。作品曾多次获奖，1997年9月应中华全国农民报协会和改革出版社邀请，赴北京人民大会堂参加颁奖典礼，荣获“一级撰稿人”奖牌；2018年荣获“2017安徽旅游故事创作大赛”二等奖；2019年8月在安徽省面向全国的全椒县城市形象宣传语和形象标识征集活动中，其创作的宣传语“儒乡全椒，乐享太平”一举夺魁，荣获城市形象宣传语一等奖。

盛型全　字子龕，号悟一，生于1947年10月1日，安徽省全椒县人，祖籍合肥，中共党员，中专文化，原六镇小学校长，滁州市书法家协会会员，安徽省书法家协会会员。

盛型全

1968年毕业于安徽省滁州师范学校，从事教育工作40年，一直扎根农村基层小学，直到2007年退休。

平时爱好书法和写作，其书法作品应邀参加滁州市人民政府举办的纪念农业大包干到户30周年展（滁州展出）和安徽省第10届书法新人展（合肥展出）。业余时间搜集地方历史古迹、人文故事，并编写了《忘不了的乡愁》一书，于2014年已出版，为地方志文献编纂起到了应有的作用。有些内容资料被全椒地名委员会编写的《不尽的乡愁》和《行走全椒》（全椒旅游文化解读）选择采用。

2000年编写的《医德高尚、医技精湛——记心血管学专家杨振邦教授》被全椒县政协文史委员会《全椒文史》第五辑录用，作为史料留给后人。平时篡写的《为祖国母亲升旗》和《红旗飘飘扬国威》被《滁州日报》和《全椒报》刊登。近年，在主编《六镇村志》。

在职期间，1997年在书法家刘子善的协助下，在社会上筹资了40多万元为家乡六镇小学建了一栋三层700平方米的“天风”教学楼。

梁　杰

梁　杰　1965年5月29日出生于全椒赤镇学校，安徽全椒六镇中刘人。1980年在六镇学校学习，初中毕业后考入安徽交通学校港口与航道工程专业学习，1984年7月份毕业；1990—1993年函授毕业于江苏高等交通专科学校港航专业（今并入东南大学）；1994—1996年函授毕业于中央党校函授学院党政管理专业，获大学本科学历。

1984年7月起在原滁县地区航运管理局历任技术员、办公室副主任，1998年起历任局长助理（兼办公室主任）、副局长与纪委书记（党委委员）、副局长（党委委员）；2009—2011年挂职担任安徽省港航投资建设集团有限公司办公室主任、人力资源部经理；2001年8月至2013年6月任滁州市地方海事局副局长（党委委员）；2013年7月至2015年7月主持滁州市地方海事局党委工作，2015年8月任党委书记；2016年12月至2017年5月挂职任滁州市信访局信访专员（主持滁州市信访局北京办事处工作）；2018年12月至今任滁州市女山湖引淮灌溉工程管理处（副处级事业单位）主任。

第三节 人物风采

中国当代书法名家——刘子善

刘子善

刘子善，中国当代著名书法家、研究馆员、一级美术师，享受国务院特殊津贴，安徽省政协第五、第六、第七届委员，曾任安徽书法金石学会副会长、第二届中国书协理事、世界金奖艺术家、安徽省书法家协会名誉主席。

刘先生中等以上身材，性格内向、温和，沉默寡言，为人忠厚、诚朴、正直刚毅，表现出了平实、厚重、练达的精神气节，在书法界德高望重，有口皆碑。

一

刘子善1926年12月16日出生于安徽省全椒县六镇镇六镇村一个教师世家，他的祖父刘凤鸣（字瑞歧）、先伯父两江师范毕业生刘兆麟（字有壬）在民国6年（1917）创办六镇小学，父亲刘琢如、大哥刘季乾都是当地著名的书法家。

先生原名季良，字子善，号天风。由于受家庭熏陶，刘子善四岁上学，与书法结下了不解之缘。作为私塾先生的父亲，像对待其他学生一样严格地要求着自己的儿子。那时候，写字课是学生的一门主课。学生们从摹字开始，每天摹写24个字，一本摹字帖（教师写的）可供学生使用半个月，然而刘子善只要10天，甚至三四天就要换一次帖。他的字不但写得认真，而且写得比同学们都好。父亲看到幼小的儿子对书法有着如此天赋，要求也就更加严格。一方面，要求儿子用小楷抄写所学的古典文学，另一方面把家传的临帖方法传授给他。

临帖就是先读帖默背，然后书写，睡觉前也要先在自己的腹部作若干腹书后方可入睡，从而牢记每个字的笔画、结构，达到书写自然的目的。由此他养成了闭目默书的习惯。为了学习楷书，父亲要求他每天饭后用半个小时在一尺五寸见方的六块方砖上学写6个大字，父亲站在跟前看他写，一直坚持磨炼了近3年，较好地掌握了字的间架结构，为后来书写大幅标语打下了基础。子善四岁写仿，十岁临帖，深得楷法。十二岁能写擘窠大字。十三岁时，就为当地千年古寺“三塔禅寺”书写了一尺五寸见方的寺名，博得好评。日寇侵华，年轻的他曾在家乡六镇栅栏上奋笔写下了“还我河山，赶走鬼子”八个大字，表达爱国之情。

那时候的刘家，男女老少20多口人，仅仅依靠伯父、父亲教书的薪水是难以维持一家人的生活。因此，家里还种了一些菜地。从8岁开始，刘子善就帮助种菜，干农活，每天早饭后，总是到地里干一会活才去上学。就这样，他以优异的成绩读完了小学。当时他的哥哥已经上中学了，由于家庭供养不起两个孩子上中学，他只好辍学在家，开始他的半农半读生涯。一边帮助家里干些杂事，另一边跟哥哥学习初中知识。民国27年（1938）三月一日，日本帝国主义的铁蹄踏入了刘子善的家乡，他家20多间房子被烧，东西被毁，特别是家藏一万多卷书化为灰烬，其父刘琢如气得三天三夜没吃没喝。房子烧了可以重修，东西毁了可以再置，可那些书永远也无法找回，书是刘家的命根子。从此他幼小的心灵种下了对日本帝国主义侵略者无比仇恨的种子。他把对侵略者的恨，对祖国的爱都融进了书法之中，形成了他的书法具有阳刚之气的风格。

1943年8月，刘子善以优异的成绩考入皖东七县联合中学高中班，后又转入高中师范——安徽省立古河师范，该校两年后迁到巢县，改名为“安徽省立黄麓师范”。在校期间，刘子善认真学习文化课，成绩是同学之中的佼佼者。他坚持用毛笔记笔记、做作业，时刻不忘练习书法。学习之余，刘子善也积极参与各科有益活动。兴趣广泛，体育、音乐、美术都很爱好，正因对这些课外功夫的掌握，才使他的书法刚劲有力，轻重相宜，自然流畅。

二

1946年7月，师范毕业的刘子善，怀着报效祖国、为家乡人民服务的美好愿望回到了六镇，当一名小学教师，不久升为教务主任，随后担任小学校长。工作之余，练习书法成为他的最大爱好。乡间的红、白喜事以及买卖所需的对联契约等文字都请他书写。一年一度的春节是他最繁忙的季节，乡亲们都以自家门上能够贴上他写的春联为荣。然而抗战刚刚胜利，国民党反动派更加疯狂，到处“清剿”，人民生活不得安宁。1949年2月刘子善毅然辞去校长职务，瞒着家人，带领一批青年离开家乡，经全椒县副县长苏桦的介绍，加入了革命队伍，党组织把他们送到华东军政革命大学皖北分校学习革命理论。7月1日分配留校文工团工作，任乐队负责人。

1950年10月，刘子善调到治淮委员会筹备处从事宣教工作。1953年任治淮陈列馆秘书兼布展设计。1954年，治淮委领导派他去上海负责创办全国第一家治淮模型工厂。刘子善接受了这一光荣而艰巨的任务，由此开始他事业的第一个专业。这是全国首例制造大型电动模型，既没有成功的经验也没有失败的教训可参考。为了解决一个难题，他一直能干到天亮，有时他干脆把铺盖搬进车间，带上大馒头、面包，吃住在车间。仅用五个月的时间，就设计并监制出20多座大、中型立体电动灯光示意自动启闭的治淮工作模型，生动地反映了治淮工程的全貌。当时在全国是首例，受到广大观众、社会各界和外宾的好评，领导为此给他晋升一级工资。

1956年国家在北京举办全国首届农业成果展览会，水利馆是展览馆中的大馆之一，当时水利馆正厅一块数十平方米的雕塑台上的治水民谣“天上没有玉皇，地下没有龙王，我就是玉皇，我就是龙王，喝令三山五岭开道，我来了”。便是他的手笔，并拍照刊登在当时《新建设》封底上。后该馆拆迁新址，北京农业馆还派专人来请他重新书写。

三

60年代以后，书法艺术开始走向社会，喜爱书法的人也逐渐增多。当时，合肥有一家文房四宝商店，店主为了吸引顾客购买他的商品，便约请合肥的一些书法家写字挂于店内。刘子善是被约请的书法家之一，他的字最受欢迎，别人的字10天、20天还挂在那里，而他的字有时上午挂上，下午就被人拿走。他先后为该店写了数十幅，其中一部分流入外省。

由于历史的原因，刘子善的艺术道路也经历过坎坎坷坷，成名前，有人有意识地让他改变书艺风格，他毅然回绝了。“文化大革命”期间，他也被加上了“莫须有”的罪名，受到了严厉的批判。最使他心痛的是他家两次被抄，家中仅有的一些书法资料和他精心创作的一百多幅毛主席诗词作品都被拿走。1969年初，全家被下放到巢县农村安家落户。当时油坊集公社的“五七”干事盛诗国说：“刘老白天参加劳动，晚上还坚持练字。”他曾怨恨，但他相信党组织会澄清他的问题，历史终于还原了本来面貌。

1973年，先生一家结束了农村生活，回到了省城合肥。没有书法资料，没有笔墨纸张，默写、腹写成了他练习书法的主要方法，“回环练绝平生字，腹上空留指爪痕。”

阻力和困难并没有影响他的创作情绪。在艺术的道路上，他更加精益求精。1975年在书写毛主席诗词“红雨随心翻作浪，青山着意化为桥”时，为其中一个“山”字，用几天时间，写了几千个字样，终于写成满意的“山”字。此幅作品当年安徽美术出版社印刷，在全省新华书店出售。在书李白诗“轻舟已过万重山”时，直到写出长而高耸的“山”字，充分利用书法艺术表达作者的思想境界，描述祖国山河的壮丽景色。

先生曾经说过:“中国的书法是祖国特有的文化遗产,现在已形成世界性的文化艺术形式之一,日益为其他国际友人所喜爱。这是祖国的骄傲,作为一名艺术家,能在继承和发展祖国书艺事业中,尽一份绵薄之力,那将是我最荣幸的事。”

正如刘子善所说的祖国山河无处不美，他走遍大江南北，游历名胜古迹，从大自然、古建筑中吸取营养。他的书法在继承中创新，写出为众多人喜爱推崇、独具风格的书体。艺术是情感的表现，艺术作品的创作则是艺术家的独创行为，也是艺术家心理独特的游走形式二者合一的产物。他的每一幅作品都能体现高尚的情操和对美的执着追求，展示华夏子孙的文化素养和精神风貌，给人以享受，赢得了同道的赞赏和书法爱好者的仰慕。

中国首届书协主席舒同说：“刘子善的书法气势磅礴，个性强烈，妙具其中。”书法大师沙孟海说：“安徽名家刘子善，他的字大气磅礴……”人们称他的作品雄强、博大、刚韧、纯真。他的行楷腕力坚实、笔墨凝重、气度超凡、鼓人心志。楷书功力更加深厚，论者谓超越唐人。学书法的人都知道草书最难，清代包世臣也说“唯草书至难”。然而先生的草书在此基础上更是气势恢宏、刚柔相济、柔中寓刚、意境高远。正如已故著名书法评论家田恒铭所说：“刘子善写的字粗略一观如同钢铸铁打一般有阳刚之美。一个一个字看，一笔一笔品，笔画又似橡皮筋裹着钢丝，有拉力，有弹性，有韧性，富有温和敦实之儒家风范与阴柔之神韵。”先生是带着自己鲜明的艺术风格，登上了书法艺术这个文学、哲学、美学和社会学等学科结合在一起的艺术殿堂。

中国书协理事、安徽省书协主席张学群评价说：刘子善《学书诗》“乱笔涂雅世弗尊，体形有序立基根。自强坚韧浩然气，是我中华笔墨魂。”这首诗充分表达了他对书法艺术笔墨韵情和对自己书法艺术的特点及表现力的认识，以及自己在探求书法风格道路上的勤勉和执着精神。刘先生的书法艺术个性彰显、特点突出。总的来说，气魄宏大、端庄雄浑、浓枯有度、轻重相依、刚柔相济、意境高远。具体而言，他的书法将稳健端静、坚挺遒劲、蕴藉内敛、飞动飘散、挺拔开张糅为一体，又熔铸了汉魏碑刻的厚实与雄强，纯正中寓雄奇，遒劲中含苍古。其气象博大、沉雄、开张、飘逸，注重造型，强调力度、强度和韧性，风格实属阳刚豪放一路，吐露出江淮儿女特有的精神气质。草书是刘先生的代表书体，狂放的姿态，险奇的气势，正是他运笔时对提与按、迟与速、聚与散、浓与淡等多术方式，实现了辩证统一所达到的艺术境界。书法的要害处在于用笔，用笔的要害处在于写出笔画的弹性和质感来。刘先生在用笔上除遵循一般中锋用笔外，更强调了其他笔法在笔画表现上的作用。侧锋、绞锋、挫锋、逆锋都在他的书写中被大胆运用，而不是单纯地使用中锋。

四

1978年，党的十一届三中全会召开，书法艺术迎来了春天，这更加激发了刘子善书法创作的热情。1979年9月，上海书画社举办了全国群众书法作品评比活动，这是首次全国规模的书法作品评比活动。刘子善的一幅行书对联“云鹤有奇翼，海鸥无世情”在参赛的15000余件作品中脱颖而出，被评为一等奖，作品在《书法》1980年第一期第一页上刊登，该刊评介文章称：“合肥刘子善的行书联，似从邓石如、何绍基入手，上溯怀素遗规，痛快淋漓而气沉胆底，殊非易事。”该幅作品被《安徽工人报》称“基于颜柳，自成流派”，受到全国书法界的关注，刘子善成了书法界的知名人士。

中国书法家协会成立后，他先后参加中国书协举办的第一、二、四、六、七届书展。1980年2月，为了增进中日关系，国家在日本举行了“中国书展”（明、清两代各10幅、现代80幅），他的一幅作品参展，该展专辑由日本出版发行。同年他又有两幅作品参加了由中国贸促会举办的两个书展，在日本东京、大阪和美国旧金山、芝加哥、纽约等城市展出。1985年他参加郑州举办的国际书展，并相继参加在韩国、日本的国际书画展以及参加赴美、澳等国的书画展。1985年12月由中国文联等单位举办的“中国国际文学艺术作品博览会”上，他的书法作品荣获特别等级证书和奖杯。1997年参加在深圳迎香港回归名家书画展，同年11月，他的作品参加由中国书协举办的首届“中国（天津）书法艺术节全国书法百家精品展”，之后，又继续参加了第二、第三届“中国（天津）书法艺术节全国书法百家精品展”。1998年1月参加了由中国文联、中国书协举办的中国二十世纪书法大展“当代书坛名家作品展”并出专集。

先生的墨迹遍布全国各地。其作品被黄帝陵、炎帝陵、太昊陵、毛主席纪念堂、刘少奇、周恩来、邓小平纪念馆、孔庙、屈原故里、黄山、泰山、黄鹤楼、王羲之墓园，李白艺术馆、杜甫艺术馆、岳飞纪念馆、江苏省艺术馆、吴敬梓纪念馆、黄宾虹故居，宁波天童寺、普陀山等全国百余处名胜地、纪念馆、博物馆、艺术馆收藏或刻碑。他的书法作品被收入到书法专集和书画辞典百部，有的还作为珍品被赠送到日本、东南亚、欧美、澳洲等国家和地区。在此前后，《中国书法》《书法》《中国书画报》《书法报》《人民日报海外版》《安徽日报》《安徽文化报》《江淮时报》《安徽旅游报》《书法之友》《黑龙江日报》《滁州广播电视报》《乡魂》《全椒晨报》《全椒书画》《笔峰》等多家报刊百余次刊载介绍他的文章及其书法作品。1987年12月，由河北美术出版社出版的《中国现代书法选》第3集的第1页以全篇幅刊登了他的自作评诗草书轴，冠全集之首。1987年12月，国家为纪念中日建交15周年，在日本举办“中国著名书法家百人展”，其作品在日本出版发行。其中他的一幅草书“归真”二字独占一页的版面。1989年12月，由青岛出版社出版的《当代著名书法家作品精选》（《中国书法》评价为“目前国内出版的质量最好、档次最高的书法集”），共66人的作品入选，其中有他的楷书、草书2幅作品，个人照片及中、英、日三国文字简介。1992年8月，由哈尔滨出版社出版的《中日当代著名书法家集萃》（入选书法家有116名，其中中国书法家66名）刊登了他的一幅草书拓片。高水平的书法专辑中有他的墨宝，我国近百个名胜地、纪念馆、博物馆、图书馆、艺术馆有他的书法作品展出、收藏或碑刻。他的书法墨迹已遍及全国并作为艺术礼品赠予东南亚、欧美、澳洲等国家和地区。1993年10月，刘子善作品进入由中国社会科学院现代文化学会与中国台湾地区、法国、新加坡

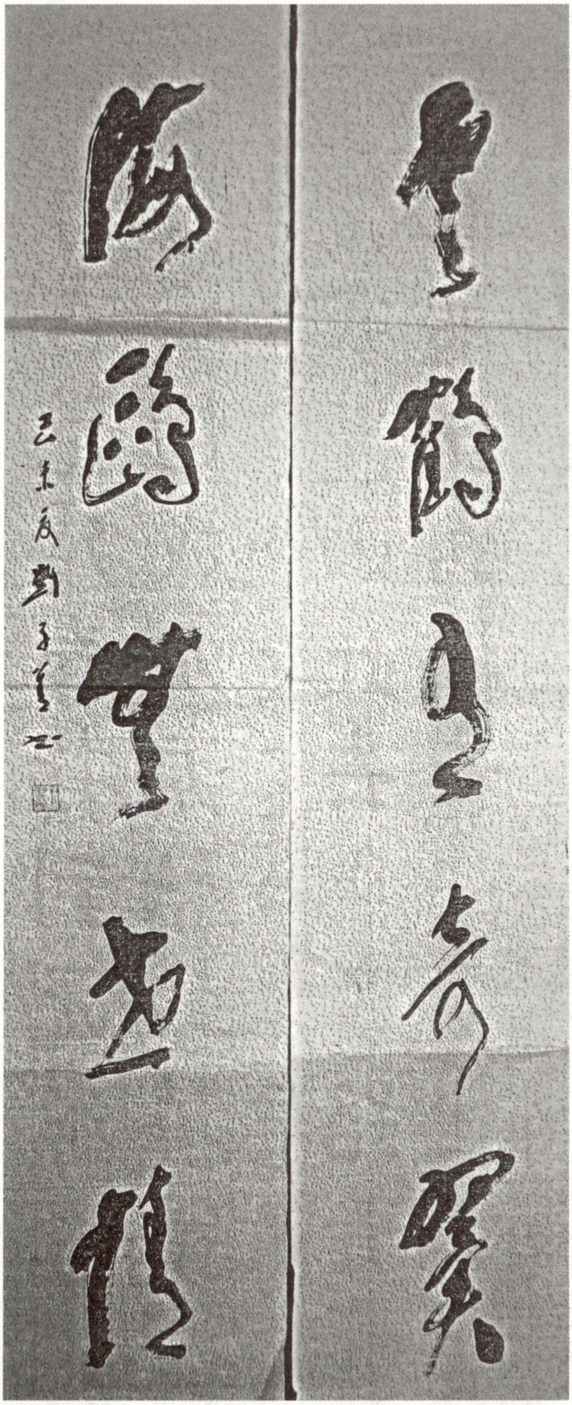

刘子善书法作品　　　高　升/摄

等中外艺术团体、出版社联合组成的《国际现代书画篆刻大辞典》，他本人荣获“世界金奖艺术家”光荣称号。2005年3月，由安徽省委、省人民政府唯一对外刊物《今日安徽》（中英文对照专刊）刊登了专访文章《剑峰拄碧空》——访问著名书法家刘子善。2007年由文化部艺术人才中心出版的《艺术中国》专门刊登了《黄河九曲　大象无形——著名书法家刘子善》。2011年5月，由赵绍华主编《中国当代书法名家赏析》刊登了刘子善、欧阳中石、沈鹏三人的书法作品（每人9幅），子善先生的作品排在首位。同年，中国人民邮政用刘子善的12幅书法作品，出版了12张价值80分的邮票，刘子善的书法作品在我国邮政史上留下了光辉一页。

先生作品内容大多是他自撰的诗词、联句，自作自书，珠联璧合，相得益彰。他的诗词对联追求磅礴气势，内容与形式浑然一体，更增加了其书法艺术的魅力。1994年安徽省美术出版社出版了《刘子善书法选集》《刘子善书法正气歌楷草两体》，由中国书法协会主席沈鹏题签并用毛笔作序，正如刘老自称：“沈鹏用毛笔给人作序，在全国还是首例。”这更体现了刘子善书法集的分量和影响。沈鹏称道：“他无论诗书，阳刚气息很浓，应是反映了他在气质上的一个重要方面。当然这与他的书艺传承学养也有

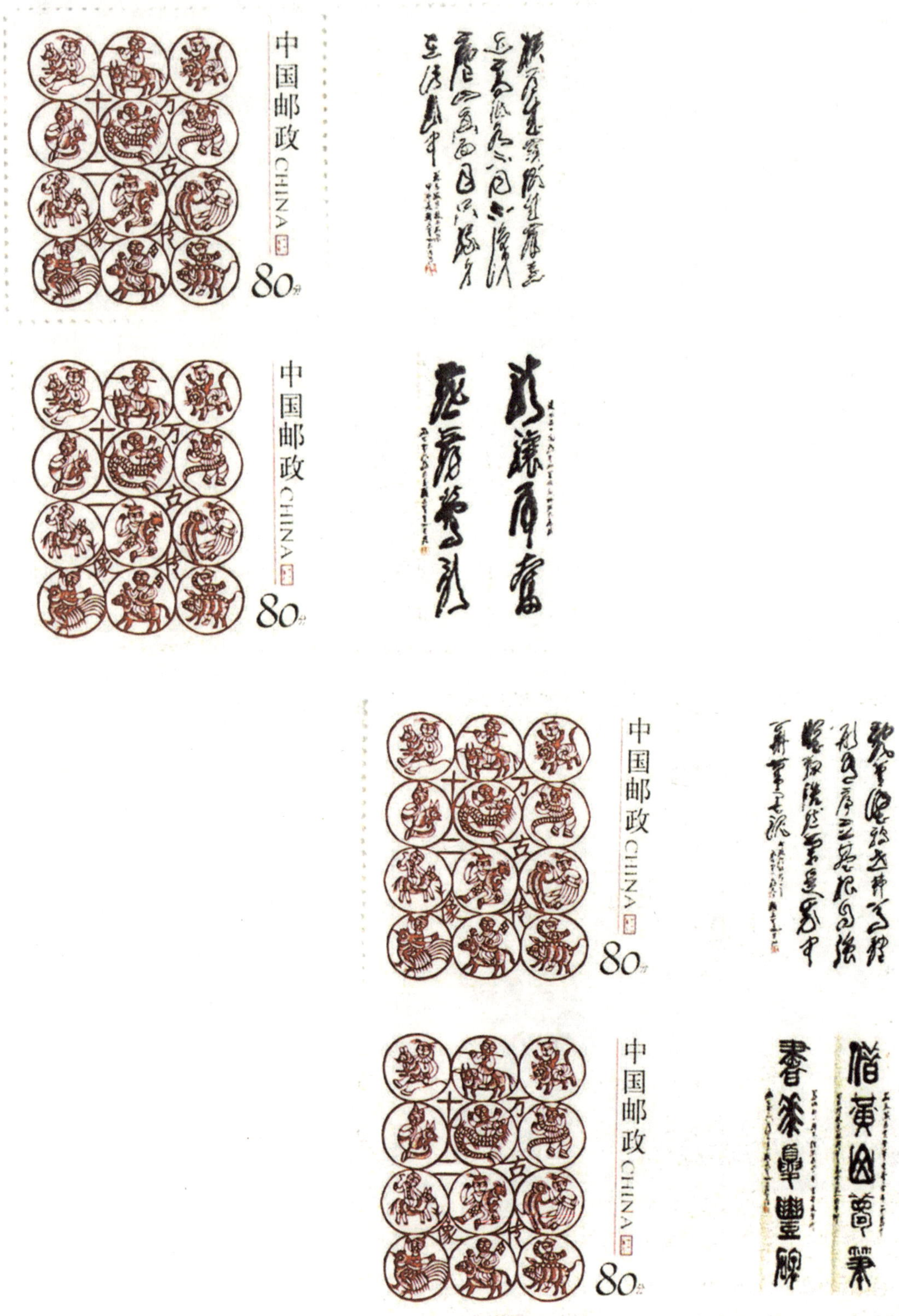

中国人民邮政出版的刘子善书法邮票

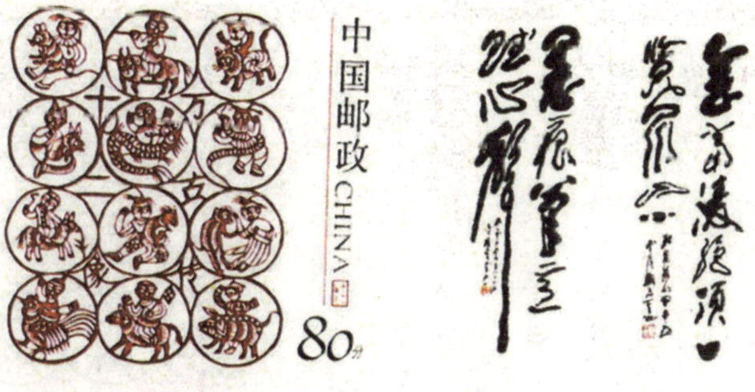

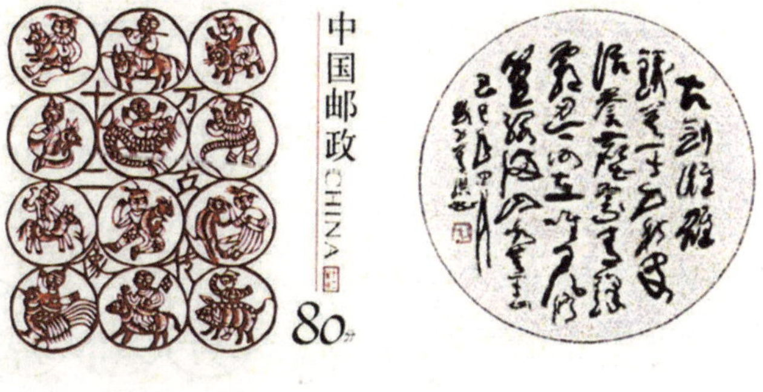

中国人民邮政出版的刘子善书法邮票

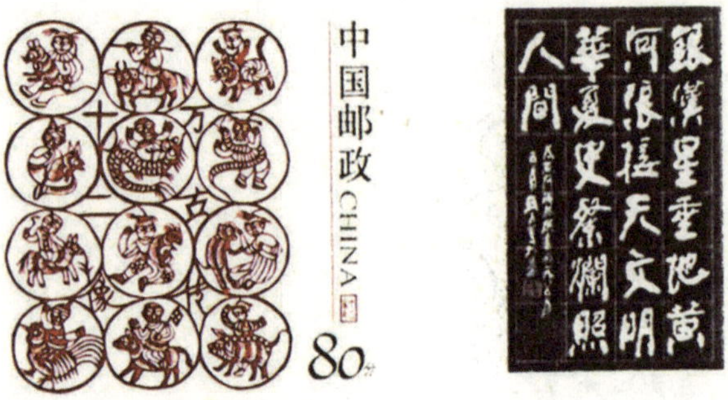

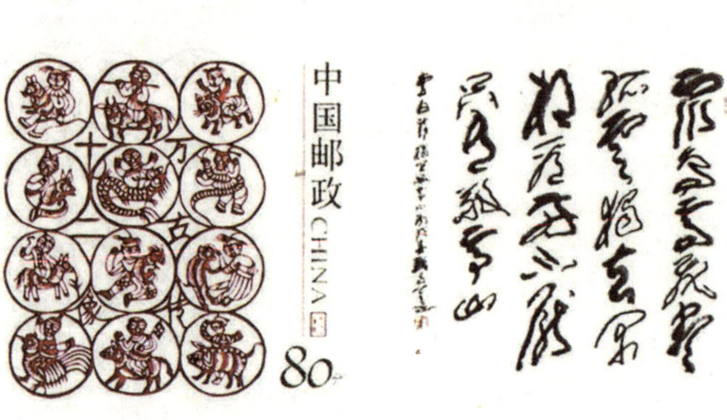

中国人民邮政出版的刘子善书法邮票

很大关系。为达到墨痕笔意赋心声，他又勤奋写作诗联，风格也是偏于豪放一路。他无论对古今中外，天上人间，山川湖泊，名刹古寺，风流人物等，都能赋诗。或叙事、或抒情、或写景、或状物，这充分体现出他深厚的文学修养和道德情操”。

刘子善书法选集内容全是自撰联语和自作诗词，这充分说明了他的“字外之功”，作为书家，更是难能可贵的。

草书《颂长城》是刘子善的代表作，“万里长城万里山，峰腰峰脊列雄关。三千岁月经风雨，化作飞龙震宇寰”；国庆40周年在京城的书画展自作联句：“借取黄山梦笔，大书华夏丰碑”；颂毛泽东诞辰一百周年的草书“盖世才能盖世功，匡扶华夏复腾龙。百年寿诞怀遗范，墨舞笔歌慰国雄”；访川黔登娄山关诗“胸有遐思登蜀道，心存壮志度雄关。天风似觉解人意，送我风头览众山”；开发长江三峡颂“山吞江水千重岭，水辟巫山一线天。高峡截流听调遣，敢叫九派换新颜”；在黄帝陵撰书的正楷四言诗“大哉黄帝，立德兴邦。开物成务，泽被四方。文明教化，后继益昌。山河壮丽，万里神疆。五千岁月，沐雨经霜。子孙十亿，奋发图强”；为全椒吴敬梓纪念馆撰写的联句“儒林轶事施罗笔，史册外篇迁古文”，等等皆为力作。安徽省书协名誉主席、诗词学会主席刘夜峰读了《刘子善书法选集》后题写诗轴相赠，诗曰：“气势恢宏笔力遒，耻随人后逐时流。书风若问谁家体，出自平原却姓刘。”

五

刘子善在艺术上的成功，离不开家庭的支持，特别是夫人白侠的大力支持。1949年在华东军政革命大学学习期间，先生与白侠相识，共同的情趣，共同的追求使他们结为亲密战友和终身伴侣。当年他们在华大文工团期间，共同深入前线和解放区宣传演出，刘子善的一把二胡和白侠的独唱博得了干部战士和广大群众的阵阵掌声。文工团走到哪里就宣传到哪里，标语贴到哪里。先生雄劲豪迈的大字，引来了众多的观众，鼓舞革命人民的斗志。几十年来，生活上他们互相体贴，工作上互相支持，对于先生的书法艺术，白侠总是给予更多的支持。50年代他们已是三个孩子的父母，工资又低，生活上很困难，练书法要花费，白侠总不吭一声，而是默默地操持家务，让先生专心从事书法创作。刘子善家庭生活负担重，不仅赡养父母，还要培养几个弟弟和侄儿侄女上学，直到把他们培养成人，白侠无一句怨言。为了支持先生，白侠离休后放弃了到老年大学主攻绘画的机会。刘子善捐献给全椒县的120块书法碑刻，是白侠陪同他同到巢湖之滨，自费选购石材，运到家乡六镇后，自费请来老乡搬运，先租房，后购房放置碑刻。当时农村条件差，古稀之年离休后的两位老人条件艰苦，自费从巢湖请来刻字师傅朱绍明，花费七个冬春才完成碑刻任务。白侠多年来自学古典文学和古典诗词，对待先生的书法作品和自撰诗词、对联，她作为第一读者，总是直言不讳地指出不足之处，并与他推敲再三，直到满意为止，可谓先生之"诤友"。刘子善曾感慨地说："如果没有白侠与我志同道合，对我及家庭的无私奉献，就没有我今天的成就。"确实如此，"一个成功的男人背后肯定有一个默默付出的女人。"她就是白侠女士。

刘子善书法义卖经办人合影　　桓祖玉/摄

刘子善说过："我要让艺术服务于人民。"他是这样说的也是这样做的。他为人谦和，心地善良，把艺术奉献给社会、奉献给人民、奉献给家乡的经济建设，这是他的平生愿望。他在成名之后，每当收到灾区的求援信，他总是毫不犹豫，挤出时间书写满意的作品寄给灾区人民。

盛型全和刘子善曾是邻居，两家几代人相处几十年关系很好。20世纪90年代后期，盛型全时任六镇小学校长，发现校舍都成危房（因是古庙拆来的旧材料所建），当地政府和县教育部门暂无拨款，他急中生智，想到了刘子善先生，于是与学校老师盛书恒一道来到合肥他的住处，不巧，刘子善生病住院，当时白侠在家，他们只好向她说明了来意。盛型全记得很清楚，大约过了近20天的时间，接到了刘子善先生的来信，信的大意内容是：我如果给学校2~3万元能否解决问题？我考虑开展一次书法作品义卖，来建一栋教学楼。当时盛型全把这一消息告诉了学校所有老师，大家欣喜若狂。于是他第二次来到合肥与刘进行了面谈。1996年秋，怀着爱国爱乡的热情，在夫人白侠女士的支持和陪伴下，自费近万元装裱一百多幅书法作品，在家乡全椒碧云轩二楼举行义卖，县乡领导鼎力支持。企事业单位和同乡校友欣然义购，义卖20余万元全部捐给六镇小学，建成一座700平方米的三层"天风"教学楼。改善了教学条件，受到家乡人民和社会各界的好评。

全椒县和县人民政府给刘老特制一面铜牌嘉奖并予以表彰。

六

2006年9月16日上午10时，“刘子善书法展览”在合肥安美艺术会展中心隆重开幕。展览由安徽省政协办公厅、省文联、省书法家协会联合主办。

刘子善书法在安徽合肥展览开幕式　　秦锦章/摄

安徽省人大常委会副主任张春生、省政府副省长田维谦、省政协常务副主席秦德文及省级老同志郑锐、邵明、杜宏本、沈善文、安徽省书协名誉主席陶天月、省书协主席张良勋、省书协常务副主席兼秘书长方茂鸿、省书协副主席余国松、许云端、耿立军、桂雍，安徽省美协副主席朱秀坤，安徽省文史馆副馆长韦君琳等安徽省书画界同仁出席了开幕式。开幕式由安徽省文联书记处书记、中国书协理事、省书协副主席吴雪主持，安徽省文联书记杨屹和中国书协理事、安徽省书协主席张良勋分别致辞，高度概括了先生精湛的书法艺术和厚实的文化修养，朴实刚直的人格魅力。刘子善先生也致了感谢词。

全椒县政协主席柏桂泉，县人大常委会副主任、县书画协会主席、著名书法家秦锦章，滁州市政协副主席、全椒县政府副县长查镜波，还有原县人大常委会副主任余建洲，以及滁州市书协副主席桓开泉、江祖跃、县书画协会副主席朱宏兆、副秘书长靳军、六镇镇党委书记马晓光、六镇小学校长盛型全等专程赴合肥祝贺。

这次共展览刘子善精品书法120多幅，有斗方、条幅、对联、中堂等，形式多样。书体真、草、隶、篆俱全。内容皆为他自撰的诗词、联句等。有关“八荣八耻”和歌颂祖国航天事业的作品，充分体现了老人的正义感和爱国之心。这次展出三天，观者如潮。

刘子善的书法作品在合肥展出之后，同年11月2日上午10时，由中国书法家协会、安徽省政协办公厅、安徽省文联、安徽省书法家协会主办的“刘子善书法展览”开幕式在北京中国美术馆举行。开幕式由安徽省硬笔协会名誉主席

刘子善书法在北京中国美术馆展览开幕式主席台　　秦锦章/摄

周监民主持、刘精松上将等数十名将军，中国书法家协会顾问李铎、张飙，中国书法协会主席张海，中国扶贫基金会会长、原安徽省省长王郁昭，中央人民广播电台台长杨波，安徽省政协常务副主席秦德文，安徽省文联书记杨屹，中国书协理事苗培红，中国金融书法家协会主席张铜彦，书法家倪进祥、龙开胜等北京书画界知名人士以及全椒旅京人士江树人、蔡善武、王德厚、谢庆奎、黄全、袁浩、刘元松、周传龙、封绪水、余早早、赵继明、黄清、黄效等数百人参加了开幕式并参观展览。中央电视台、中央人民广播电台、北京电视台、安徽电视台等多家媒体报道了书展盛况。此次自费书展在北京展出六天，观看者络绎不绝，行家评价甚高，中国美术学院王国清教授带领几十名学生连看三天，并留言“刘子善老先生的书法是中国书法的楷模和

将书法刻碑拓片《兰亭集序》赠送给沈鹏先生

正道”。上海一观众说：“刘老先生的字，就像仙女在翩翩起舞，像高山流水、像山川瀑布一泻千里，我越看越想看。”展后，《刘子善书法选集》第二集出版发行，深受行家好评。

刘子善在北京书法展览过程中，并赠送给原中国书法家协会主席沈鹏《兰亭集序》书法拓片一幅。

为了使书法艺术世代相传，先生平时还教育他的子女从事书法艺术，他的长子刘晓群、女儿白晓莉在书法上已有成就，刘晓群现为安徽省书法家协会会员，白晓莉是安徽省硬笔协会理事。刘晓群是安徽省歌舞剧院舞美中心主任，次子刘智沛为合肥学院副教授，女儿白晓莉是安徽省电视台主任编辑。刘子善就是这样默默地追求，无私地奉献。虽然他已经达到了书法高峰，但他还在向更高的艺术目标迈进！

一级英雄模范——张雪松

张雪松烈士

合肥市公安局视频侦察支队民警张雪松，1975年出生在全椒县六镇镇六镇村曙光村民小组，父亲叫张维志，母亲叫刘明珠。他的爷爷叫张朝富，家庭贫寒，解放前以帮工维生。1949年新中国成立后，张朝富回到家乡，参加土地改革运动。1951年，美国发动朝鲜战争，他捐献了一石二斗米给国家，支援抗美援朝。他在“四清运动”中，被贫下中农推选为生产队的贫协组长，当年的这个组织就是监督干部不轨行为，维护群众利益。后来他一直担任队里的保管员和饲养员，爱集体爱国家。张雪松就是出生在这样的家庭，从小就受到了爱国主义精神和正义感的熏陶。

张雪松从小在六镇小学读书，学习勤奋刻苦，学校每学期举行的优秀作业展览都有他一份，每学期的“三好学生”总少不了他，他每天都是早到校，手中离不开书本，喜欢看有正义感的小画书，1986年从六镇小学毕业。工作后的张雪松依旧乐于帮助人，邻居杨保国的小孩在合肥深夜遇到了困难，身上的钱包被人偷去，他凌晨从家赶来，进行了妥善安排。好同学潘丛荣的家属盛莉身怀有孕，肚子大没有合适衣服，他春节回家看到后，立即送去了一件公安短大衣。在每年春节两天的假期中，他挨家挨户看望老人，并帮助邻居项学泉老人挑水，感人至深。

张雪松先后在刑侦、派出所、视频侦察支队一大队等岗位战斗过。20多年来，他一直是冲在一线打击犯罪的民警。“但凡有抓捕行动，冲在第一个的永远是他。”和张雪松共事十多年的汪涌说，张雪松是名副其实的“拼命三郎”，发烧40度，仍坚持蹲守半个月，带着大水壶拼命喝水降温，车上吃住，破获系列盗窃案，嫌疑人仓皇而逃。张雪松直接撞碎玻璃冲上去，多处划伤后仍追200米，将嫌疑人抓捕归案。

2018年10月23日18时32分，张雪松等三名民警根据视频系统预警，发现合肥市清溪路琥珀山庄附近，一名手持尖刀的网上逃犯在向东逃窜。张雪松毫不畏惧，英勇顽强与罪犯展开搏斗，他冲锋在前，从侧面奋力扑上去，将其按倒在地，嫌疑人狗急跳墙举起尖刀狠命向张雪松左后背扎下去，支援的两名同志随后赶到，他还丝毫未放开双手，直到嫌疑人完全被控制后，他倒在了华灯初上的街头。而就在一小时前，他还打电话回家，“晚上抓捕，顺利的话回家吃饭。”他又一次对妻儿失言了。

民警朱正祥把张雪松抱起来，发现他的后背被捅伤了，地上流的都是血。随后赶来的支队民警迅速将张雪松送到省立医院抢救，合肥市公安局长亲临医院督促，并表态不惜一切代价要救活张雪松，合肥市4个血库的血保障及时供应，10多名专家、教授都参与抢救。虽经医院竭力抢救，但因锐器刺击左背导致左肺破裂，主动脉破裂致失血性休克。经省立医院重症监护室奋力抢救无效，10月24日凌晨5点30分张雪松壮烈牺牲，年仅44岁，为国家和人民献出了年轻而宝贵的生命。

张雪松牺牲后，省委书记李锦斌和省长李国英都十分重视，省委书记李锦斌的批示是“认真做好善后工作，依法严惩罪犯”。省长李国英的批示指出：“张雪松同志是在抓捕逃犯中牺牲的，是英雄壮举，要学习他的英雄事迹，弘扬英雄精神。”同时，省、市委领导信长星、姚玉舟、宋国权、李建中、凌云都分别作出了批示。

10月27日上午9点举行隆重的追悼大会。省、市有关领导以及省公安厅长、合肥市公安局长等有关领导以及合肥市公安系统1200多人自发来到殡仪馆，为英勇牺牲的张雪松送行。国家公安部政治部和省公安厅分别发来唁电。公安部政治部的唁电是：“张雪松同志面对犯罪嫌疑人的利刃英勇无畏，冲锋在前，对党忠诚，服务人民，执法公正，纪律严明。”省公安厅的唁电是：“张雪松同志用生命和鲜血谱写了人民公安为人民的英雄赞歌、正气歌，他是人民公安的杰出代表，英雄虽逝，精神永存。”

10月31日，滁州市委宣传部副部长兼文明办主任陈飏等有关领导和全椒县委文明办的领导，在镇人大主席罗玉军和村支书盛栋的陪同下，专门看望了英雄张雪松的父亲张维志和母亲刘明珠，并带来了慰问金，问他们有什么困难和要求，英雄的父母回答是：“什么要求都没有。”体现了英雄父母的高尚精神。

11月13日，合肥市公安局视频侦察支队的领导和合肥市全椒同乡会童宗文等人，来六镇看望和慰问了英雄父母。

11月15日，合肥市公安局的领导也专门看望和慰问了英雄张雪松的父母。

同日，省委宣传部为了全面深入宣传报道张雪松同志的先进事迹，组织了省直新闻媒体采访团近30名记者，深入到张雪松同志的家乡全椒县六镇镇六镇村进行深入采访报道。上午在村部集体座谈，下午采访了张雪松的父亲和母亲。

英雄虽逝，精神永存，张雪松将永远活在我们的心中。

2019年2月10日大年初六，安徽省政府副省长、公安厅厅长李建中在合肥市公安局局长马军、滁州市委书记张祥安、市长许继伟、滁州市公安局长张祖武以及全椒县委书记朱大纲、县长杨光、副县长同时兼任公安局长的鲁晓峰等人陪同下，来到六镇，看望英雄烈士张雪松的父亲张维志、母亲刘明珠、妻子王东霞和孩子张宇航，问寒问暖，十分关心，并带来了2万元的慰问金和衣物等东西。

安徽省政府副省长、公安厅厅长李建中作诗一首，由省著名书法家吴雪书写，怀念英雄张雪松，全诗如下：

雪松长青

沉痛悼念抓捕逃犯英勇牺牲的安徽合肥公安民警张雪松

张门一男儿
英名曰雪松
从警二十载
建功立业广
铁肩担道义
征战擒贼忙

戊戌年深秋
流血铸忠诚
猛虎下山势
舍身降恶魔
壮举警江淮
浩气荡乾坤
雪松虽已逝
黄山不老松
惜君英年早
牵挂不待言
儿幼父母衰
阴阳两相隔
此情最牵肠
谁人能割舍
君且安歇去
吾等必担当
皖警六万众
皆是你兄弟

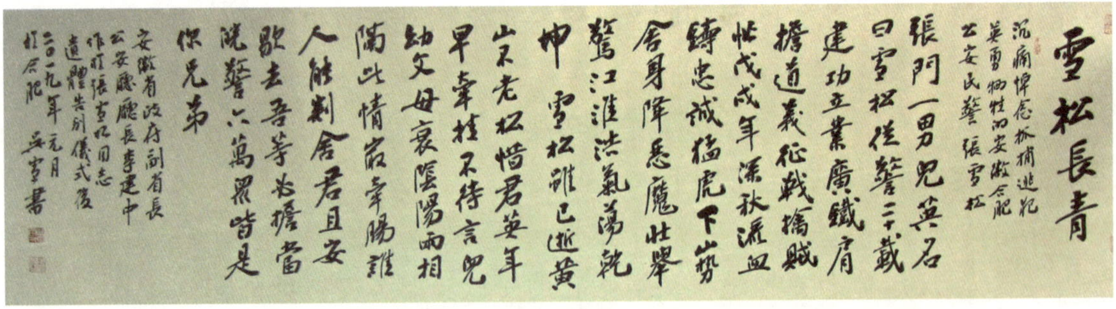

安徽省副省长、省公安厅厅长李建中作、吴雪书写的诗

2019年7月5日，人力资源和社会保障部、公安部共同追授张雪松同志“全国公安系统一级英雄模范”称号。中华人民共和国成立70周年以来，安徽仅三人获此殊荣。

人力资源社会保障部　公安部 文件

人社部发〔2019〕57 号

人力资源社会保障部　公安部 关于追授张雪松同志“全国公安系统一级英雄模范”称号的决定

各省、自治区、直辖市及新疆生产建设兵团人力资源社会保障厅（局）、公安厅（局）：

近年来，全国公安机关和广大公安民警在党中央、国务院和地方各级党委、政府的坚强领导下，坚持以习近平新时代中国特色社会主义思想为指导，牢牢把握“对党忠诚、服务人民、执法公正、纪律严明”总要求，不忘初心、牢记使命，围绕中心、服务大局，开拓创新、扎实工作，为维护国家政治安全和社会稳定作出了突出贡献，涌现出一大批英雄模范人物，张雪松同志就是其中的优秀代表。

—1—

张雪松同志是中国共产党党员，生前任安徽省合肥市公安局视频侦查支队一大队民警，三级警督警衔。该同志从警 23 年来，长期坚守在打击犯罪第一线，牢记使命、忠诚履职，顽强拼搏、无私奉献，在平凡的岗位作出了不平凡的业绩。他始终以强烈的事业心和责任感，全身心投入工作，勤奋好学、刻苦钻研，练就了过硬的侦查办案本领，迅速成长为单位的业务骨干，每逢急难险重任务总是冲锋在前，先后参与侦办各类刑事案件数千起，抓获犯罪嫌疑人数百名，为严厉打击违法犯罪活动、保卫人民群众生命财产安全作出了突出贡献。他时刻以共产党员的标准严格要求自己，舍小家顾大家，严于律己、为警清廉，以实际行动维护了人民警察的良好形象。2018 年 10 月 23 日，张雪松同志在执行抓捕任务时，面对持刀拒捕的犯罪嫌疑人，英勇无畏、冲锋在前，与犯罪嫌疑人展开殊死搏斗，在身中数刀、严重负伤的情况下，仍强忍剧痛奋力将犯罪嫌疑人摔倒，并与战友一起将其制伏，自己却因伤势过重，经抢救无效不幸壮烈牺牲，年仅 44 岁。

张雪松同志的先进事迹和英勇行为真实感人，具有鲜明的新时代特征，是广大公安民警学习的榜样。为表彰先进、弘扬正气，人力资源社会保障部、公安部决定，追授张雪松同志“全国公安系统一级英雄模范”称号。

全国公安机关和广大公安民警要以张雪松同志为榜样，坚持以习近平新时代中国特色社会主义思想为指导，深入贯彻党的十

—2—

九大和十九届二中、三中全会精神，认真贯彻落实全国公安工作会议精神，坚持政治建警、改革强警、科技兴警、从严治警，大力推进公安工作现代化和公安队伍革命化、正规化、专业化、职业化建设，着力锻造高素质过硬公安铁军，履行好党和人民赋予的新时代职责使命，为维护国家政治安全、确保社会大局稳定、促进社会公平正义、保障人民安居乐业，决胜全面建成小康社会、实现“两个一百年”奋斗目标和中华民族伟大复兴的中国梦作出新的更大贡献。

人力资源社会保障部　　公安部

2019 年 7 月 5 日

—3—

金凤凰禽业合作社创始人——罗世余

罗世余

在全椒县肉鸡养殖业中，有一个被称为“鸡头”的人，他就是金凤凰禽业养殖专业合作社的创始人罗世余。罗世余1962年出生于六镇村大罗村民组的一个贫苦农民家庭。高中毕业后，在农村从事肉鸡养殖事业。

1998年底，因多种缘故，合肥正大在全椒推行的“公司+农户”合作养鸡模式解体，初闯市场的养殖户茫然无助，面对投入的资金和建起的鸡舍，只能在市场的大潮中随波逐流，多数养殖户损失较重。罗世余同志看在眼里，急在心上。2004年秋，他发起成立六镇养鸡协会，在信息和技术上实现资源共享。2007年8月，在县工商局注册成立全椒县金凤凰禽业养殖专业合作社，并担任理事长。

“六统一分”带着农民干

罗世余领导的金凤凰禽业合作社，按照“统一苗鸡供应、统一饲料供给、统一饲料标准、统一疫病防治、统一技术服务、统一成鸡销售”和“分户饲养”的模式，带领312名农民发展肉鸡产业。他的具体做法一是赊领主要生产资料：农户和罗世余签订肉鸡养殖合同后，只需要自建一个养鸡大棚，无须筹措大量的周转资金，罗世余按照养殖计划，适时将鸡苗、饲料、药品等以赊销的方式直接送到农民的养鸡大棚，待成鸡销售时从销售收入中扣除，解决了一些农户缺乏资金的难题；二是提供免费技术指导，罗世余同志专门从外地聘请了6名大学生和专业技术人员，对合作养鸡农户实行全程跟踪服务，定期上门开展养鸡技术和疫病防控技术指导，同时还积极与县畜牧部门联系，每年都举行养鸡技术培训班，免费为社员开展技术培训；三是开展生产配套服务，为了减轻农民负担，罗世余同志自费购置防疫消毒器械和专用运输车辆、笼具等，并组织成立了防疫服务队、抓鸡队、运输队等服务性机构，为社员提供疫苗免疫、饲料运送、抓鸡等一条龙配套服务。

建点示范做给农民看

目前食品安全问题已引起社会各界的广泛关注，更是罗世余同志最为关心的问题，他以标准化肉鸡养殖为抓手，不但严格饲料、兽药等投入品的选择，而且制定了本合作社的肉鸡标准化饲养管理技术规程，指导养鸡户按照标准化要求投入生产。一是建点示范，他于2011年4月，多方筹资500多万元，建立了一个占地120亩的肉鸡标准化养殖场。采用自动供料、自动饮水、电脑控制光照、湿帘降温、负压通风等先进设备，设计生产能力为年出栏肉鸡120万只，目前年出栏规范为80万只。二是上门指导，在建设自己的标准化养殖场同时，对其他农户建设的养鸡场，他总是主动上门进行技术指导，不抽农户一支烟，不收农户一分钱，对少数农户建鸡场资金有困难的，他还积极想办法帮助赊购建材和设备。在他的示范带动下，目前全椒县标准化养殖场已达到数十家，有力地推动了肉鸡标准化养殖的发展。

正确决策指导农民养

罗世余看到肉鸡市场价格频繁波动，养鸡农户效益十分不稳定的情况后，审时度势，利用信息平台了解市场动态，发布供求信息，开展产品电子商务。此外，他还专门在周边市场聘用肉鸡产品信息员，及时、定期收集肉鸡行情。面对肉鸡市场频繁波动的严峻形势，他果断决策，积极采取多项措施应对市场变化。一是订单养殖保利润，作为全椒肉鸡养殖业的名人，他利用与县内外龙头企业保持的良好合作关系，为农民提供“订单”养殖，给养鸡户保底价，使养鸡户免受市场波动的冲击。2012年4月份，市场青脚麻鸡收购价格跌至每公斤6.6元，但罗世余与养鸡户签订的订单保底价是每公斤9.6元，这样，一个饲养5000只青脚麻鸡的养鸡户，仅此就减少损失2.4万元。二是调整品种抗市场，当黄羽肉鸡、青脚麻鸡饲养量迅速上升，他及时做出分析判断，果断调整肉鸡品种，安排部分养鸡户饲养AA肉鸡、小白鸡。今年上半年出栏白羽肉鸡46万只，当黄羽肉鸡价格跌破每公斤7元时，白羽肉鸡价格坚挺在每公斤9元，为养鸡户增收近50万元。三是寻求加工免损失，面对肉鸡市场行情的跌宕起伏，罗世余同志租用了一家肉鸡屠宰厂，在市场价格低迷时，及时对肉鸡进行屠宰，加工生产冰鲜光鸡供应市场，这一举措的落实，半年为养鸡户减少损失140多万元。

打造品牌牵手农民闯

在领导金凤凰禽业合作社逐步走上规范化运行轨道后，罗世余同志开始把品牌创建摆上了议事日程。一是打造示范社：以他为首的金凤凰禽业合作社，严格遵守《农民专业合作社法》和合作社章程，规范内部管理，在获得市级示范社认证后，2011年再次荣获安徽省农民专业合作社示范社称号。二是打造优质品牌：为了进一步提高肉鸡质量，他又注册了“鸿羽”牌商标，指导农户按照统一的肉鸡标准化饲养管理规程饲养肉鸡，经检测合格后的“鸿羽”牌肉鸡，统一销往周边市场。上海市博会期间，经他供应的40万只肉鸡，没有发生一起质量安全事故。2012年“鸿羽”牌通过了无公害农产品认证。在他的带领下，2011年出栏肉鸡452万只，销售收入85988366.17元，农户户均养鸡纯收入24730元，比其他农户人均年增收3885元。

罗世余成功了，不但自己成了远近闻名的“鸡头”，而且带领一班人把金凤凰禽业养殖专业合作社操办得红红火火，成了椒陵大地上一只名副其实的“金凤凰”。但他并不满足，他看到还有不少农民致富无门，收入增加缓慢。所以，他又瞄准了城市中高档消费人群的市场，这些人对土鸡的需求日益增加，于是他又租赁了100多亩山地，开始山林野地土鸡饲养，计划再带动100户农户，按照“六统一分”的模式发展土鸡养殖，在全椒新建一个年出栏100万只土鸡养殖基地。在南京、合肥、马鞍山等周边市场设立直销点，把“鸿羽”打向华东市场，带领更多的农民走共同富裕的道路。

中华人民共和国五十周年大庆左护旗手——杨　辉

杨　辉

杨辉是全椒县六镇人。他于1977年7月出生，1995年12月入伍，中共正式党员，北京武警五支队仪仗队班长。他先后完成对内对外迎宾表演任务250余次，参加过为党和国家领导人、北京市委、市政府、武警总部和总队各级领导的军事汇报表演，荣立个人三等功一次，两次被评为优秀士兵，多次受到大队、中队的嘉奖。在中华人民共和国成立五十周年国庆庆典中，他担任仪仗队左护旗手，由于工作出色被破格提拔为仪仗队少尉排长。

杨辉自从1999年4月20日担负国庆升旗任务被

选为左护旗手后，他把精力全部放到了苦练升旗护旗基本动作上，把练动作完美地结合在一起。作为国旗护卫队护旗手和一名班长，他深知没有过硬的军事动作，就无法胜任“护旗手”这一光荣的任务。他总是利用休息时间，一个人到操场上体会动作，或请教班里动作好的同志给自己找毛病，纠动作。为了走好3分57秒160米的正步，他踢烂了5双皮鞋，脚肿了又消，消了又肿，有时连鞋也穿不进去，只好光着脚练。别人都去操枪、端枪，而他作为一名护旗手则要挂枪。一支五六式冲锋枪重3.75公斤，在他的肩上一放就是半天，而整个枪的力量全部集中在一根一厘米宽的背带上，半天下来，整个肩被压出一条深深的沟。时间一长，又红又肿，整个胳膊都不能动，但是苦和累没有让他退缩。他就是凭着这一股韧劲，面对着每一天的超负荷训练。

杨辉所在的仪仗队

1999年10月1日，在天安门广场，杨辉和战友们一道迎来了庄严的时刻，护卫着凝聚亿万人民爱国心的五星红旗，踏着鲜红的地毯，以完美无缺的护旗、升旗动作，以整齐有力的步伐，以准确无误的时间，以威武严整的警容，扬国威、振军威，打响了国庆庆典第一炮，真正成为“第一个闪光点”，达到了“五个一流”的标准，实现了总队首长提出的目标“创一流、出精品”。作为一名护旗手，杨辉同志以自己的实际行动实现了“护卫国旗无上光荣，护卫国旗重于生命”的铮铮誓言，为国庆五十周年盛典的升旗仪式做出了突出的贡献。新华社、中央电视台和北京市电视台等都做了专题采访，《中国青年报》《法制日报》《北京日报》和《人民武警报》等先后进行了采访，并详细报道了他的事迹。他为祖国和武警部队赢得了荣誉，受到北京市委、市政府、武警总部和总队各级领导的亲切关怀和慰问。

情注乡村筑梦人——张　伟

张　伟

有一种情怀叫奉献，情为民所系；有一种职业叫公仆，俯首甘为孺子牛；有一种动力叫梦想，村强民富生活美……岁月无声，张伟已经在全椒县六镇镇六镇村工作了700多个日日夜夜。

2012年5月7日，作为滁州市政府办第五批选派干部张伟，来到了这个出了名的“老大难村”担任第一书记。此时，他面对的是村党组织建设薄弱、班子软弱涣散、凝聚力不强、工作滞后等现实情况，但他毫不气馁，勇敢地挑起了这个重担。他默默地下定决心，要彻底地改变六镇村这种落后的面貌。他相信在上级各部门的指导和关心下，在帮扶单位的帮助下，有广大村民的支持，只要自己能够牢记省委提出的“加强组织、发展经济、富裕农民、维护稳定、锻炼干部，促进农村全面进步”的目标要求，着力解决群众关心的热点、难点问题，真心为民办实事，在不远的将来，六镇村肯定会华丽转身，村容村貌肯定会发生大变化。于是，他用青春的激情托举着村民们的致富梦，毫无怨言地做起了“情注乡村的筑梦人。”

强化组织　带队伍

张伟到村任职后，他立即与村“两委”成员促膝谈心、了解村情、融洽关系。他经常在开会时对村干部说，干什么事情，一定要守规矩，一定要按制度办事，只有自己做得正，才能当好“领头雁”。集体决定的事情，决不能更改，更不能书记、主任说了算。现在你在位时，老百姓说你好，不是真的好，当你退下来，老百姓说你好，你才是真的好。

他说到同时也做到了。实际工作中，他自己始终能够身体力行，每天最早到村部，谋划和安排当天的事务。他在日常工作中总是示范引领，以效能建设为重点，加强班子学习，合理调整分工，建立日签到、周调度、月总结、季通报、年表彰的工作机制，完善村干部绩效考核等工作制度，解决现有班子软弱涣散、人浮于事、责任心缺失等不良问题。他还从本村物色了两名党员作为后备干部，对他们进行重点培养，并在“七一”补选他们进入村“两委”班子，并且对村“两委”进行了重新分工，进一步提高班子的号召力、凝聚力、战斗力、执行力，让每个党员都成为党支部工作的好帮手。通过他和同事们的坚持努力，本来在全镇十二个村垫底的计生等工作快速地跃进到前四名。同时，多方筹措资金建设总投资128万元的村级组织活动场所，加强阵地建设，努力建设强有力的农村发展“火车头”。

发展经济 求变化

刚到任，张伟就深入村组调研，走遍了全村的38个村民组，整理出村里存在的主要问题：集体经济薄弱，没有收入来源，村里原有的集体资产已全被处置，村级债务40多万元，经济发展相当困难；基础设施陈旧，亟待加强，村内多数小电站年久失修、渠塘坝淤积严重，群众生产难；村内有水泥路近8公里，但都为断头路，其他砂石道路存在不同程度的损毁，群众出行难；六镇街道还未进行农网改造，部分村民组电网需要扩容，群众生活难；村部现有办公场所小，特别是会议室不能满足要求，群众办事难；新农村建设工作一直没有开展，脏、乱、差现象比较严重，综合整治难。

他深刻地认识到优质粮油和畜禽养殖一直是该村主导产业，是农民增收的主要途径。他在充分调研和广泛征求意见的基础上，利用5万元项目资金和村集体闲置的10亩土地，建立村集体苗圃。同时，积极盘活老村部、农贸市场等村集体资产，与专业合作社、涉农企业合作，增加村集体经济收入。由家禽养殖“一条腿走路”变苗木发展、家禽养殖“两条腿走路”，以“大户带动、村干部带头、村民跟进”的发展思路，推进农业产业结构调整，提高农民收入。

六镇村在张伟推动和本土农业企业的帮助下，农业、畜牧业蓬勃发展。目前已盘活和流转土地近3500亩，全村共有7个种粮大户。支持新宇棉花合作社建立棉花示范生产基地2500亩，带动周边农户种植近万亩，入户社员1300户；支持金凤凰养殖合作社成为全市最大的肉鸡养殖合作社，127个养殖户共建有鸡舍近300个，年出栏肉鸡约800万只，养殖户年均收入超过4万元；17户群众与温氏集团签约养猪，年出栏近万头；支持蓝天苗木合作社集中流转土地600亩发展苗木，带动23户村民经营苗圃，农民工资性收入每年增加近30万元；支持贵彬水产养殖公司承包丰产水库等水面，推动了特种水产养殖。以种植、养殖为主体的农业产业化生产已初具规模，产值占全村农业总产值的70%以上，种植、养殖产业的农民人均收入达5000元以上。

夯实基础　办实事

张伟是主宰命运的勇者，有着不屈的意志，勇挑重担；他更是这个时代的先锋，汇聚能量，勇攀高峰。他担任村书记以来，亲力亲为，深入最前沿参与各项工程建设，六镇村的基础建设日新月异。

主浇硬化了马厂水库东干渠3.5千米，丰产、沈山两水库干渠清淤30千米，塘坝改造15口，新建了小宋、团结排灌机站，对沈山水库出水口进行硬化，累计投入资金493万元，改善了水利设施，提高农业抗旱能力；多方筹集了资金近110万元对袁岗至武孙等三条进村道路维修改建、新建村部至大代组水泥路和恢复老街青石板路，帮助村民解决出行难的问题；争取供电公司农电网改造项目支持，对六镇街道及孙前等8个村民组的农电线路进行改造，满足群众生产生活需要；整治了老街路灯、下水道、公厕等公共设施，进行环境卫生整治，改善人居环境……基础设施的不断改善，让村民们对村“两委”的能力有了重新认识，干群之间的关系也逐步走向融洽，群众的满意度也在逐年增高。解决群众关心的问题，切实为民办实事，是张伟这样的时代勇者最大的梦想。

复兴文化　树形象

让六镇村成为新农村建设和统筹城乡发展成果的样板示范点是张伟心中孜孜不倦的追求。他总是在思考着这样的问题：怎样建设文化事业，发展文化产业，助推经济社会全面协调和可持续发展?

六镇村历史文化悠久，村里有三塔寺、六镇老街、七十二口古井、琼花池、凤凰墩等众多历史文化景点和古迹。这些建筑古韵流芳，成为六镇村“外塑形象，内修气度”的文化名片。可是很多古迹由于年久失修，加之保护不力，已破损不堪。在这两年里，他一方面加强古迹的保护力度，一方面着手实施古迹恢复工程。2013年，在他的筹划下，实施了老街恢复工程，为老街重新垫铺了青石板路，并修缮了两侧下水道，老街西头的琼花庵也重建一新。同时，他还借着当家塘项目，对凤凰墩进行了修缮和保护。通过他的不懈努力，该村修复了历史文化古迹，老街面貌焕然一新。如今，这些旅游文化品牌已经推动着六镇镇成为全椒县重点旅游乡镇之一，很多从六镇出去的文化名人回到村里，都不由得赞赏。

真情服务 解民忧

张伟怀着对新农村的一腔热情，深入农村工作实际，情为民所系。他在六镇村工作期间，始终把顺民意、解民忧、谋民利放在服务工作的重要位置。

在第二批党的群众路线教育实践活动中，他通过村卫生室医生了解到胡纯香老人独居在六镇村小学的一间废屋里，患食道癌，无钱看病，已经欠村卫生室药费近500元。当即向村卫生室的同志表态，一定要确保老人的用药，看病的费用由他负责协调解决。他还安排一户村民负责对老人进行日常照顾，并到镇里为老人争取办理“五保户”手续。在他看来，只要老人没“闭眼”，就要保证老人在生命的最后阶段少受罪。他还亲自掏钱买了慰问品，带着村干部去看望老人。这两年里，像这样令人感动的场景时常上演。

他时常以赤子之心处理好干群“鱼水”关系，为残疾、“五保”、低保、困难家庭等弱势群体提供实物救济和社会救助，积极帮助特殊人群解决实际困难，争取“残疾人万人就业工程”3户，残疾、困难群众危房改造8户。解决5位退伍军人优抚、10名残疾人补贴，争取各种慰问金近4万元，慰问困难群众近200人次。建立困难党员帮扶机制，慰问困难党员31人，发放帮扶资金7300元；为村民提供养老保险、新农合、农业保险等社会服务，为育龄妇女免费提供生殖健康检查等优质服务，同时积极开展关爱空巢老人等敬老、助老活动，扎实有效推动各项为民服务工作，充分展示了“重服务，构建和谐社会”的发展理念。

化解矛盾 暖民心

张伟在工作上注重实践，经常深入村组调研，了解民意，倾听群众诉求，寻求解决农村纠纷的有效办法，协调处理化解各种矛盾。原来六镇村干部不合、干群互不信任、上访事件、治安案件时有发生，社会矛盾突出。针对这种现象，他带领一班人围绕“树形象、解矛盾、维稳定、促发展”目标，深入走访了解社情民意，排查影响稳定的重大矛盾和突出问题，做到早发现、早报告、早介入、早处理、早平息。对土地承包、社会保障、上学就医、养老等涉及群众切身利益的问题，有专人负责保解决。村制定信访处理考核办法，奖优罚劣，增强包组干部抓矛盾调处工作的责任心，努力推进村内平安和谐建设，调动党员干部的积极性，增强了党组织的向心力。2013年至今无一人越级上访。

任职以来，他不仅不断加强惠农政策和涉农项目的知识储备，增强对政策的掌握，不断加强处理农村事务的技巧积累，提高处理复杂、突发事务的水平，增强工作能力，还在纪律上对村里制定的各项规章制度，凡是要求村干部和全体党员遵守的，带头遵守；凡是要求别人不做的，带头不做。通过一年来的共同努力，六镇村班子的凝聚力、战斗力不断增强，村民的生产、生活条件正在逐步改善，群众的各种合理诉求基本得到满足，全村和谐发展环境基本形成。

崇明米业有限公司创办人——潘崇明

潘崇明，1966年10月生，安徽省全椒县六镇村人。1984年8月参加工作，大专文化，1993年7月加入中国共产党，滁州市第五届人大代表。

潘崇明

自参加工作后，潘崇明先后在全椒县古河米油厂、马厂米油厂、六镇粮站任职。从1992年起，任全椒县粮油工业公司、全椒县粮食局汽车队办公室主任、粮食局汽车修理厂厂长。2002年12月，任全椒县春明汽车修理厂厂长。2008年1月，他创办了全椒县崇明粮食机械有限公司，一直任该公司的董事长兼总经理。2010年4月，任全椒县崇明米业有限公司董事长兼总经理。

他出生在一个普通的粮商家庭，曾祖父、祖父、父亲都是从事粮商工作，因从小受到家庭的熏陶，所以今天才做出了自己的一番事业。

他创办的全椒县崇明米业有限公司于2010年4月注册成立，地址位于安徽省滁州市全椒县武岗工业区。公司占地120亩，总投资1.5亿元，注册资金人民币3200万元整，主营业务有粮食收购、大米加工销售、粮食仓储、粮食烘干等，主要产品“崇民”牌、“老潘家”牌优质系列大米。公司总建筑面积达24000余平方米，其中原粮仓库7栋，成品仓库2栋，总仓容达15万吨；2条粮食烘干线，日烘干稻谷560吨；一条当前国内最先进的封闭式自动化大米生产流水线，日加工稻谷400吨，年加工稻谷能力达15万吨。公司现有员工55人，其中管理人员8人，高级技术人员12人。

公司按照“绿色食品”生产规范，经过多道除杂、多机轻碾、水法抛光、电脑色选、电子包装等先进加工工艺，加工成品具有米粒均匀、色泽晶莹、芳香四溢等特点。公司一直秉持“以质量求生存，以信誉谋发展，以市场为导向”的理念，生产的“崇民”牌、“老潘家”牌系列优质大米畅销上海、浙江、福建、广东等地，年产值2.5亿元，位于本地区同行业前列。

公司是中储粮总公司定点合作单位，拥有国内一流的粮情检测设备和专业技术人员，每年为中储粮总公司储备政策性粮食5万吨；又与中粮集团合作，每年为中粮集团代加工出口大米和市场大米4万吨。

公司通过ISO 9001:2015标准质量管理体系认证，为“安徽省粮食产业龙头企业”“安徽省农业产业化龙头企业”，安徽省第十届“诚信单位（示范）”“全国放心粮油进农村进社区示范工程示范加工企业”。公司产品被中国绿色食品发展中心认定为“绿色食品”标志，并入选《2017年度全国名特优新农产品目录》；崇民牌大米被授予安徽名牌产品，“崇民”商标被认定为安徽省著名商标，“老潘家”虾田米荣获长三角地区名优食品。2020年6月，公司被评定为“农业产业化省级重点龙头企业”。

潘崇明创办的崇明米业有限公司，被评定为“安徽省农业产业化省级重点龙头企业”，成为全省的明星企业。多年来，他解决了当地30多位农民工的就业问题，大力支持了社会公益事业，资助贫困大学生上学、扶贫共捐出30多万元。他现在虽富了，但心里总是不忘国家和人民，受到了社会的赞颂和好评。

第十章

杂 记

第一节 姓氏渊源

姓氏简述

在历史发展的长河里，华夏文明源远流长，诸多家族根深叶茂。家谱是一个家族的生生不息生命史，是一种以表谱形式记载一个以血缘关系为主体的家世繁衍及重要人物事迹的特殊图片形态；是维系中华民族和家庭亲情的纽带。中华民族有家谱的历史已经三千多年了，众多的家谱记录着不同家族的来源，迁徙的轨迹，包罗了众多家族生息、繁衍、婚姻、文化、族规、家乡等历史文化的全过程，与当时社会的政治制度、经济基础、文化背景有着密切的联系。这些家谱，在他们所处的时代，在他们所处的社会、政治、经济文化活动中曾发挥过一定的积极作用。

在六镇居住的诸姓氏居民中，自古以来人们都传说，一潘、二杨、三刘这三大姓。潘家是六镇居住最早的一姓，潘家每家都占有六镇人登古道的主要门面，都是从商的，过去六镇街最富有的是潘家，他们掌管六镇经济命脉。潘家人忠厚信义，深得群众爱戴，民国时期一直掌握地方政权。

杨家人口众多，宗亲团结，当地人赞称“杨门大族”。人口占据六镇街一半以上，在地方上势力较强。

刘姓在六镇排居第三，人口也众多，主要居住在中刘、小刘、坝刘、洼刘，以及六镇街道。刘家从民国6年（1917）起创办六镇小学，祖辈几代人从事教学工作，刘家是六镇的“教育世家”。刘家在六镇当地威信较高，人才辈出，出了个全国著名书法家刘子善和黄埔军校教官刘君谋。

当然还有其他姓氏。周边村庄较大的姓氏有罗姓，主要居住在大罗、小罗、罗范等村庄；范姓，主要居住在荣范、许范、罗范、后庄等村庄；何姓，主要居住在大何、小何、洼刘等村庄；姚姓，主要居住在三塔寺、三塔寺姚、姚香店等村庄。另有孙、吴、戴、盛等姓。

姓氏举要

六镇杨氏的由来 六镇杨姓家族中，因人口众多，宗亲团结，当地人赞称

"杨门大族"，日月更迭，星辰转换，杨姓代代衍传，开枝散叶，分庭立户，其中有一支早年移居六镇东向的小集街，人口也较为集中。近年经简略统计，杨姓的人口数已达千人之众。其子孙不乏优秀者，他们在外地从事各行各业，家居散布在全国四面八方。

杨氏家族部分成员合影

据老辈人相传，六镇杨姓祖先杨如柏，是从江西省华亭县蓼子沟迁徙来的，寻根问祖是六镇杨姓多代人的期望，多年前曾有人寻找过，无奈江西无华亭县而作罢。2010年10月，族人杨庆年经多方信息搜寻，再赴江西，终于找到了九江市星子县（明代为南康府）蓼花镇，并在当地杨姓谱中看见了杨如柏的名字。后与江西省星邑县时任杨姓族谱主修杨春生先生及杨端楷先生取得了联系，他们查阅相关资料，提供了如下史实：星邑，一世公杨时章（1049—1054年间）由港口迁居星邑清泉乡。时章公生五子：如松、如柏、如梅、如菊、如茂。"如"字辈五兄弟的生年应在1054年前后。星邑杨氏宗谱首届撰修是时章公的四世孙叔澜（"叔"字辈兄弟），时为1180年，朱熹知南康军时作序可以佐证。宗谱记述："如松公，字青岸，北宋进士。出游江南，振铎于江宁府，阀阅名族见其地产豪杰，人才辈出，遂卜居府城南门。后来，其子绪之，由江宁府又返归星邑清泉乡。"

视江西星邑杨姓（山口支、花桥支）的宗谱，如松公五兄弟除如柏外，其他皆后代子孙繁衍，唯如柏公名后无任何记载。为何，无解。据此推测：如松公定居江宁府时，也许如柏公随兄往之，后又谋职于华亭县（宋代隶属嘉兴府，现为上海松江区）。如然，如柏公应是从江西星子县的清泉乡廖嘴沟（今属白鹿镇梅溪村廖嘴）至江宁府（南京）再至华亭县，然后徙居全椒六镇，可能在某处环节上与父兄失去联系，迫于古时交通、通讯的不便，随着时光的流逝，两地亲人间便无法互知情况了。故星邑杨姓族谱上只列有如柏之名。

从星邑第一世时章公生养"如"字辈五子年代，即1054年前后（系北宋仁宗至和一英宗治平年间），至今，2007年族谱字派为：文必显达、克振士端、先绍祖志、世代荣昌。六镇杨姓从如柏公起，至今也有九百年了，已传到多少世，现无稽无考。历史进程中，六镇杨姓的家谱经史上多次战乱很难保存。如抗日战争中，六镇不仅曾遭飞机轰炸还被日军焚烧。

六镇杨姓族人中的字辈，现在仅知的字派为：增、继、官、庆、福，再上溯已无可知晓了。国有史，方有志，家有谱。为了尊祖敬宗，敦亲睦族，字辈排列应长幼有序。2010年11月，族人官武、官杰、庆贺、庆国等发起组织，成立筹建六镇杨姓家谱理事会，研究推敲，几易字稿，决议用“宝光瑞祥、建国荣邦、承恩先训、根本永长”这十六字为杨姓后孙子辈（第一世至廿一世）用字。

盛氏源流 古往今来，在祖国广袤的大地上，散居着无数个大大小小的有着各自共同祖先的家族。其中盛姓家族是当今四千多个中国姓氏中排行第一百五十九位的姓氏，人口较多，约占全国汉族人口的百分之零点零七。

人类历史的长河，源远流长；家族血脉相承，千古不变。有社会即有姓氏，有姓氏便有宗族，有宗族应有谱牒，有谱牒才能传承。家谱是记载同宗共祖的血缘集团的图籍，它与国史、地方志是构成中华民族历史大厦的三大支柱，也是中华文化和中国典籍的组成部分，它不但为正史和地方志提供可靠资料，还为人口学、遗传学、教育学、社会学等多种学科提供丰富的研究素材。

盛氏家族根深叶茂，族人兴旺，考其世系，源远流长。追溯盛氏起源主要有两个方面。一是以国名为姓氏。周穆王时，封同族一支于盛国（在山东泰安南面华丰一带）。在春秋时被齐国吞并，盛侯子孙便以国名盛为姓。二是以祖辈名为姓，但为避讳，改姓。“周初四圣”之一的召公奭，其子孙有一支以他的名为姓，为奭姓。西汉时孝元帝讳，古音奭与盛同音，公子孙就把奭改为盛，这是另一支盛姓。盛氏来源按老谱为准。汉兵部尚书盛承赞居住广陵郡，为盛氏始祖，唐代葛国公盛彦师在唐朝武德年间从广陵迁到徽州，二十多代一直住在徽州新安婺源，到文质公于明朝初年再度迁居庐江，成为盛氏迁庐一世祖。文质公有

盛氏五男二女七子团圆合影

三子一侄，即宝一公、宝二公、宝三公和侄宗三公。后来，宝一公迁居淝南老鹳塘，宝二公迁居桐城东乡狮子口，宝三公居住庐江盛家桥，宗三公迁居肥东长临河。正是因为有宗谱的记载，淝南、桐城、庐江、肥东的盛氏后裔维持着同宗之亲、手足之情。

居住全椒六镇盛氏是宗三公长房得富公支派，高祖父复祥，字朝贵，配汤妣，生二子，长子礼良过继胞兄复兴为子，次子礼邦，公妣葬于全椒县西区高塘下坊（现六镇）陈家窪西湾塘下。

曾祖礼良，字殿起，配许妣，生四子：志伦、志兴、志田、志高，志田生七子：正银、正元、正邦、正名、正纪、正八、正道，志兴生三子：正传、正周、正金。清朝同治八年（1869）曾祖礼良、礼邦由合肥肥东长临河盛宗三村迁居全椒六镇胡陈村居住，曾祖父和曾祖母去世后均葬在全椒县西区三山寺坊（现二郎口镇）马王村北良山。那时，盛家拥有土地240亩（按新亩约三百亩），人口38人，是全椒西乡享有名气的大家庭。1930年当家人志伦去世后，大家庭无法维持，分居两处（全椒、和县）居住至今。现人口发展有近200人，已成名门望族。值得一提的是，排行第九的盛正金、潘开莲育有五男（型仁、型发、型才、型全、型春）二女(盛平清、盛萍)。开头是女的属马,结尾是女的也属马,中间是五个男的,在当地传为佳话。

盛氏家规十条　叙曰：宗有规犹国有律也。法律不明，则朝野无以为奉行之准；规条不饬，则家庭何以为服习之常？是以古之君子必著为章程，立之禁令，以垂训子孙。子孙之贤者，将修明而传述之；其不贤者，亦有所顾畏而不敢犯。“虽无老成人，尚有典型”，斯之谓矣。然而法不尚于繁多，事无取乎苛细，兹约举大端为之，究极其情弊，而属以俪词，俾家众钦容庄诵，油然思，惕然警，且皤然悟，凛凛乎祖宗之绳尺，而遵循不懈。此正家第一义也。

一、敦孝悌

堂堂七尺之躯，试问何人生我？渺渺九州之内，请看几个同胞？继乳育以抚摩，唯父母劬劳莫甚；自草弁而耄耋，独有昆情谊偏长。故五伦总属纲常，而百行尤先孝悌。凡吾族姓，宜共敦修。秀者泽诗书，务遂显扬之愿；朴者安耕凿，还勤甘旨之供。手足由一体而分，须若鸣琴鼓瑟；枝叶本同根而出，何为煮豆燃萁？无如世俗易移，以致天亲不笃：或养成骄惰之气，定省全疏；或习惯争夺之风，友恭尽失；或以后母而生猜忌，谁知闵子衣单；或以庶弟而肆欺凌，孰似薛包田瘦。种种乖离之习，皆非名教所容。然而堂构之贻惭，多因妻子；阋墙之召衅，总为家财。割私爱而厚天彝，自见当前顺志；重人伦而轻财物，必无室操戈。孝子还生孝孙，天道循环不爽；难兄更有难弟，家门昌炽何疑？勿谓迂谈，咸期猛省。

二、敬尊长

序别尊卑，齿分长幼。诸祖诸父，咸居九族之先；以事以随，断自十年而上。礼仪不饬，几同人道于马牛；恭逊无闻，不异能言之鹦鹉。大圣人且言恂而貌恪，况属凡恒？古天子亦尚齿而引年，矧兹士庶。夫何轻浮后进儇薄少年，略读几行书，便强朴鲁；多收十斛麦，辄鄙贫寒。疾行长者之前，不耐老人缓步；俨列先生之位，且从席上横肱。任意凭凌，敢侮蟠蟠之家督；恣情谑虐，全欺奕奕之宗盟。唯诺趋跄，视为末节；謦拳曲跽，漫曰虚文。岂知作乱之原，端由犯上；还思自牧之道，莫若谦卑。满则必倾，岂得听其跃野；傲不可长，何容纵彼跳梁。尊祖故敬宗，敬宗故睦族，宜从根本上行来；德修而行立，行立而名成，只在家庭中做起。我欲胥为佳子弟，人故乐有贤父兄。

三、和乡党

客滞他乡，每忆枋榆地胜；人羁异国，惟思桑梓情深。怀此故都，必曰先人之敝庐在是；安于末俗，亦谓眩中之风土如斯。但既共井而同方，尤贵行仁而尚义。从来狱讼之滋起，多由乡党之不和。或以口角讥评，积为怨府；或以儿童嬉戏，酿厥祸胎；或此姓显荣，彼姓忌同藜刺；或一家殷富，他家疾甚仇雠；或田亩连畴，混于前而夺于后；或婚姻致寇，好以始而隙以终。总之角胜争长，舟中谁非敌国？倘其平情合理，宇内尽若阳春。念此父母之邦，奚容秦越之视？务解纷而排难，远近共藉其干；且济国而扶畜，彼此交资为管库。鸡豚芋栗，极岁时暇豫之欢；灯火桑麻，尽里社团栾之乐。南翁北叟，啸咏年年；西陌东阡，徜徉日日。何必彦方，始称君子之乡？岂独嘉贞，乃号鸣珂之里？愿与古为徒，自吾族而始。

四、饬妇女

《诗》首河洲之咏，化始闺门；《易》占中馈之文，义垂阃内。历观彤管，咸诵女宗，载绎缃编，群推妇顺。但问室人之贤否，因知家道之废兴。盖丈夫志在四方，唯在细君良淑；即开门事有七件，孰非健妇撑持？奉舅姑而养志，承欢滌随之中；助夫子以成名，戒旦鸡鸣之候。内而诸姑伯姊，人人务得其心；外而姻娅宗亲，在在宜将其礼。贫能安分，井臼自必晨操；火可乞邻，机杼何妨夜织？从古贤人伉俪，恒多憔悴姬姜。仲孺床头，卧牛衣而陨涕；伯鸾庑下，举鸿案以增悲。况乎集蓼茹荼，尤且和熊划荻。柔肠百结，方看兰芷之馨；劲质千磨，永矢柏舟之操。是则闺闱之艰苦，倍甚于夫男；所以女士之徽音，独隆于今古。若乃不谙操作，唯知饮啖为工；未解柔嘉，只以勃谿是尚；涂脂抹粉，年年寺院狐游；拍案捶胸，日日河东狮吼；似此承祧无状，必将嗣育非良。宜援七出之条，以正三从之道。

五、务读书

千年阀阅之宗，必是家传黄卷；屡代簪缨之胄，无非世守青缃。金张七叶，显贵盈朝；王谢两家，风流满巷；莫不枕籍经史，因而驰誉腾休。顾在胜国之中，吾门亦冠裳济济；何自鼎兴而后，于兹乃衿佩寥寥。推其失学之原，或亦为贫所使；究厥长贫之故，良由不学而然。朱翁子市上行吟，负薪自若；高文通庭前洛颂，漂麦何伤？非无集帷编蒲终成大器，亦有囊萤映雪卒号通儒。纵令十载无闻，伏处长鸣之枥；还胜一丁不识，贻羞没字之碑。况乎遇合有时，抑日报施不爽。几见博洽多闻之彦，尽隔青云；未闻兴贤选俊之朝，概遗白屋。但由寒素掇科名，慎勿得科名而忘寒素；因文章悟道德，奚容弃道德而事文章？为如丧元气缙绅，大乖名教；即若管衙门秀士，亦玷宗族。生平所读何书？请自三思此语。

六、勤本业

汉设力田之科，与茂才并重；农列四民之次，视工贾为先。尝闻冀缺贤妻，田中饷；共说南阳高士，陇上亲耕。带笠荷锄，自是编氓本分；量晴较雨，原为寒士家风。顾稼穑之艰难，粒粒皆从胼胝；田畴之作苦，时时难免沾涂。倘四体弗勤，安望有年有干？即三时不害，岂真如栉如墉。于是，赢欲千金，竞效陶朱之术；利求三倍，群思猗顿之谋。托迹江湖，胆落冯夷之波浪；依身市井，习成狡狯之浮夸。一旦经营失计，俄而子母皆虚。夜静冰寒，徒见月明空载；时衰鬼弄，适逢荐福偏轰。乃知逐末以营生，不若力农而务本。岁时伏腊，家家儿女欢阗；鸡犬桑麻，处处室庐安乐。今年荒歉，还看来岁丰收；百日勤劬，却享二冬逸豫。若乃不耕不菑，唯知吃饭穿衣；非士非商，但识寻花问柳；此辈下稍头，嗟如何矣？求为田舍翁，顾可得乎？

七、崇节俭

称豪爽于富人，定然色喜；劝省约于贫士，畴不钦承？盖富者囊橐多余，骄奢不免；贫者饔飧不给，挥霍无从。故世胄之淫奢靡，宜大申其诰诫；若吾宗之寒素，亦奚用夫规镇？不知人情多厌朴而趋华，世俗每好奢而恶俭。在贯朽粟红之户，固未克持盈；即绳枢瓮牖之家，亦谁能安分？储无担石，偏思馔列珍馐；地少立锥，尚欲衣裁罗绮。征歌剧饮，不恤妻子啼饥；赛会迎神，罔念室家悬罄。似此浸淫莫及，势必俯仰依人。告亲戚以乞哀，不啻上山擒虎；向豪门而借贷，徒然剜肉医疮。岂如忍当前之淡泊，省不急之经营，留有限之脂膏，屏无涯之嗜欲。清贫立品，且图无辱无荣；勤俭持身，更可渐充渐裕。此日家徒四壁，不妨数米量柴；他年积有千箱，还必解衣推食。若效执筹钻核之贪夫，人将嫌其铜臭；如为扃箧悭囊之鄙子，我亦笑其贱愚。

八、急官粮

国家唯正有供，敢不输将恐后；长吏考成攸系，能无悉索为先。士岂不爱功名，抗赋则随加褫夺；民谁不惜肢体，逋粮而动受笞鞭。是以石壕老妇之诗，实惊心于呼吏；即如风雨重阳之句，亦败兴于催租。原夫有田出赋，本千古之常经；奉上急公，亦小人之恒分。征收有限，原非春日而欲责秋粮；输纳宜勤，何故乙年而未完甲税？积逋贻累，有司按籍以求；追比逢期，虎役持牌而至。两足到门，先需酒食；肆言出口，还索苞苴。计欲朦胧，必丐包荒于胥史；思图宽假，更求缓颊于乡绅。册上之挂欠仍悬，室内之脂膏已竭。因而张冠李戴，致于东爱赔西舍之粮；甚至产在人亡，徒使子孙受祖宗之累。向使年年清结，何为新旧交征；倘能限限依期，岂至声名俱败。莫若纳稼收禾之日，先计官租；且于仰事俯育之先，早图国课。亲行投纳，免揽役之侵渔；收稟分明，作已完之凭据。奉公守法，官府不得呼其名；乐业安居，差役无能扰其室。士可一意于诗书，民亦安心于畎亩矣。

九、禁赌博

名教之乐地原多，岂必千场纵博；市井之颓风最甚，莫如一掷呼卢。乃有狙狯少年，巧设牢笼之术；遂令浮游子弟，堕流坑堑之中。习以成风，处处混江打虎；夜以继日，时时马吊猪窝。不思家业艰难，竞欲樗蒲百万；唯见门庭杂沓，居然食客三千。入局则牧竖贩夫，皆如伯仲；登场而喑哑叱咤，莫问尊卑。失业废时，全背父兄之教；毁名败行，恒贻妻子之羞。即暂赢而赢者终输，枉却头钱空去；思求复而复乃益负，算来孤注何存？满案青蚨，半散插科闲汉；盈箱白镪，总归落地囊家。未闻赌场浪荡之儿，富如猗顿；多有高门破落之户，饿比翳桑。过后凄凉，悔不当时歇手；现前昭鉴，劝从今日回头。屏戏具而弗亲，见即投诸水火；却淫朋而必远，望焉疾甚仇雠。如此犯禁违条，断惩家法；倘或饰非怙过，仍送官刑。

十、戒充役

起刀笔于公庭，竞羡萧曹事业；拔厮奴于行伍，群夸卫霍功勋。谁谓舆台牧圉之中，必无奇士；但以奔走趋承之外，不乏良图。官纵仁明，县前终非好地；人能成立，分内自可营生。奚为清白旧家，甘作幺麽贱役？局瘠矮檐之下，啼笑何从？驱驰马足之间，笞棰之免？游谈习惯，心术与以俱移；法网偶逃，意气因而自得。舞文骫法，胆遂包天；揽赋侵粮，贪难填壑。狐而假虎之威，自是张牙舞爪；狗来入兔之窟，能无鼓吻摇唇？罔知物换星移之候到手都空；逮及水落石出之秋，走投无路。三尺之桁杨屡受，辱及先人；经年之犴狴难离，祸延党族。始信投身多误，方知托足宜严。衙役钱财，总是浮云闪电；公门酒肉，何如淡饭黄齑。长为寒士以终身，亦已书香不愧；即令农夫以没世，犹于祖德无惭。

第二节　大力王“杨五呆子”

杨友生，男，1889年生于全椒西乡六镇，祖籍山西。清朝末年，其父为了躲避战乱，带着一家大小一路卖艺，沿途乞讨，最后落脚六镇。杨友生力大无比，自幼随其父习武，十八般武艺样样精通，精通查拳、十路潭腿和杨家梢棍（扁担花），尤其是他的硬功夫非常了不得。掌劈十块青砖，砖立马粉碎，脚踩青石板，石板顿时裂开。因他在家排行老五，所以六镇人都称他“杨五呆子”。

杨友生家境十分贫寒，生有三个儿子，还带有一个继儿，六口之家，主要靠出卖劳动力帮工谋生，或上山砍柴售卖，后来又租种了几亩薄地，平时缺衣少食，艰难度日。

杨友生是个忠厚老实人，平时不爱说话，为人耿直，性格倔强，争强好胜，正义感强。据六镇老人们回忆，民国初期，社会混乱，帮派林立。不知何因，六镇与黄庵之间发生矛盾，六镇杨氏族长带领子侄“杨五呆子”“四牯牛”“杨七虎”“杨大甩”等人到黄庵去与之理论。双方在陈家茶馆坐下，谈话过程中，黄庵安青帮头目方第举二爷出言不逊，藐视六镇人，杨友生一听，怒目圆睁，咬牙切齿，方二爷见状，道：“就你这个小毛猴还不服？想作怪呀！”说着双方就打了起来，方二爷用小洪拳打了过来，中间还隔着一张八仙桌，杨友生眼疾手快，一把抓住其胸襟衣服，只用一只手就将方二爷高高举起吊在空中，只见他在空中手忙脚乱，毫无作用，杨友生大喝一声“去”！竟然将其从茶馆的窗口摔到街中央。六镇其他随从人员又去一阵乱打，只见方二爷七孔流血，奄奄一息。安青帮众人不服，抬着方二爷到县衙告状，因其在黄庵一带作恶多端没能告赢，在回来的路上于斩龙岗一命呜呼。

为了养家糊口，杨友生赶牲口的同时又当起了粮食贩子，凭靠自己的武功，闯荡县内外各个码头。有一次，在全椒城外五里井，因渴了向打水人讨口水喝未成，到城内宝林桥码头将粮食卸了后，回家途中又见到了那口井，回想上午要水喝一事，越想越气，不由火冒三丈，抱起井栏边的石磙子，将井口塞住，扬长而去。村里人去挑水，见井口用石磙封住，都不知何因，但也无法搬走如此沉重的大磙子。后来那天在井上打水的人猛然想起：肯定是六镇那个赶驴的粮贩子干的。于是第二天，村里派人在井边等粮商过来，当杨友生等人过来时，村里人连哄带拍，赔礼道歉，请杨友生将磙子弄上来，他勉强答应。只见他扎稳马步，一声“起”，将磙子从井口抱起，掷出五尺开外，在场的人无不拍手叫绝。从此，人们称杨友生为“六镇奇人杨五呆子”。

宝林桥码头是全椒城的一个重要码头，来往商客很多，道路非常拥挤。有一天，杨友生送粮至此，为让道一事与其他行业的贩子发生纠纷，八个人看他就一个人，决定大家一起上，教训一下这个粮贩子。没想到他们上来一个个被抓扔到河坡下，他们不服，还是猛扑过来，杨友生没办法，就抓一个按一个，八个人全部被他按在地上，成了“叠罗汉”。

有一次，和另一个同街人在回家的路上，顿感肚子饿了，这时已是下午一点多钟了，刚出全椒城西门街头，见路旁有一家饭店，杨友生决定在此吃过饭再走。这时饭店已做完中午生意，准备休息，见客人上门，老板忙迎上去。杨友生问：“有没有饭了？”老板指着刚从锅里盛上来的饭说：“有。”友生看了一下说：“这点饭不够吃，还有菜吗？”“还有一只卤鸭，够你们吃了”，老板回答说。实际剩饭约有2公斤，友生看后叫老板再煮一升米饭（约1公斤），老板回答说：“你们今天能把这饭菜吃完我不要钱。”杨友生不紧不慢一会儿就将剩饭和鸭吃完，又将现煮的一升米饭及锅巴全部吃光。老板惊得目瞪口呆，忙说：“今天的账我付了，不要钱。”杨友生吃饱喝足后，如实付给了老板饭菜钱，并说：“我们都是做生意人，哪有吃人家饭不付钱的道理。”

最叫人称赞的是在南京下关码头与一个大官的保镖比武。这个保镖叫张长江。一天，有人告诉张长江，下关码头有个粮贩子功夫非凡，力大无比，张不服，开着一辆类似吉普的军车过来要与杨友生比武。两人相见，四目相对自知不相上下，最后决定文比。张长江说我可以叫此吉普车发动后开不走，随即叫手下驾驶员发动，张长江一把抓住车子的后桥板，车子的马达声雷鸣般地响着，却走不了。轮到杨友生了，一起去的粮贩子都为他捏把汗，没想到杨友生说此事简单。只见他稳步走过去，扎稳马步，双手抓稳车子的后桥板，等车子发动后，一声“耶”！车子的两后轮悬空而起，飞速转起，车子却一点移动不了。围观者响起了一片热烈的掌声。杨友生连忙冲着张长江双手作揖，“不好意思，得罪了，请多多包涵！”张见状，目瞪口呆，连连咋舌，赞不绝口，“神力、神力，真乃神力！”并劝杨友生到他那里去干番事业，被杨婉言谢绝了。

后　记

编者的话

《六镇村志》，从2015年9月开始编写，在历时五载的编写过程中，编纂人员不辞辛苦，走村串户，调查采访。为抢救六镇的历史，特别注重对资深老干部、德高望重的老人进行走访。努力收集六镇人物、乡土风情、名胜古迹、民间传说及历代的大事、要事等口述资料。多次往返县档案局、党史办、方志办、文旅局等单位，查阅、摘抄、复印资料，并通过电话、书信和发函等方式与有关单位和个人取得联系，索取真实可靠的第一手资料，以求志书内容翔实、准确。

2017年4月，镇村汇编人员参加了县委在党校举办的关于全椒县村志编纂及地情研究培训班，又到绩溪县实地考察调研，并听取了多名专家授课，受益匪浅。特别是2017年12月1日，省方志办领导刘成典（省方志办正厅级巡视员）和胡卫星（省方志办处长）到六镇村来调研，听了介绍，又看了编写的材料，省方志办的领导十分满意，充分肯定了成绩。镇领导周军当场表态在经费上给予支持。在2018年炎热的夏天里，主编曾多次去县档案馆查找资料，县档案局工作人员刘建山、李冷雨、杜娟给予大力支持。在编写过程中，得到了柴发华老师的帮助，同时本书还参考了杨庆年编写的《岁月中的六镇》一书，此书给我们提供了很多有价值的资料。

2018年底完成了初稿，在全椒县档案局主要领导陪同下，主编带着书稿去省方志办接受初审，专家给予当面指导。回来后又经过一年的修改加工，行文力求简练，原稿中面面俱到的内容被大幅删减，以突出六镇村的时代特色。

在几年的编写过程中，滁州市及全椒县委党史和地方志研究室的领导黄华、许恒贵、许斌等多次来六镇村调研，关心《六镇村志》的编写工作，六镇镇党委和政府以及六镇村党总支部和村委也十分关心、重视这项工作。镇党委书记周军多次询问村志编写情况，并指派专人任编纂办公室主任，具体负责日常编纂工作。

2020年9月，第二次初稿完成，10月30日，镇党委、政府邀请了滁州市和全椒县的有关专家对《六镇村志》进行了评审，评审后对初稿又进行了重新修改、打印，装订成册。

六镇是千年古村，历史悠久，我们能力有限，又缺少编写经验，书中难免存在一些误差和不妥之处，在此只能表示歉意，诚恳地希望广大读者给予批评指正，并对帮助、支持、关心过我们的同志表示衷心感谢！

六镇镇六镇村志编纂办公室

2020年10月